Die Frau eines Mannes

Frank Norris

Writat

Diese Ausgabe erschien im Jahr 2023

ISBN: 9789359253541

Herausgegeben von
Writat
E-Mail: info@writat.com

Inhalt

ICH.

Um vier Uhr morgens schliefen noch alle im Zelt, erschöpft von dem schrecklichen Marsch des Vortages. Das hügelige Eis und die Druckkämme, die Bennett vorhergesehen hatte, waren schließlich erreicht worden, und das, obwohl das Lager um sechs Uhr abgebrochen worden war und obwohl Männer und Hunde bis fünf Uhr mit den schweren Schlitten geschleppt, gezerrt und gekämpft hatten Am Nachmittag waren nur anderthalb Meilen zurückgelegt worden. Aber obwohl der Fortschritt langsam war, war es dennoch ein Fortschritt. Es war nicht die erschütternde, herzzerreißende Unbeweglichkeit dieser langen Monate an Bord der Freja. Jeder Meter weiter nach Süden brachte sie näher an die Wrangel-Insel heran und brachte sie, auch wenn sie auf Kosten einer Schlacht mit dem Eis gewonnen wurden, in Sicherheit.

Auch dann geschah beim Abendessen das Unerwartete. Bennett, zweifellos bewegt von ihrem geschwächten Zustand, hatte jedem Mann zusätzliche Rationen verteilt: eineinhalb Unzen Butter und sechs zwei Drittel Unzen Aleuronatbrot – ein wahrer Luxus nach der konstanten Diät aus Pemmikan und Limettensaft , und getrocknete Kartoffeln der letzten zwei Wochen. Die Männer waren früh in ihre Schlafsäcke gestiegen und hatten bis vier Uhr morgens tief und fest geschlafen, träge, benommen, fast bewegungslos. Doch ein paar Minuten nach vier Uhr wachte Bennett auf. Normalerweise war er etwa eine halbe Stunde vor den anderen wach. Am Tag zuvor war es ihm gelungen, die Meridianhöhe der Sonne zu bestimmen, und er wollte unbedingt seine Berechnungen zur Position der Expedition auf der Karte abschließen, die er am Abend begonnen hatte.

Er schob die Klappe des Schlafsacks zurück und erhob sich zu seiner vollen Größe, strich sich mit den Händen übers Gesicht und rieb sich den Schlaf aus den Augen. Er war ein riesiger Mann, der mit seinen Rentierbeinen 1,80 Meter groß war und eher wie ein Preiskämpfer als wie ein Wissenschaftler aussah. Selbst unter Berücksichtigung der Schmutzschicht und der harten, schwarzen Stoppeln, die eine halbe Woche lang gewachsen waren, war das Gesicht nicht angenehm. Bennett war ein hässlicher Mann. Sein Unterkiefer war riesig, fast deformiert, wie der einer Bulldogge, das Kinn hervorstehend, das Maul eng zusammengepresst, mit großen Lippen, unbezwingbar, brutal. Die Stirn war zusammengezogen und klein, die Stirn von Männern mit einfältigen Ideen, und auch die Augen waren klein und funkelnd, eines davon war durch einen scharfen Abdruck verunstaltet.

Doch als Bennett in der Blechkiste herumfummelte, die am Schlitten Nummer vier festgezurrt war, und nach seinem Notizbuch suchte, in dem er mit seinen Breitengradberechnungen begonnen hatte, war er überrascht, eine Kopie der Aufzeichnung zu finden, die er in der Instrumentenkiste darunter gelassen hatte Steinhaufen am Kap Kammeni zu Beginn dieses südlichen Marsches. Er hatte angenommen, dass dieses Exemplar verlegt worden war, und war nicht wenig erleichtert, es jetzt zu finden. Er las es hastig durch und ließ in Gedanken noch einmal die Vorfälle der letzten Monate Revue passieren. Bestimmte Auszüge dieser Aufzeichnung lauteten wie folgt:

Arktischer Dampfer Freja, auf Eis vor Kap Kammeni, Neusibirische Inseln, 76 Grad. 10 Minuten. nördlicher Breitengrad, 150 Grad. 40 Min. östlicher Länge, 12. Juli 1891.... Wir froren dementsprechend das Schiff am letzten Septembertag 1890 ein und trieben im darauffolgenden Winter mit der Meute in nordwestlicher Richtung.... Am Freitag, den 10. Juli 1891 , liegt auf dem 76. Breitengrad. 10 Minuten. Norden; Längengrad 150 Grad. 10 Minuten. Im Osten geriet die Freja in einen starken Druck zwischen zwei Schollen, wurde zerquetscht und sank in etwa zwei Stunden. Wir ließen sie zurück und sparten 200 Tage Proviant und alle notwendigen Kleidungsstücke, Instrumente usw....

Ich werde nun einen Marsch nach Süden über das Eis zur Koljutschin-Bucht über die Wrangel-Insel versuchen, wo Proviant gelagert wurde, in der Hoffnung, unterwegs auf die Hilfsschiffe oder Dampfwalfänger zu stoßen. Unsere Gruppe besteht aus den folgenden zwölf Personen: ... Alles in Ordnung, mit Ausnahme von Herrn Ferriss, dem Chefingenieur, dessen linke Hand schwere Erfrierungen erlitten hat. Noch ist kein Skorbut in der Partei. Wir haben achtzehn Ostiak-Hunde in erstklassigem Zustand bei uns und werden voraussichtlich unser Schiffsboot auf Schlitten ziehen.

WARD BENNETT, Kommandeur der Freja Arctic Exploring Expedition.

Bennett legte diese Kopie der Aufzeichnung zurück in die Kiste und blieb einen Moment lang in der Mitte des Zeltes stehen, den Kopf gesenkt, um der Firststange auszuweichen, und blickte nachdenklich auf den Boden.

Nun, bis jetzt war alles gut gelaufen – kein Skorbut, reichlich Proviant. Die Hunde waren in gutem Zustand, seine Männer waren fröhlich und vertrauten auf ihn wie auf einen Gott, und sicherlich konnte sich kein Anführer einen besseren Leutnant und Kameraden wünschen als Richard Ferriss – außer diesem hügeligen Eis – diesen Druckkämmen, auf die die Expedition gestoßen war der Tag zuvor. Anstatt sich sofort seiner Chiffrierung zuzuwenden, zog Bennett die Kapuze seines Wolfsfellmantels über seinen Kopf, knöpfte sich eine rote Flanellmaske vors Gesicht, öffnete die Zeltklappe und trat hinaus.

Im Windschatten des Zeltes schliefen die Hunde, bewegungslose Fellbündel, schwarz und weiß, deutlich dampfend. Die drei großen McClintock-Schlitten lagen, beladen mit den Booten der Freja und mit den Impedimenta der Expedition, dort, wo sie am Abend zuvor angehalten worden waren.

Am Himmel direkt vor Bennett, als er das Zelt verließ, leuchteten drei Monde, umgeben von einem riesigen Kreis aus nebulösem Licht, rosa durch einen feinen Nebel, während am westlichen Himmel Strahlen aus grünem, orangefarbenem und zinnoberrotem Licht unermesslich groß waren , schossen lautlos vom Horizont zum Zenit.

Aber Bennett hatte an diesem Morgen mehr im Kopf als nur Scheinmonde und Polarlichter. Im Süden und Osten, etwa eine Viertelmeile vom Zelt entfernt, hatte der Druck der Eisschollen einen riesigen Kamm aus zerbrochenen Eisplatten aufgeworfen , einen Hügel, einen langen Hügel aus blaugrünen Platten und Blöcken, die sich an jeder Ecke zusammendrängten denkbaren Winkel. Er war fast sechs Meter hoch und damit der höchste Punkt, den Bennett entdecken konnte. Er kletterte und kletterte über zahllose andere Grate, die dazwischen lagen, bahnte sich seinen Weg dorthin, erklomm ihn fast auf Händen und Knien und blickte, auf dem höchsten Punkt stehend, lange und vorsichtig nach Süden.

Eine Wildnis jenseits aller Gedanken, Worte und Vorstellungen erstreckte sich dort für immer und ewig vor ihm – Eis, Eis, Eis, Felder und Eisschollen, die sich unter diesem düsteren Himmel ausbreiteten, Meile um Meile, endlos, düster, unendlich weit , unendlich beeindruckend. Doch nun war es nicht mehr das glatte Eis, über das die Expedition so lange gereist war. In alle Richtungen verliefen die Druckkämme und Hügel, die sich an zehntausend Punkten kreuzten, sich immer wieder kreuzten und ein riesiges, verwirrendes Netzwerk aus zerschnittenen, gezackten und zersplitterten Eisblöcken bildeten. An einigen Stellen waren Dutzende oder mehr dieser Grate zusammengekeilt und bildeten ein riesiges Feld aus zerbrochenen Eisplatten, die kilometerweit breit und kilometerlang waren. Von Horizont zu Horizont gab es keine ebene Stelle, kein offenes Wasser, keinen Weg. Der Blick nach Süden ähnelte einem sturmgepeitschten Ozean, der plötzlich zugefroren war.

Einen dieser Grate hatte Bennett gerade erklommen, und nun stand er darauf. Selbst für ihn, unbelastet und ohne Gewicht, war der Aufstieg schwierig gewesen; mehr als einmal war er ausgerutscht und gestürzt. Zeitweise war er gezwungen, fast auf Händen und Knien vorwärts zu gehen. Und doch musste die Expedition nun durch diesen Eisdschungel, dieses unsägliche Gewirr aus blaugrünen Platten, Kuchen und Blöcken vordringen, ihre Boote, ihre Schlitten, ihre Vorräte, Instrumente und ihr Gepäck hinter sich herziehend.

Bennett stand da und schaute. Vor ihm lag seine Aufgabe. Da, unter seinen Augen, war der Feind. Ihm gegenüber stand die gigantische Urkraft einer chaotischen Welt, die gewaltige, stille Kraft einer gnadenlosen Natur, die ruhig und schweigend darauf wartete, sich ihm zu nähern und ihn zu vernichten. Lange stand er da und schaute zu. Dann wurde der große, brutale Kiefer markanter als je zuvor, die Zähne zusammengebissen und hinter den eng umklammerten Lippen zusammengebissen, der Ausdruck in den kleinen, funkelnden Augen wurde plötzlich deutlicher. Eine riesige Faust hob sich und der Arm streckte sich langsam nach vorne, wie die widerstandslose Bewegung eines Kolbens. Dann, als sein Arm seine volle Reichweite erreicht hatte, sprach Bennett, als wäre er eine Antwort auf die stimmlose, schreckliche Herausforderung des Eises. Durch seine zusammengebissenen Zähne kamen seine Worte langsam und gemessen.

„Aber ich werde dich brechen, bei Gott! Glaub mir, das werde ich."

Nach einer Weile kehrte er zum Zelt zurück, weckte den Koch, und während das Frühstück zubereitet wurde, vervollständigte er seine Breitengradberechnungen, schrieb sein Eistagebuch und notierte die Temperatur sowie die Richtung und Geschwindigkeit des Windes. Als er fertig war, wachte Richard Ferriss, der Chefingenieur und Stellvertreter des Kommandos, auf und fragte sofort nach dem Breitengrad.

„Siebzig-vier-fünfzehn", antwortete Bennett, ohne aufzusehen.

„Siebzig-vier-fünfzehn", wiederholte Ferriss und nickte mit dem Kopf; „Wir haben gestern nicht viel Abstand gemacht."

„Ich hoffe, wir können heute so viel verdienen", erwiderte Bennett grimmig, während er sein Beobachtungstagebuch und seine Notizbücher wegräumte.

„Wie ist das Eis im Süden?"

„Schlecht; wecken Sie die Männer."

Nach dem Frühstück und während die McClintocks beladen wurden, schickte Bennett Ferriss voraus, um eine Straße durch und über die Bergrücken zu wählen. Es war eine schreckliche Arbeit. Zwei Stunden lang wanderte Ferriss nahezu hoffnungslos verwirrt im zerbrochenen Eis umher. Doch schließlich erblickte er zu seiner großen Zufriedenheit ein ziemlich offenes Gebiet von etwa einer Viertelmeile Länge, das im Südwesten lag und nicht allzu weit außerhalb der Marschlinie der Expedition lag. Bis dieses Niveau erreicht war, mussten einige Dutzend Bergrücken überquert werden; aber es gab keine Hilfe, also pflanzte Ferriss seine Fahnen dort auf, wo die Eisblöcke am wenigsten undurchführbar schienen, und kehrte zum Lager zurück. Es war bereits gebrochen, und auf seinem Weg begegnete er der gesamten Expedition, die in die Feinheiten des ersten rauen Eises verwickelt war.

Alle achtzehn Hunde waren an den Schlitten Nummer zwei gespannt, der das Walfangboot und den größten Teil des Proviants transportierte, und jeder Mann der Gruppe, Bennett eingeschlossen, zerrte mit den Hunden an den Transportseilen. Schritt für Fuß kam der Schlitten über den Grat, knirschend und schwankend zwischen den Eisblöcken; Dann wurde es, teils durch Führung, teils durch Heben, den Hang hinuntergelenkt, nur um sich am Ende jeglicher Kontrolle zu entziehen und zwischen den Hunden herabzustürzen, wobei eine der Medikamentenkisten aus ihren Zurrgurten gerissen wurde und sie mit der Nase schwer dagegen stieß Fuß des nächsten Hügels unmittelbar dahinter. Aber die Männer eilten wieder zu ihren Plätzen, die Medizinkiste wurde ersetzt und Muck Tu, der Esquimau-Hundemeister, trieb seine Hunde voran. Auch Ferriss griff zu. Der nächste Hügel wurde überwunden, die Hunde keuchten und die Männer stanken trotz der eisigen Luft vor Schweiß. Dann brachen plötzlich und ohne die geringste Vorwarnung Bennett und McPherson, die an der Spitze waren, durch junges Eis ins Wasser bis zu ihren Brüsten ein, und Muck Tu und einer der Hunde brachen unmittelbar danach durch. Die Männer wurden herausgezogen oder kletterten aus eigener Kraft wieder auf das Eis. Aber im Nu waren ihre Kleider zu klappernden Rüstungen erstarrt.

„Halten Sie sich hier nach Osten ab!" befahl Bennett und schüttelte das eisige, stechende Wasser aus seinen Ärmeln. „Jetzt alle in den Seilen!"

Ein weiterer Druckkamm wurde überwunden, dann ein dritter, und eine Stunde nach dem Start waren sie bei der ersten von Ferriss' Flaggen angekommen. Hier wurde der Schlitten Nummer zwei zurückgelassen, und die gesamte Expedition, Hunde und Männer, kehrte ins Lager zurück, um den McClintock Nummer eins, beladen mit dem Kutter der Freja sowie Schlafsäcken, Instrumenten und Zelt, heraufzuholen. Dieser Schlitten konnte erfolgreich über die ersten beiden Hügel gezogen werden, aber als er den dritten hinaufgezogen wurde, knickte seine linke Kufe plötzlich ein und drehte sich mit einem lauten Knall darunter. Es blieb ihm nichts anderes übrig, als die gesamte Ladung zu entfernen und Hawes, den Zimmermann, mit der Reparatur zu beauftragen.

„Rauf deinen anderen Schlitten!" befahl Bennett.

Noch einmal kehrte die Expedition zum Lagerplatz des Morgens zurück, spannte sich am dritten McClintock fest und kämpfte sich anderthalb Stunden lang vorwärts, bis sie mit dem ersten Schlitten und Ferriss' Flagge oben war. Glücklicherweise waren die beiden Hundeschlitten, vier und fünf, leicht, und Bennett teilte seine Kräfte auf und brachte sie in einem einzigen Zug hoch. Aber Hawes rief, dass der kaputte Schlitten nun repariert sei. Die Männer machten sofort kehrt, luden den Schlitten neu und zogen ihn weiter, so dass bis zur Mittagszeit jeder Schlitten eine ganze Viertelmeile weit vorgeschoben war.

Aber nun waren die Männer, nachdem sie sieben Mal über dasselbe Gelände gegangen waren, vorerst erschöpft, und Muck Tu konnte die Hunde nicht mehr an die Arbeit bringen. Bennett forderte Halt. Es wurde heißer Tee zubereitet und Pemmikan und Hardtack serviert.

„Heute Nachmittag wird es uns leichter fallen, Männer zu schleppen", sagte Bennett; „Dieser nächste Bergrücken ist der Schlimmste von allen; darüber hinaus sagt Mr. Ferriss, dass wir fast eine Viertelmeile ebener Schollen haben."

Um ein Uhr wieder an; aber der Hügel, von dem Bennett gesprochen hatte, erwies sich für die beladenen Schlitten als absolut unpassierbar. Es war alles eins, dass die Männer sich wie Zugpferde an die Seile legten und dass Muck Tu die Hunde auspeitschte, bis der Stachel in seinen Händen zerbrach. Die Männer verloren auf dem rutschigen Eis den Halt und fielen auf die Knie; Die Hunde legten sich stöhnend und winselnd in die Spur. Der Schlitten ließ sich nicht bewegen.

"Entladen!" befahl Bennett.

Die Zurrgurte wurden entfernt und die Lasten, einschließlich des großen, schwerfälligen Walboots selbst, wurden von Hand über den Hügel getragen. Dann wurde der Schlitten selbst herübergezogen und auf der anderen Seite neu beladen. Also die ganzen fünf Schlitten.

Die Arbeit war bitter hart; die Knoten der Zurrgurte waren festgefroren und mit Eis bedeckt; die Proviantkisten, die Medizinkisten, das Segeltuchbündel, die Bootsplanen und die Zelte, unhandlich und von enormem Gewicht; Der Halt auf dem rutschigen, unebenen Eis war schwierig, und mehr als einmal brach ein Mann, der unter seiner Last schwankte, durch die Kruste ins Wasser ein, das so kalt war, dass es sich anfühlte, als würde es brennen.

Doch endlich war alles vorbei, die Schlitten wurden neu beladen und die Vorwärtsbewegung ging weiter. Nur noch ein niedriger Hügel trennte sie von der ersehnten ebenen Eisscholle.

Doch als sie sich wieder auf den Weg machen wollten, begann in ihren Ohren ein beklagenswertes, gigantisches Geräusch zu vibrieren, ein polternder, ächzender Ton, der sich in raschen Schritten zu einem schrillen Schrei steigerte. Andere Klänge, hohl und schrill – Höhen vermischt mit Diapason – mischten sich in den ersten ein. Der Lärm kam direkt hinter dem Druckhügel, an dessen Fuß die Gruppe Halt gemacht hatte.

"Nach vorne!" schrie Bennett; „Beeilt euch, Männer!"

Verzweifelt eifrig beugten sich die Männer keuchend ihrer Arbeit nach. Der Schlitten mit dem Walboot lag oben auf dem Hügel.

„Na dann, rüber mit ihr!" rief Ferriss.

Aber es war zu spät. Während sie einen Moment lang darauf blickten, brach die ebene Eisscholle, die den ganzen Tag über ihre einzige Hoffnung war, plötzlich hin und her, begleitet von dem Lärm der Geschütze. Dann begann das Stöhnen und Kreischen erneut. Der Riss schloss sich sofort, der Druck auf die Seiten der Scholle begann erneut und auf der glatten Eisoberfläche ragten plötzlich Kuppeln und Hügel auf. Als der Druck zunahm, brachen diese Kuppeln und Hügel und zerfielen in unzählige Blöcke und Platten. Im Handumdrehen entstand ein Grat nach dem anderen. Donnernd wie eine Kanonade aus Belagerungsgeschützen explodierte die ganze Eisscholle, gezackt, zersplittert und hügelig. In weniger als drei Minuten und während die Männer der Freja zusahen, wurde die ebene Strecke, zu der sie seit dem Morgen mit unkalkulierbarer Mühe gerungen hatten, zu einer riesigen Masse aus wirren und weglosen Trümmern zermahlen.

„Oh, das wird niemals gehen", murmelte Ferriss entmutigt.

"Kommt schon Männer!" rief Bennett aus. „Herr Ferriss, gehen Sie vorwärts und wählen Sie einen Weg für uns."

Die Arbeit des Morgens wurde wieder aufgenommen. Mit unendlicher Geduld und unendlicher Mühe wurden die Schlitten einer nach dem anderen vorangetrieben. Die drei größeren McClintocks waren so schwer, dass nur einer auf einmal gehandhabt werden konnte und dass einer die vereinten Anstrengungen von Männern und Hunden aufs Äußerste forderte. Derselbe Boden musste siebenmal zurückgelegt werden. Für jeden gewonnenen Meter mussten sieben zurückgelegt werden. Es war kein Marsch, es war eine Schlacht; ein Kampf ohne Ruhe und ohne Ende und ohne Gnade; ein Kampf mit einem Feind, dessen Macht jede Schätzung übertraf und dessen Bewegungen sich nicht auf ein bekanntes Gesetz reduzieren ließen. Ein bestimmter Kurs wurde kartiert, bestimmte Pläne formuliert, ein bestimmtes Ziel festgelegt, und bevor der Kurs beendet, die Pläne ausgeführt oder der Zielpunkt erreicht werden konnte, verwirrte die perverse, unerklärliche Bewegung des Eises ihre Entschlossenheit und machte ihr Bestes zunichte Einfallsreichtum.

Um vier Uhr begann es zu schneien. Seit dem Vormittag war der Horizont durch Wolken und Nebel verdeckt, so dass keine Positionsbeobachtung möglich war. Die Wolken zogen stetig vor, und um vier Uhr wurde die Expedition von Wind und Schneetreiben umhüllt. Die Flaggen waren nicht mehr zu unterscheiden; dünnes und tückisches Eis war unter Schneeverwehungen verborgen; die Hunde zappelten hilflos umher; Die Männer konnten angesichts des Windes und des feinen, puderartigen Schnees kaum die Augen öffnen, und wenn sie manchmal kamen, um den letzten Schlitten voranzuziehen, fanden sie ihn so fast im Schnee vergraben, dass er ausgegraben werden musste, bevor er bewegt werden konnte .

Gegen halb sechs zeigte der Kilometerzähler eines der Hundeschlitten die seit dem Morgen zurückgelegte Strecke von einer dreiviertel Meile an. Bennett ließ anhalten und das Lager wurde im Windschatten eines der größeren Hügel aufgeschlagen. Der Spirituskocher wurde in Gang gesetzt und das Abendessen wurde unter dem Zelt eingenommen, wobei die Männer in ihren Schlafsäcken lagen und aßen. Doch selbst während des Essens schliefen sie ein, sanken tiefer und tiefer und brachen schließlich auf dem Zeltboden zusammen, das Essen noch im Mund.

Dennoch war die Nacht miserabel. Selbst nach diesem Tag des übermenschlichen Kampfes durften sie nicht ein paar Stunden ununterbrochene Ruhe genießen. Um Mitternacht hatte der Wind auf Osten gedreht und blies einen Sturm. Eine Stunde später wurde das Zelt abgebaut. So erschöpft sie auch waren, mussten sie hinausgehen und mit der eisüberzogenen Lattenplane kämpfen, und erst eine halbe Stunde später ging alles wieder schnell.

Noch einmal krochen sie in die Schlafsäcke, aber bald schmolz die Hitze ihrer Körper das Eis auf ihren Kleidern, und unter jedem Mann bildeten sich Wasserpfützen, die ihn bis auf die Haut durchnässten. Schlafen war unmöglich. Mit fortschreitender Nacht wurde es immer kälter und der Sturm nahm zu. Um drei Uhr morgens lag das Celsius-Thermometer bei achtzehn Grad unter Null. Der Herd wurde wieder angezündet, und bis sechs Uhr kauerte die Gesellschaft elend darum, döste und wachte und zitterte ständig.

Frühstück um halb sieben; eine Stunde später wieder unterwegs. An der Beschaffenheit des Eises änderte sich nichts. Grat folgte auf Grat, Hügel folgten auf Hügel. Der Wind ließ nach, aber der Schnee fiel immer noch so fein und verwirrend wie immer. Die Kälte war intensiv. Dennison, der Arzt und Naturforscher der Expedition, war aus dem Fäustling ausgerutscht und hatte Erfrierungen an der Hand, bevor er sie wiederbekommen konnte. Zwei der Hunde, Big Joe und Stryelka, ließen deutlich nach.

Aber Bennett trieb die Expedition mit zusammengebissenen riesigen Kiefern, seinen kleinen, verzerrten Augen, die bösartig durch die Öffnungen der Windmaske funkelten, und seinen strengen, schwarzen Augenbrauen, die unter der schmalen, zusammengezogenen Stirn gesenkt waren, unermüdlich zu ihrer Arbeit. Nicht Muck Tu, der Hundeführer, hatte seine Ostiaks besser unter Kontrolle als er seine Männer. Er selbst hat die Arbeit von dreien erledigt. Auf diesem riesigen Knochen- und Muskelgerüst schien die Müdigkeit keine Spuren zu hinterlassen. Auf dieser unerbittlichen bestialischen Entschlossenheit hinterließen unglaubliche Schwierigkeiten keine Spuren. Keiner der zwölf Männer unter seinem Kommando, die mit

Zähnen und Klauen gegen das hartnäckige Eis kämpften, war nicht von seiner enormen Energie elektrisiert. Es war, als ob ein Sporen in ihren Flanken steckte, eine Peitsche auf ihrem Rücken. Ihr Geist, ihr Wille, ihre Anstrengungen, ihre körperliche Stärke bis zum letzten Gramm und Pennygewicht gehörten unauflöslich ihm. Vorerst waren sie seine Sklaven, seine Leibeigenen, seine Lasttiere, seine Zugtiere, nicht besser als die Hunde, die sich neben ihnen in den Spuren abmühten. Sie mussten und würden vorwärts gehen, bis sie das Geschirr ablegten oder er das Wort zum Anhalten gab.

Um vier Uhr nachmittags blieb Bennett stehen. Seit dem letzten Lager waren zwei Meilen zurückgelegt worden, und nun konnte die menschliche Ausdauer nicht mehr weitergehen. Wenn die Männer fielen, konnten sie manchmal nicht mehr aufstehen. Es war offensichtlich, dass an diesem Tag nichts mehr darin war.

In seinem Eistagebuch für dieses Datum schrieb Bennett:

... Zwei Meilen bis 16 Uhr zurückgelegt. Unser Kurs verläuft weiterhin südlich, 20 Grad West (magnetisch). Das Eis ist immer noch hügelig. Bei diesem Tempo werden wir lange bevor wir Wrangel Island erreichen, mit der halben Ration versorgt sein. Aufgrund von Schnee und Wolken ist seit vorgestern keine Beobachtung mehr möglich. Stryelka, einer unserer besten Hunde, hat heute aufgegeben. Erschoss ihn und verfütterte ihn an die anderen. Unser Vormarsch nach Südwesten ist langsam, aber sicher, und jeder Tag bringt uns unserem Ziel näher. Temperatur um 18 Uhr, 6,8 Grad Fahrenheit. (minus 14 Grad C). Wind, Osten; Kraft, 2.

Am nächsten Morgen war es nach dem Frühstück zwei Stunden lang klar, und als Ferriss von seiner Aufgabe der Wegfindung zurückkam, berichtete er Bennett, dass er im Südwesten sehr viele Wasserzeichen gesehen habe.

„Der Wind von gestern hat das Eis aufgebrochen", bemerkte Bennett; „Wir werden heute harte Arbeit haben."

Kurz nach Mittag, zu einer Zeit, als sie dem Griff des Eises einige tausend Meter südwärts entkommen waren, erreichte die Expedition die erste Spur offenen Wassers, die etwa dreihundert Fuß breit war. Bennett hielt die Schlitten an und machte sich sofort daran, eine Brücke aus schwimmenden Eisstücken zu bauen. Aber die Arbeit, diese Eisblöcke lange genug an Ort und Stelle zu halten, um auch nur einen einzigen Schlitten transportieren zu können, schien zuweilen ihre mühsamste Aufgabe zu übersteigen. Der erste Schlitten mit dem Kutter sicher überquert. Dann kam Nummer zwei an die Reihe, beladen mit Proviant und Walboot. Es waren zwei Drittel des Weges zurückgelegt, als die gegenüberliegende Seite der Scholle abrupt ihre Position änderte und sich direkt vor der Fortschrittslinie plötzlich zehn Meter offenes Wasser verbreiterte.

"Losschneiden!" befahl Bennett sofort. Der Eisblock, auf dem sie versammelt waren, wurde in der Strömung freigesetzt. Die Situation war eine der größten Gefahren. Die gesamte Expedition, Männer und Hunde zusammen, mit ihrem wichtigsten Schlitten, war treibend. Aber die Ruder, der Mast und die Stange des Zeltes waren vom Walfangboot übernommen worden, und nach und nach setzten sie sich mit der Fähre hinüber. Die Lücke wurde wieder überbrückt und die Hundeschlitten verlagert.

Doch nun ereignete sich die erste echte Katastrophe seit der Zerstörung des Schiffes. Auf halbem Weg über die verrückte Pontonbrücke aus Eis bekamen die Hunde, die an einen der kleinen Schlitten gespannt waren, plötzlich Angst. Bevor irgendjemand eingreifen konnte, waren sie Muck Tus Kontrolle entkommen und rannten wild auf die andere Seite des Eises zu. Der Schlitten wurde umgeworfen; Plötzlich warfen sich die Hunde ins Wasser; Der Schlitten sank, die Ladungssicherung löste sich, und im Handumdrehen gingen zwei Medizinkisten, der Beutel mit Nähmaterial – von unschätzbarem Wert –, eine Rolle Drahtseile und dreihundertfünfzig Pfund Pemmikan verloren.

Kommentarlos machte sich Bennett sofort daran, das Beste aus dem Geschäft zu machen. Die Hunde wurden auf das Eis geschleppt; die wenigen Lasten, die noch auf dem Schlitten verblieben waren, wurden auf einen anderen umgeladen; Dieser Schlitten wurde aufgegeben und die Expedition begann erneut ihren nie endenden Kampf nach Süden.

Die Streifen offenen Wassers, die Ferriss am Morgen durch das Wasserblinzeln angedeutet hatte, waren häufig; im ständigen Wechsel mit Hügeln und Druckrücken. Aber die Perversität des Eises war alles andere als herzzerreißend. Zu jeder vollen Stunde öffneten und schlossen die Fahrspuren. Irgendwann am Nachmittag waren sie am Rande einer Gasse angekommen, die breit genug war, um zu ihren Booten zu gehen. Die Schlitten wurden abgeladen und auf den Booten selbst verstaut und Ruder und Segel bereitgelegt. Dann, als Bennett gerade starten wollte, wurde die Spur plötzlich geschlossen. Was zuvor Wasser gewesen war, wurde zu einer ebenen Scholle, und erneut musste der Prozess des Ent- und Neuladens durchgeführt werden.

An diesem Abend wurden Big Joe und zwei weitere Hunde, Gavriga und Patsy, wegen ihrer Unbrauchbarkeit in den Spuren erschossen. Ihre Körper wurden zerstückelt, um ihre Gefährten zu ernähren.

„Ich kann mir die Hunde ersparen", schrieb Bennett für diesen Tag – einen Sonntag – in sein Tagebuch, „aber McPherson, einer der besten Männer des

Kommandos, bereitet mir ein wenig Unbehagen. Seine erfrorenen Pfoten haben wunde Wunden in seinem Knöchel verursacht. Einer davon." Diese sind geschwürig, und der Arzt sagt mir, dass er sich in einem ernsten Zustand befindet. Seine Schmerzen sind so groß, dass er nicht mehr mit den anderen ziehen kann. Soll ihn während des morgigen Marsches von der Arbeit entbinden. Heute weniger als eine Meile zurückgelegt. Meridian Breitengradbeobachtung wegen Nebel nicht möglich. Gottesdienste um 17:30 Uhr.

Eine Woche verging, dann noch eine. Es gab keine Veränderung, weder an der Beschaffenheit des Eises noch am Tagesablauf der Expedition. Ihre Mühe war unglaublich; Manchmal brachte ein einstündiger unablässiger Kampf nur ein paar Meter Vorsprung. Anstatt ihnen zu helfen, wurden die Hunde schnell zu einer bloßen Belastung. Vier weitere waren getötet worden, ein fünfter war ertrunken und zwei waren vom Lager weggelaufen und nie zurückgekehrt. Der zweite Hundeschlitten war zurückgelassen worden. Der Zustand von McPhersons Fuß war so, dass von ihm keine Arbeit verlangt werden konnte. Hawes, der Zimmermann, hatte Fieber und hielt alle die ganze Nacht wach, indem er im Schlaf redete. Am schlimmsten war jedoch, dass Ferriss' rechte Hand erneut erfroren war, und dieses Mal musste Dennison, der Arzt, sie oberhalb des Handgelenks amputieren.

„...Aber ich bin kein bisschen entmutigt", schrieb Bennett. „Ich muss und werde Erfolg haben."

Einige Tage nach der Operation an Ferriss' Hand entschied Bennett, dass es ratsam sei, der Gruppe volle vierundzwanzig Stunden Ruhe zu gönnen. Der Marsch vom Vortag war härter gewesen als jeder andere, den sie bisher erlebt hatten, und neben McPherson und dem Zimmermann stand auch der Arzt selbst auf der Krankenliste.

Am Abend machten Bennett und Ferriss einen langen Spaziergang oder vielmehr Aufstieg über das Eis nach Südwesten, um einen Kurs für den Marsch am nächsten Tag festzulegen.

Zwischen diesen beiden Männern war eine große Freundschaft, um nicht zu sagen Zuneigung entstanden, ein Ergebnis ihrer langen und engen Vertrautheit an Bord der Freja und der Strapazen und Gefahren, die sie in den letzten Wochen während der Leitung der Expedition auf dem Rückzug geteilt hatten nach Süden. Als sie sich für die Richtung des morgigen Vormarsches entschieden hatten, setzten sie sich für einen Moment auf die Kuppe eines Hügels, um zu atmen, die Ellbogen auf den Knien, und blickten nach Süden über die Trostlosigkeit des gebrochenen Eises.

Mit seiner gesunden Hand zog Ferriss eine Pfeife und eine Handvoll in Ölpapier eingewickelte Teeblätter aus der Brust seines Parkas aus Hirschleder.

„Macht es Ihnen etwas aus, diese Pfeife für mich zu füllen, Ward?" fragte er Bennett.

Bennett warf einen Blick auf die Teeblätter, gab sie Ferriss zurück und holte als Antwort auf seine Einwände einen eigenen Beutel hervor.

"Tabak!" rief Ferriss erstaunt; „Warum, ich dachte, wir hätten das letzte Mal an Bord des Schiffes geraucht."

„Nein, ich habe ein bisschen von mir gespart."

„Na ja", antwortete Ferriss und versuchte Bennett, der seine Pfeife stopfte, zu stören, „ich will deinen Tabak nicht; dieser Tee tut sehr gut."

„Ich sage dir, ich habe noch acht Zehntel Kilo übrig", log Bennett, zündete die Pfeife an und gab sie ihm zurück. „Wann immer du eine Zigarette willst, kannst du dich an mich wenden."

Bennett zündete sich selbst eine Pfeife an und die beiden begannen zu rauchen.

„M, ah!" murmelte Ferriss und zog ekstatisch an der Pfeife. „Ich dachte, ich würde nie wieder gutes Gras probieren, bis wir nach Hause kommen."

Bennett sagte nichts. Es herrschte langes Schweigen. Heim! Was bedeutete dieses Wort nicht für sie? All diese abscheuliche, grässliche Eiswüste hinter sich zu lassen, mit dem Kämpfen Schluss zu machen, sich auszuruhen, die Verantwortung zu vergessen, keine Angst mehr zu haben, wieder warm zu sein – warm und satt und trocken – einen Baum wieder zu sehen, sich mit seinen Mitmenschen die Ellenbogen reiben, die Bedeutung warmer Händedrucke und der Gesichter seiner Freunde kennen.

„Dick", begann Bennett nach einer langen Weile abrupt, „wenn wir hier in diesem verdammten Eis stecken bleiben, werde ich dich und wahrscheinlich auch Metz vorausschicken, um Hilfe zu holen. Wir werden einen Zwei-Mann-Kyack bauen, den du benutzen kannst." Wenn Sie die Grenze des Rucksacks erreicht haben, tragen Sie außer dem Rucksack nichts als Ihren Proviant, Schlafsäcke und Ihr Gewehr bei sich und reisen so schnell, wie Sie können. Bennett hielt einen Moment inne und fuhr dann mit anderer Stimme fort: „Ich habe gestern Abend einen Brief geschrieben, den ich dir geben wollte, falls ich dich auf eine solche Reise schicken müsste, aber ich denke, ich könnte ihn dir genauso gut geben." du jetzt."

Er zog einen sorgfältig in Ölzeug eingewickelten Umschlag aus seiner Tasche.

„Wenn der Expedition – mir – etwas zustoßen sollte, möchte ich, dass Sie dafür sorgen, dass dieser Brief zugestellt wird."

Er machte erneut eine Pause.

„Siehst du, Dick, es ist so; da ist ein Mädchen –" sein Gesicht flammte plötzlich auf, „nein – nein, eine Frau, eine großartige, edle Männerfrau, zurück in Gottes Land, die mir sehr viel bedeutet – alles drin." Tatsache. Sie weiß nicht, hat keine Ahnung, dass es mich interessiert. Ich habe nie mit ihr darüber gesprochen. Aber wenn irgendetwas ans Licht kommen sollte, würde ich wollen, dass sie weiß, wie es mit mir gewesen ist und wie viel ihr passiert ist Ich. Also habe ich ihr geschrieben. Du wirst sehen, dass sie es versteht, oder?"

Er reichte Ferriss das kleine Päckchen und fuhr gleichgültig und in gewohnter Weise fort:

„Wenn wir bis zur Wrangel-Insel kommen, können Sie sie mir zurückgeben. In diesem Breitengrad werden wir bestimmt auf die Hilfsschiffe oder die Dampfwalfänger treffen. Oh, Sie können sich die Adresse ansehen", fügte Bennett als Ferriss hinzu und drehte sich um Er steckte den Umschlag mit der Unterseite nach oben in die Brusttasche. „Du kennst sie sogar besser als ich. Es ist Lloyd Searight."

Ferriss' Zähne schlossen sich plötzlich in seinem Pfeifenstiel.

Bennett erhob sich. „Sagen Sie Muck Tu", sagte er, „falls ich nicht noch einmal daran denke, dass die Hunde von nun an von denen gefüttert werden müssen, die sterben. Ich möchte den Hundekuchen und den getrockneten Fisch für unseren eigenen Gebrauch haben."

„Ich nehme an, dass es dazu kommen wird", antwortete Ferriss.

„Komm dazu!" erwiderte Bennett grimmig; „Ich hoffe, dass die Hunde selbst lange genug leben, damit wir sie essen können. Und verstehen Sie mich nicht falsch", fügte er hinzu; „Ich spreche davon, dass wir im Eis stecken bleiben, dass ich es nicht durchkomme; das liegt nur daran, dass man alles vorhersehen und auf alles vorbereitet sein muss. Denken Sie daran – ich – werde – durchkommen."

Aber in dieser Nacht, lange nachdem die anderen schliefen, rührte sich Ferriss, der seine Augen nicht geschlossen hatte, und kroch so leise wie möglich aus seinem Schlafsack. Er vermutete, dass sich die Atmosphäre leicht verändert hatte, und wollte das Barometer ablesen, das direkt vor dem Zelt an einem Pfahl befestigt war. Doch als er bemerkte, dass es sich doch nicht bewegte, stand er einen Moment lang da und blickte mit blicklosen Augen über das Eis hinaus. Dann zog er aus einer Tasche in seinem Pelz eine kleine Mappe mit Marokko-Motiven. Es war erbärmlich abgenutzt, mit

Meerwasser befleckt, immer wieder geflickt, seine ausgefransten Ränder wieder mit Stofffetzen und Seegras zusammengenäht. Ferriss löste mit den Zähnen den Riemen aus Walrossleder, mit dem es festgebunden war, öffnete es und hielt es in das schwache Licht einer Aurora, die gerade am Nordhimmel verblasste.

„Also", murmelte er nach einer Weile, „also – Bennett auch –"

Ferriss stand lange Zeit da und betrachtete Lloyds Bild, bis die violetten Luftschlangen im Norden im kalten Grau des Himmels verschwanden. Dann warf er einen Blick über sich.

„Allmächtiger Gott, segne sie und behüte sie!" er betete.

In weiter Ferne, meilenweit entfernt, spaltete sich eine Eisscholle unter dem anhaltenden Nachhall des Donners. Das Polarlicht war verschwunden. Ferriss kehrte zum Zelt zurück.

In der folgenden Woche litt die Expedition kläglich. Schneesturm folgte auf Schneesturm, die Temperatur sank auf 22 Grad unter den Gefrierpunkt, und stürmische Winde aus dem Osten peitschten und geißelten die kämpfenden Männer unaufhörlich mit unzähligen stahlbewehrten Peitschenhieben. Nachts waren die Schmerzen in ihren Füßen nahezu unerträglich. Es war unmöglich, warm zu sein, unmöglich, trocken zu sein. Dennison erholte sich zwar einigermaßen, aber das Geschwür an McPhersons Fuß hatte das Fleisch so stark aufgefressen, dass die Muskeln sichtbar waren. Hawes' monotones Geplapper und verrücktes Wimmern erfüllten jeden Abend das Zelt.

Die einzigen Freuden, die ihnen blieben, die einzigen Pausen in der Monotonie dieses Lebens waren Essen und, wenn möglich, Schlafen. Denken, Vernunft und Nachdenken schwanden in ihren Gehirnen. Stattdessen waren Instinkte – die primitiven, elementaren Impulse des Tieres – von ihnen Besitz ergriffen. Essen, schlafen, warm sein – sie verlangten nichts Besseres. Das Abendmahl war eine Vision, die den ganzen Tag über stundenlang in ihrer Fantasie schlummerte. Oh, wie schön wäre es, vor der blauen Flamme des Alkohols zu sitzen, die unter dem alten, ramponierten Herd aus Blech brennt! Den köstlichen Duft der dicken, kochenden Suppe riechen! Und dann das Essen selbst – das heiße, grobe, fleischige Essen zu probieren; diese unaussprechlich dankbare Wärme und diesen Glanz zu spüren, dieses fast göttliche Sättigungsgefühl, das sich in ihren armen, zitternden Körpern ausbreitet, und dann zu schlafen; Schlaf, obwohl vor Kälte zitternd; Schlaf, obwohl die Nässe das Fleisch bis ins Mark durchsuchte; Schlaf, obwohl die Füße vor Folter brannten und knirschten; Schlaf, Schlaf, die traumlose Benommenheit der Erschöpfung, die wenigen Stunden des Vergessens, der kurze Waffenstillstand des Tages vor Schmerzen!

Aber stärker, eindringlicher als selbst diese Instinkte des Tieres war der blinde, unvernünftige Impuls, der ihre Gesichter nach Süden richtete: „Vorwärts gehen, vorwärts gehen." Als Antwort auf den unwiderstehlichen Einfluss ihres Anführers, dieses unbezwingbaren Mannes aus Eisen, den kein Schicksal brechen oder beugen konnte und der ihnen seinen Willen wie ein stählernes Joch auferlegte, wurde diese Idee für sie zu einer Art Obsession. Vorwärts, wenn es nur ein Meter wäre; wenn es nur ein Fuß wäre. Vorwärts über das herzzerreißende Trümmereis; vorwärts gegen den beißenden, heulenden Wind; vorwärts angesichts des blendenden Schnees; vorwärts durch die spröden Krusten und das eisige Wasser; vorwärts, obwohl jeder Schritt eine Qual war, obwohl das Transportseil wie ein stumpfes Messer schnitt, obwohl ihre Kleidung wie eine Eisschicht war. Blind, keuchend, verletzt, blutend und erschöpft, Hunde und Menschen, alles Tiere, kämpfte sich die Expedition vorwärts.

Eines Tages, kurz vor Mittag, während das Mittagessen gekocht wurde, brach die Sonne durch die Wolken, und mehr als eine halbe Stunde lang war der Eisbeutel ein einziges blendendes, diamantenes Glitzern. Bennett rannte zu seinem Sextanten und machte eine Beobachtung, die erste, die seit fast einem Monat möglich war. Noch am selben Abend ermittelte er deren Spielraum.

Am nächsten Morgen wurde Ferriss durch eine Berührung seiner Schulter geweckt. Bennett stand über ihm.

„Kommen Sie einen Moment hier raus", sagte Bennett mit leiser Stimme. „Weck die Männer nicht auf."

„Haben Sie unseren Breitengrad erfahren?" fragte Ferriss, als die beiden aus dem Zelt kamen.

„Ja, das möchte ich dir sagen."

"Was ist es?"

„Vierundsiebzig-neunzehn."

„Warum, was meinst du?" fragte Ferriss schnell.

„Nur das: Dass das Packeis, auf dem wir uns befinden, schneller nach Norden driftet, als wir nach Süden marschieren. Wir sind jetzt trotz all unserer Märsche weiter nördlich als vor einem Monat."

II.

Um elf Uhr nachts hatte der Sturm so stark zugenommen und das Meer begann so hoch zu steigen, dass es fraglich war, ob das Walboot den Sturm überstehen würde oder nicht. Bennett kam schließlich zu dem Schluss, dass es in dieser Nacht unmöglich sein würde, das Land zu erreichen, das sich in einem langen, dunklen Nebel nach Südwesten erstreckte, und dass das Boot vor dem Wind laufen musste, wenn er es über Wasser halten wollte. Der Kutter Nummer zwei unter dem Kommando von Ferriss war ein schlechter Segler und war nach hinten gefallen. Sie war bereits außer Rufweite; Aber Bennett, der an der Ruderpinne des Walboots saß, sah in dem Moment, in dem er es wagte, hinter sich zu schießen, mit Genugtuung, dass Ferriss seinem Beispiel gefolgt war.

Das Walfangboot und der Kutter Nummer zwei waren die einzigen Boote, die der Expedition noch zur Verfügung standen. Das dritte Boot war verlassen worden, lange bevor sie das offene Wasser erreichten.

Eine Stunde später blickte Adler, der Segelkapitän, der Bennett gegenüber saß, durch den Sturm zurück; Dann wandte er sich an Bennett und sagte:

„Bitte verzeihen Sie, Sir, ich glaube, sie geben uns ein Zeichen."

Bennett antwortete nicht, hielt aber die Pinne mit der Hand fest und blickte nach vorn. Sein Blick wechselte zwischen dem wogenden Bug des Bootes und den riesigen grauen Wogen, in denen der Schaum zischte und der sich schnell entlang bewegte. Einen Moment innezuhalten und auch nur ein wenig vom Verlauf des Sturms abzuweichen, könnte bedeuten, dass sie alle ertrinken. Nach ein paar Augenblicken sprach Adler erneut und berührte seine Mütze.

„Ich bin sicher, ich sehe ein Signal, Sir."

„Nein, das tust du nicht", antwortete Bennett.

„Bitte verzeihen Sie, ich bin mir ganz sicher, dass ich das tue."

Bennett beugte sich zu ihm, der Schatten in seinen Augen funkelte in einem bösen Licht, und die Falte zwischen seinen Augenbrauen vertiefte sich. „Ich sage dir, du siehst kein Signal. Verstehst du? Du siehst kein Signal, bis ich mich dafür entscheide, dich zu haben."

Die Nacht war bitter und hart für die Insassen des Walboots. In ihrem geschwächten Zustand waren sie nicht in der Lage, in einem offenen Boot gegen einen Polarhurrikan zu kämpfen.

Drei Wochen lang wussten sie nicht, was volle Rationen bedeuten. In den ersten Tagen, nachdem die Marschlinie über das Eis abrupt nach Westen geändert worden war, in der Hoffnung, offenes Wasser zu erreichen, waren nur Dreiviertelrationen ausgegeben worden, und nun waren es in den letzten beiden Tagen halbe Rationen gewesen. Der nagende Hunger hatte begonnen. Jeder Mann war spürbar schwächer. Die Lage wurde immer verzweifelter.

Doch um sieben Uhr am nächsten Morgen hatte sich der Sturm gelegt. Zu Bennetts unaussprechlicher Erleichterung schwebte der Kutter in Sichtweite. Die Boote steuerten noch einmal ihren Kurs Richtung Land und leisteten Gesellschaft, und am Nachmittag landeten Bennett und die Besatzung des Walboots erfolgreich an einer trostlosen, trostlosen und windgepeitschten Küste. Aber auf irgendeine Weise, die später nie ausreichend erklärt wurde, wurde der Kutter unter Ferriss' Kommando hundert Meter vor der Küste im schwimmenden Eis zerquetscht. Die Männer und Vorräte wurden an Land gebracht – das Wasser war flach genug zum Waten –, aber das Boot war ein hoffnungsloses Wrack.

„Ich glaube, es ist Cape Shelaski", sagte Bennett zu Ferriss, als das Lager aufgeschlagen und ihre Karten konsultiert worden waren. „Aber wenn es so ist, liegt es laut Karte 35 Minuten zu weit westlich."

Bevor Bennett am nächsten Morgen das Lager abbrach, hinterließ er diesen Rekord unter einem Steinhaufen auf dem höchsten Punkt des Kaps und markierte die Stelle zusätzlich mit einer der Bootsflaggen:

Die Freja Arctic Exploring Expedition landete am 28. Oktober 1891 an diesem Punkt. Unser Schiff wurde eingeklemmt und sank bei 76 Grad. 10 Minuten. nördlicher Breite am 12. Juli letzten Jahres. Ich versuchte dann einen Marsch nach Süden zur Wrangel-Insel, fand einen solchen Kurs jedoch wegen der Eisdrift nach Norden undurchführbar. Am 1. Oktober machte ich mich daher auf den Weg nach Westen, um an der Grenze des Eises offenes Wasser zu finden, wobei ich unterwegs ein Boot und zwei Schlitten zurücklassen musste. Ein zweites Boot wurde beim Versuch, an dieser Stelle zu landen, im treibenden Eis irreparabel zerschmettert. Da unser einziges verbleibendes Boot zu klein ist, um die Expeditionsmitglieder aufzunehmen, zwingen mich die Umstände dazu, einen Überlandmarsch in Richtung Koljutschin-Bucht zu beginnen und dabei der Küstenlinie zu folgen. Wir gehen davon aus, dass wir entweder zwischen den von Nordenskjold an der Ostküste der Kolyuchin-Bucht existierenden Chuckch-Siedlungen überwintern oder dass wir uns den Hilfsschiffen oder Dampfwalfängern auf dem Weg anschließen. Durch die Ausgabe halber Rationen verfüge ich über ausreichend Proviant für achtzehn Tage und habe alle Aufzeichnungen, Beobachtungen, Papiere, Instrumente usw. aufbewahrt. Beiliegend ist die Musterliste der Expedition. Noch kein Skorbut und keine Todesfälle. Unsere Kranken sind William Hawes, Zimmermann, Arktisfieber, ernst; David McPherson, Seemann, Geschwür am linken Fuß, ernst. Der

Allgemeinzustand der übrigen Männer ist mittelmäßig, wenn auch durch die Belastung und den Mangel an Nahrung stark geschwächt.

(Unterzeichnet) WARD BENNETT, *Kommandeur.*

Doch in der Nacht, ihrer ersten Nacht an Land, beschloss Bennett, einen verzweifelten Ausweg zu finden. Nicht nur das Boot sollte zurückgelassen werden, sondern auch die Schlitten, und zwar nicht nur die Schlitten, sondern jeder Gewichtsgegenstand, der für die Existenz der Gruppe nicht unbedingt notwendig war. Zwei Wochen zuvor war die Sonne untergegangen und ging sechs Monate lang nicht mehr auf. Der Winter stand vor der Tür und die Dunkelheit. Der Feind rückte näher. Der große, erbarmungslose Griff des Eises schloss sich. Es war keine Zeit für Halbheiten und Zögern; Jetzt ging es um Leben und Tod.

Das Gefühl ihrer Gefahr, die Nähe des Feindes, spannte Bennetts Nerven an wie Harfensaiten. Sein Wille verhärtete sich zur Steinhärte des Eises selbst. Seine geistige und körperliche Kraft schien sich plötzlich zu vervierfachen. Seine Entschlossenheit war die des Rammbocks, blind, taub, widerstandslos. Sein hässliches Gesicht wurde noch hässlicher, die verzerrten Augen blitzten, der große Kiefer ähnelte fast einem Affen. Er schien körperlich größer zu sein. Es war kein Mann mehr; Es war ein Riese, ein Oger, ein kolossaler Jotun, der Eisblöcke schleuderte und einen unaussprechlichen Kampf austrug, im Anbruch der Welt, im Chaos und in der Dunkelheit.

Die Impedimenta der Expedition wurden in Rucksäcke aufgeteilt, die jeder Mann auf seinen Schultern trug. Von nun an muss alles zurückgelassen werden, was die Schnelligkeit ihrer Bewegungen behinderte. Sechs Hunde (alles, was vom Rudel von achtzehn übrig geblieben war) begleiteten sie noch.

Bennett hatte gehofft und damit gerechnet, dass seine Männer einen durchschnittlichen täglichen Marsch von sechzehn Meilen zurücklegen würden, doch die von Nordosten heranziehenden Winterstürme schlugen sie zurück; Das Eis und der Schnee, die das Land bedeckten, waren nicht weniger uneben als die Hügel des Rudels. Das gesamte Wild war weit nach Süden abgewandert.

Mit jedem Tag wurden die Männer schwächer und schwächer; Ihre Vorräte gingen zurück. Immer wieder schlief der eine oder andere, übermenschlich erschöpft, während des Marschierens ein und fiel zu Boden.

Am dritten Tag dieses Überlandmarsches brach einer der Hunde plötzlich erschöpft und sterbend auf dem Boden zusammen. Bennett hatte befohlen, die Hunde, die ausgeliefert waren, zu zerschneiden und ihr Fleisch dem Proviantvorrat der Gruppe hinzuzufügen. Ferriss und Muck Tu hatten begonnen, den toten Hund hochzuheben, als die anderen Hunde, ausgehungert und wild, sich auf ihren gefallenen Gefährten stürzten. Die beiden Männer schlugen und traten, alles ohne Erfolg; Die Hunde drehten sich knurrend und schnappend zu ihnen um. Auch sie verlangten zu leben; Auch sie wollten gefüttert werden. Es war ein schreckliches Geschäft. Dort, in dieser halben Nacht des Polarkreises, verloren und vergessen an einem urzeitlichen Ufer, zurück in die Steinzeit, kämpften Menschen und Tiere gegeneinander um das Privileg, einen toten Hund zu essen.

Aber ihr Leben war nicht nur unmenschlich; Zumindest Bennett konnte sich sogar über die Menschheit erheben, obwohl seine Männer zwangsläufig so weit darunter gezogen werden mussten. Am Ende der ersten Woche starb Hawes, der Zimmermann. Als sie am Morgen aufwachten, wurde er regungslos und steif in seinem Schlafsack gefunden. Eine Art Grab wurde ausgehoben, der arme, gefolterte Körper wurde hineingelassen, und bevor es mit Schnee und gebrochenem Eis gefüllt war, öffnete Bennett, der ruhig inmitten der barhäuptigen Gruppe stand, sein Gebetbuch und begann mit den gewaltigen Worten , „Ich bin die Auferstehung und das Leben –"

Es war der Anfang vom Ende. Eine Woche später begann die eigentliche Hungersnot. Langsamer und langsamer bewegte sich die Expedition auf ihrem täglichen Marsch, schwankend, taumelnd, geblendet und gebeutelt von den unaufhörlichen Nordostwinden, grausam, gnadenlos, scharf wie Messerklingen. Die Hoffnung war längst tot; Die Entschlossenheit ließ unter der Reibung der Katastrophe nach; wie eine Ratte nagte der Hunger Stunde um Stunde an ihnen; Die Kälte war eine endlose Qual. Noch immer war Bennett ungebrochen, noch immer drängte er sie vorwärts. Solange sie sich bewegen konnten, trieb er sie weiter.

Gegen vier Uhr nachmittags an einem besonders harten Tag wurde Bennett an der Spitze der Schlange mitgeteilt, dass hinten etwas nicht stimmte.

„Es ist Adler; er liegt wieder am Boden und kann nicht aufstehen; bittet dich, ihn zu verlassen."

Bennett stoppte die Reihe und ging ein kleines Stück zurück, um Adler auf dem Rücken liegend vorzufinden, die Augen halb geschlossen, kurz und schnell atmend. Er schüttelte ihn grob an der Schulter.

„Auf mit dir!"

Adler öffnete die Augen und schüttelte den Kopf.

„Ich – ich bin für dieses Mal fertig, Sir; lassen Sie mich einfach hier – bitte."

„Hauf!" schrie Bennett; „Du bist noch nicht erledigt; ich weiß es besser."

„Wirklich, Sir, ich – ich *kann nicht* ."

„Hauf!"

„Wenn es Ihnen nur gefallen würde – um Gottes willen, Sir. Das ist mehr, als ich dafür gemacht bin."

Bennett trat ihm in die Seite.

„Auf geht's!"

Adler kämpfte sich wieder auf die Beine, Bennett half ihm.

„Können Sie also fünf Meter weit gehen?"

„Ich denke – ich weiß nicht – vielleicht –"

„Dann geh sie."

Der andere bewegte sich vorwärts.

„Kannst du noch fünfmal gehen? Antworte, sprich laut, kannst du?"

Adler nickte.

„Geh sie – und noch fünf – und noch eine – dort – das ist so etwas wie ein Mann, und lass uns kein Frauengefasel mehr über das Sterben haben."

"Aber-"

Bennett näherte sich ihm, schüttelte ihm den Zeigefinger ins Gesicht und streckte sein Kinn boshaft vor.

„Mein Freund, ich werde dich wie einen Hund treiben, aber", seine Faust ballte sich im Gesicht des Mannes, „ich werde dafür *sorgen* , dass du durchkommst."

Zwei Stunden später beendete Adler den Marsch des Tages an der Spitze der Linie.

Die Expedition begann, ihre Hunde zu fressen. Jeden Abend schickte Bennett Muck Tu und Adler ans Ufer, um Garnelen zu sammeln, obwohl fünfzehnhundert dieser Garnelen kaum ein Kiemenmaß füllten. Die Gruppe kaute Rentiermoos, das nur an wenigen Stellen in den schneebedeckten Felsen wuchs, und bereitete manchmal einen dünnen, ekelhaften Aufguss aus der arktischen Weide zu. Immer wieder schickte Bennett die Esquimau und Clarke, die besten Schützen der Gruppe, auf Jagdausflüge nach Süden. Ausnahmslos kehrten sie mit leeren Händen zurück. Gelegentlich meldeten sie alte Spuren von Rentieren und Füchsen, aber die Winterkälte hatte alles weit ins Landesinnere vertrieben. Einmal erschoss nur Clarke eine Schneeammer, einen kleinen Vogel, der kaum größer als ein Spatz war. Dennoch drängte Bennett weiter.

Eines Morgens zu Beginn der dritten Woche, nach einem Frühstück bestehend aus zwei Unzen Hundefleisch und einer halben Tasse Weidentee, waren Ferriss und Bennett ein wenig von den anderen getrennt. Die Männer waren damit beschäftigt, das Zelt abzubauen. Ferriss warf einen Blick nach hinten, um sich zu vergewissern, dass er außer Hörweite war, dann:

„Wie wäre es mit McPherson?" sagte er mit leiser Stimme.

McPhersons Fuß war mittlerweile fast bis auf die Knochen zerfressen. Es war ein Wunder, wie der Mann bisher mitgehalten hatte. Aber schließlich geriet er in Rückstand; Von Tag zu Tag schleppte er sich mehr zurück, und am Vorabend erreichte er das Lager fast eine Stunde, nachdem das Zelt aufgebaut worden war. Aber er war ein mutiger Kerl, von härterem Schlag als der Segelmeister Adler, und dachte nicht ans Aufgeben.

Bennett antwortete Ferriss nicht und der Chefingenieur wiederholte die Frage nicht. Der Marsch des Tages begann; Fast sofort stieß man auf brusthohe Schneeverwehungen, und als diese zurückgelassen worden waren, begab sich die Expedition auf die Steilhänge einer riesigen Eisschutt und nackten, schwarzen Basaltplatten. Es dauerte ganze zwei Stunden, über dieses Hindernis zu klettern, und auf der Spitze blieb Bennett stehen, um die Männer zu verschnaufen. Doch als sie wieder nach vorne gingen, stellte sich heraus, dass McPherson seine Füße nicht halten konnte. Als er gestürzt war, hatten Adler und Dennison versucht, ihn hochzuheben, aber sie selbst waren so schwach, dass sie ebenfalls fielen. Dennison konnte sich aus eigener Kraft nicht erheben, und anstatt McPherson zu helfen, musste er sich selbst helfen. Bennett trat vor, legte einen Arm um McPherson und zog ihn in eine aufrechte Position. Der Mann machte einen Schritt nach vorne, aber sein linker Fuß krümmte sich sofort unter ihm und er fiel wieder zu Boden. Dreimal wurde dieses Manöver wiederholt; Da McPherson weit davon entfernt war zu marschieren, konnte er nicht einmal stehen.

„Wenn ich einen Tag Ruhe hätte …", begann McPherson unsicher. Bennett warf einen Blick auf Dennison, den Arzt. Dennison schüttelte den Kopf. Der Fuß, das gesamte Bein unterhalb des Knies, hätte schon vor Tagen amputiert werden müssen. Ein Monat Ruhe, selbst in einem Krankenhaus zu Hause, hätte McPherson nichts gebracht.

Für den Bruchteil einer Minute debattierte Bennett über die Frage, dann wandte er sich dem Kommando zu.

„Vorwärts, Männer!"

„Was-wh-", begann McPherson, der auf dem Boden saß und verwirrt und verängstigt von einem Gesicht zum anderen blickte. Einige der Männer begannen sich zu entfernen.

„Warte – warte", rief der Krüppel, „ich – ich komme zurecht – ich –" Er erhob sich auf die Knie, unternahm große Anstrengungen, um wieder auf die Beine zu kommen, und stürzte erneut auf das Eis.

"Nach vorne!"

„Aber – aber – aber – *Oh, Sie werden mich nicht verlassen, Sir?*"

"Nach vorne!"

„Er war die ganze Reise über mein Kumpel, Sir", sagte einer der Männer und berührte Bennett mit seiner Mütze. „Ich sollte lieber bei ihm bleiben. Ich bin selbst fast fertig."

Ein anderer schloss sich an:

„Ich bleibe auch – ich kann nicht gehen – es ist – es ist zu schrecklich."

Es gab einen Moment des Zögerns. Diejenigen, die begonnen hatten, weiterzugehen, blieben stehen. Die ganze Expedition geriet ins Wanken.

Bennett nahm Muck Tu die Hundepeitsche aus der Hand. Seine Stimme klang wie der Alarm einer Trompete.

"Nach vorne!"

Wieder einmal setzte sich Bennetts Disziplin durch. Seine eiserne Hand schloss sich seinen Männern an, widerstandsloser denn je. Gehorsam wandten sie ihr Gesicht nach Süden. Der Marsch wurde wieder aufgenommen.

Ein weiterer Tag verging, dann zwei. Dennoch kämpfte die Expedition weiter. Mit jeder Stunde wurden ihre Leiden größer. Es schien, dass kein Mensch solch einer Belastung standhalten und dennoch überleben könnte. Gegen drei Uhr morgens der dritten Nacht weckte Adler Bennett.

„Es ist Clarke, Sir. Er und ich schlafen in derselben Tasche. Ich glaube, er geht, Sir."

Einer nach dem anderen wurden die Männer im Zelt geweckt und die Öllampe des Zuges wurde angezündet.

Clarke lag bewusstlos in seinem Schlafsack und atmete in langen Abständen schwach und schnell ein. Der Arzt beugte sich über ihn und fühlte seinen Puls, schüttelte jedoch hoffnungslos den Kopf.

„Er stirbt – leise – an Erschöpfung vor Hunger."

Wenige Augenblicke später begann Clarke leicht zu zittern, der Mund öffnete sich weit; ein leises Rasseln kam aus der Kehle.

Vier Meilen waren alles, was am nächsten Tag zurückgelegt werden konnte, und das, obwohl der Boden verhältnismäßig glatt war. Ferriss fiel ständig. Dennison und Metz waren ein wenig benommen, und Bennett fragte sich einmal, ob Ferriss selbst die absolute Kontrolle über seinen Verstand hatte. Seit dem Morgen wehte ihnen der Wind kräftig ins Gesicht. Gegen Mittag hatte es zugenommen. Um vier Uhr heulte ein heftiger Sturm über die Eisflächen und das felsige Land. Es war unmöglich, so lange weiterzumachen. Die stärkeren Böen rissen ihnen regelrecht die Füße weg. Um halb fünf hörte die Party auf. Der Sturm war jetzt ein Hurrikan. Die Expedition hielt inne, sammelte sich und ging weiter; blieb erneut stehen, versuchte erneut, sich zu bewegen, und kam schließlich in wirbelnden Schneewolken und blendenden, betäubenden Windstößen endgültig zum Stillstand.

„Bauen Sie das Zelt auf!" sagte Bennett leise. „Wir müssen jetzt warten, bis es vorbei ist."

Im Windschatten eines eisbedeckten Felshügels, einige hundert Meter von der Küste entfernt, wurde das Zelt aufgeschlagen und das Abendessen, so wie es war, wurde schweigend eingenommen. Alle wussten, was dieser Zwangsstopp für sie bedeuten musste. Dieses Abendessen – jeder Mann konnte seine Portion in der Handfläche halten – war die letzte ihrer regelmäßigen Vorräte. März konnten sie nicht. Was jetzt? Bevor sie in ihre Schlafsäcke krochen und auf Bennetts Wunsch hin, wiederholten alle gemeinsam das Glaubensbekenntnis und das Vaterunser.

Der nächste Tag verging und der nächste und der nächste. Der Sturm hielt stetig an. Der Südmarsch wurde eingestellt. Den ganzen Tag und die ganze Nacht blieben die Männer im Zelt, zusammengekauert in den Schlafsäcken, und schliefen manchmal achtzehn und zwanzig von den vierundzwanzig Stunden. Sie verloren jegliches Bewusstsein für den Lauf der Zeit; Selbst das Gefühl des Leidens verließ sie; der Hunger selbst hatte aufgehört zu nagen. Nur Bennett und Ferriss schienen einen kühlen Kopf zu bewahren. Dann begann langsam das Ende.

Für die letzte Woche lauteten Bennetts Einträge in seinem Eistagebuch wie folgt:

29. November – Montag – Zelten um 16:30 Uhr etwa 100 Meter von der Küste entfernt. Soweit ich sehen kann, ist nach Osten offenes Wasser vorhanden. Wenn ich nicht gezwungen gewesen wäre, meine Boote aufzugeben – aber es ist zwecklos, sich zu beschweren. Ich muss unserer Situation direkt ins Auge sehen. Mittags gab es den letzten Rindfleischextrakt, den wir mit Weidentee tranken. Unsere restlichen Vorräte bestehen aus vier Fünfzehntel Pfund Pemmikan pro Mann und dem

Rest Hundefleisch. Wo sind die Hilfsschiffe? Zumindest hätten wir die Dampfwalfänger schon lange vorher treffen sollen.

30. November – Dienstag – Der Arzt hat heute Herrn Ferriss die andere Hand amputiert. Lebhafter Sturm aus Nordost. In unserem geschwächten Zustand ist es unmöglich, dagegen vorzugehen; Ich muss hier campen, bis es nachlässt. Habe heute Nachmittag Suppe aus dem letzten Hundefleisch gemacht. Unsere letzte Pemmikan ist weg.

1. Dezember – Mittwoch – Alle werden schwächer. Metz bricht zusammen. Schickte Adler ans Ufer, um Garnelen zu sammeln. Zum Mittagessen aßen wir etwa einen Bissen pro Stück. Abendessen, ein Löffel Glyzerin und heißes Wasser.

2. Dezember – Donnerstag – Metz starb in der Nacht. Hansen stirbt. Es weht immer noch ein Sturm aus Nordosten. Eine harte Nacht.

3. Dezember – Freitag – Hansen starb am frühen Morgen. Muck Tu hat ein Schneehuhn erschossen. Suppe gemacht. Dennison bricht zusammen.

4. Dezember – Samstag – Hansen unter Eisplatten begraben. Mittags einen Löffel Glycerin und heißes Wasser.

5. Dezember – Sonntag – Dennison wurde heute Morgen zwischen Adler und mir tot aufgefunden. Zu schwach, um ihn zu begraben oder ihn auch nur aus dem Zelt zu tragen. Er muss liegen bleiben, wo er ist. Gottesdienste um 17:30 UHR Letzter Löffel Glyzerin und heißes Wasser.

Der nächste Tag war Montag, und zu einer unbestimmten Stunde des 24., obwohl er nicht sagen konnte, ob es Nacht oder Mittag war, wachte Ferriss in seinem Schlafsack auf, stützte sich auf einen Ellbogen und saß einen Moment lang dumm da und beobachtete Bennett schreibt in sein Tagebuch. Als Bennett bemerkte, dass er wach war, blickte er von der Seite auf und sprach mit einer Stimme, die aufgrund der Schwellung seiner Zunge schwer und gedämpft war.

„Wie lange weht dieser Wind schon, Ferriss?"

„Seit heute vor einer Woche", antwortete der andere.

Bennett setzte sein Schreiben fort.

... Unaufhörliche Stürme seit über einer Woche. In unserem geschwächten Zustand ist es unmöglich, gegen sie vorzugehen. Aber hier zu bleiben bedeutet zu sterben. Gott, hilf uns. Es ist das Ende von allem.

Bennett zog unter dem letzten Eintrag eine Linie über die Seite und blickte, das Buch immer noch in der Hand haltend, langsam im Zelt umher.

Es waren noch sechs von ihnen übrig – fünf zusammengekauert in diesem elenden Zelt – der sechste, Adler, war unten am Ufer und sammelte Garnelen. In dem seltsamen und düsteren Halblicht, das das Zelt erfüllte, sahen diese Überlebenden der Freja weniger wie Menschen als vielmehr wie Bestien aus. Ihre Haare und Bärte waren lang und schienen mit dem Fell ihrer Körper eins zu sein. Ihre Gesichter waren völlig schwarz vor Schmutz, und ihre Gliedmaßen waren ungeheuer aufgebläht und fett – fett, wie aufgedunsene und geschwollene Dinge fett sind. Es war die ungewöhnliche Fettigkeit des Hungerns, die Ironie des Elends, der große Witz, den die Hungersnot in der Arktis denjenigen spielt, die sie anschließend vernichtet. Die Männer bewegten sich zeitweise auf Händen und Knien; Ihre Zungen waren aufgebläht, rund und schieferfarben wie die Zungen von Papageien, und wenn sie sprachen, bissen sie sie hilflos.

In der Nähe der Zeltklappe lag die aufgequollene Leiche von Dennison. Zwei aus der Gruppe dösten regungslos und benommen in ihren Schlafsäcken. Muck Tu war in der Ecke des Zeltes und kochte seine Robbenfell-Fußspitzen über dem blechernen Herd. Ferriss und Bennett saßen auf gegenüberliegenden Seiten des Zeltes, wobei Bennett sein Knie als Schreibtisch benutzte und Ferriss versuchte, sich mit seinen Armstümpfen aus dem Schlafsack zu befreien. An einem dieser Baumstümpfe, dem rechten, war ein Blechlöffel befestigt.

Das Zelt war voller übler Gerüche. Der Geruch von Drogen und schimmeligem Schießpulver, der Geruch von schmutzigen Lumpen, von ungewaschenen Körpern, der Geruch von abgestandenem Rauch, von sengender Robbenhaut, von durchnässtem und verrottendem Segeltuch, das aus der Zeltdecke ausströmte – jeder Geruch außer dem von Essen.

Draußen heulte der entfesselte Wind unaufhörlich wie ein Hexensabbat, wirbelte um den erbärmlichen Unterschlupf herum und raste tosend vorbei, sprang und überschlug sich von Fels zu Fels und warf Handvoll trockenen, staubartigen Schnee in die Luft; von Torheit geplagt, gefühllos, ein riesiges, verrücktes Monster, das dort in einem abscheulichen Todestanz herumtollt, launisch, eigensinnig, erbarmungslos wie ein ausgehungerter Wolf.

Vor dem Zelt und über einem Kamm aus kahlen Felsen befand sich ein mit Eisblöcken übersäter Meeresarm, der sich lautlos und schnell vorwärts bewegte; zurück von der Küste und zurück vom Zelt und im Süden und im Westen und im Osten erstreckte sich die grenzenlose Öde des Landes, rau, grau, rau; Schnee und Eis und Fels, Fels und Eis und Schnee, die sich dort unter dem düsteren Himmel für immer und ewig ausdehnen; düster, ungezähmt, schrecklich, eine leere Region – das vernarbte Schlachtfeld chaotischer Kräfte, die wilde Verwüstung einer prähistorischen Welt.

„Wo ist Adler?“ fragte Ferriss.

„Er ist auf der Suche nach Garnelen", antwortete Bennett.

Bennetts Augen wandten sich wieder seinem Tagebuch zu und ruhten nachdenklich auf der aufgeschlagenen Seite.

„Weißt du, was ich gerade hier geschrieben habe, Ferriss?" fragte er und fügte hinzu, ohne eine Antwort abzuwarten: „Ich habe geschrieben: ‚Es ist das Ende von allem'."

„Das nehme ich an", gab Ferriss zu und sah sich im Zelt um.

„Ja, das Ende von allem. Es ist gekommen – endlich... Nun ja." Es herrschte langes Schweigen. Einer der Männer in den Schlafsäcken stöhnte und drehte sich auf den Kopf. Draußen verstummte der Wind plötzlich in einem langen Seufzer unendlicher Traurigkeit und rief erneut den Augenblick hervor.

„Dick", sagte Bennett und legte sein Tagebuch zurück in die Kiste mit den Unterlagen, „es *ist* das Ende von allem, und nur weil es so ist, möchte ich mit dir reden – dich etwas fragen."

Ferriss kam näher. Das schreckliche Gebrüll des Windes dämpfte den Klang ihrer Stimmen; Die anderen konnten nichts mehr hören, und wenn sie es getan hätten, wäre es für keinen von ihnen von Bedeutung gewesen.

„Dick", begann Bennett, „jetzt macht nichts einen großen Unterschied. In ein paar Stunden werden wir alle wie Dennison hier sein." Er klopfte auf die Leiche des Arztes, der in der Nacht gestorben war. Es war bereits so fest gefroren, dass seine Berührung klang, als wäre es ein Holzscheit. „Wir werden ziemlich bald so sein. Aber vorher – nun ja, solange ich kann, möchte ich dich etwas über Lloyd Searight fragen. Du kennst sie dein ganzes Leben lang und hast sie später gesehen als ich, bevor wir gingen. Du Denken Sie daran, dass ich wegen der Bilgenpumpen zwei Tage vor Ihnen zum Schiff kommen musste.

Während Bennett sprach, saß Ferriss sehr aufrecht auf seinem Schlafsack und zeichnete mit der Spitze des Blechlöffels Figuren und vage Muster in das Fell seines Hirschfellmantels. Ja, Bennett hatte recht; er, Ferriss, kannte sie schon sein ganzes Leben lang, und es lag zweifellos daran, dass sie ihm so lieb geworden war. Aber er hatte es nicht immer gewusst, hatte seine Liebe zu ihr nie entdeckt, bis die Zeit gekommen war, sich zu verabschieden und sie für diesen verrückten Ausflug zum Polen zu verlassen. Damals war es zu spät gewesen, etwas zu sagen, und Ferriss hatte es ihr nie gesagt. Sie sollte nie erfahren, dass auch er – wie Bennett – sich darum kümmerte.

„Es scheint ziemlich dumm zu sein", fuhr Bennett ungeschickt fort, „aber wenn ich dachte, sie hätte sich jemals um mich gekümmert – auf diese Weise – warum, dann würde das, was auf uns zukommt, – ich weiß nicht – leichter erträglich erscheinen." vielleicht. Ich sage es sehr schlecht, aber es wäre nicht so schwer zu sterben, wenn ich dachte, sie hätte mich jemals geliebt – ein bisschen."

Ferriss dachte sehr schnell nach. Warum hatte er so etwas nie erraten? Aber in Ferriss' Vorstellung hatte sich die Idee der Liebe einer Frau nie mit Bennett in Verbindung gebracht, diesem großen, strengen Mann von kolossalem Körperbau, der so sehr in seine großen Projekte vertieft war, so sehr an sein einziges Ziel gebunden, der seine Absichten unter Ausschluss aller verfolgte andere Gedanken, Wünsche oder Emotionen. Bennett war ein Mann. Aber hier hat sich Ferriss selbst überprüft. Bennett selbst hatte sie die Frau eines Mannes genannt, die Frau eines großartigen, großartigen Mannes. Er hatte recht; Er hatte recht. Sie war nicht weniger als das; Schließlich war es kein Wunder, dass Bennett sich zu ihr hingezogen fühlte. Was für ein Paar waren sie, beide stark, meisterhaft, unverschämt im Bewusstsein ihrer Macht!

„Sie kennen sie so gut und schon so lange", fuhr Bennett fort, „dass ich sicher bin, dass sie Ihnen etwas über mich gesagt hat. Sagen Sie mir, hat sie jemals etwas gesagt – oder nicht –, aber in ihrer Art angedeutet: Gib dir zu verstehen, dass sie mich geheiratet hätte, wenn ich sie darum gebeten hätte?"

Ferriss fand selbst in dieser Stunde Zeit, sich über den plötzlichen und unerwarteten Bruch in der einheitlichen Härte von Bennetts Charakter zu wundern. Ferriss kannte ihn mittlerweile gut. Bennett war kein Mann, der Zugeständnisse verlangte oder kleine Gefälligkeiten erbeutete. Was er wollte, nahm er mit eiserner Hand, ohne Rücksicht und ohne Skrupel. Aber machte bei der unsäglichen Auflösung, in die sie jetzt verwickelt waren, irgendetwas einen Unterschied? Die schreckliche Mühle, in der sie gemahlen worden waren, hatte alle kleinen Unterschiede der Persönlichkeit und Individualität von ihnen zermalmt. Die Menschheit – die allen Menschen gemeinsamen Charakterelemente – blieb nur bestehen.

Aber Ferriss war verwirrt, wie er Bennett antworten sollte. Auf der einen Seite war die Frau, die er liebte, und auf der anderen Seite Bennett, sein bester Freund, sein Chef, sein Held. Auch sie hatten so lange zusammengelebt, hatten den Kampf Seite an Seite mit dem Feind ausgefochten, hatten mit denselben Gefahren gekämpft, hatten dieselben Leiden gewagt, hatten dieselben Niederlagen und Enttäuschungen erlitten.

Ferriss fühlte sich in einer schwierigen Lage. Muss er Bennett die Wahrheit sagen? Muss diese endgültige Desillusionierung zu der langen Reihe anderer, der Katastrophen, Misserfolge, Enttäuschungen und aufgeschobenen Hoffnungen all der vergangenen Monate hinzugefügt werden? Muss Bennett auch mit dieser Bitterkeit sterben?

„Manchmal dachte ich", bemerkte Bennett mit einem schwachen Lächeln, „dass sie sich ein wenig darum kümmerte. Ich habe sicherlich in bestimmten

Momenten so etwas in ihren Augen gesehen. Ich wünschte, ich hätte gesprochen. Hat sie jemals etwas zu dir gesagt?" Glaubst du, sie hätte mich geheiratet, wenn ich sie gefragt hätte?" Er hielt inne und wartete auf eine Antwort.

„Oh – ja", riskierte Ferriss, bestrebt, irgendeine Antwort zu geben, in der Hoffnung, das Gespräch zu beenden; „Ja, ich denke, das würde sie."

"Du tust?" sagte Bennett schnell. „Glauben Sie, dass sie das tun würde? Was hat sie gesagt? Hat sie jemals etwas zu Ihnen gesagt?"

Die Sache war zu grausam; Ferriss schreckte davor zurück. Doch plötzlich kam ihm eine Idee. Hat jetzt irgendetwas einen Unterschied gemacht? Warum nicht seinem Freund sagen, was er hören wollte, auch wenn es nicht die Wahrheit wäre? Warum konnte Bennett nach all dem, was er erlitten hatte, nicht zumindest damit zufrieden sterben? Was spielte es für eine Rolle, wenn er sprach? Spielte irgendetwas eine Rolle in einer Zeit, in der sie alle innerhalb der nächsten vierundzwanzig Stunden sterben würden? Bennett sah ihm direkt in die Augen; Es blieb keine Zeit, über Konsequenzen nachzudenken. Folgen? Aber es sollte *keine* Konsequenzen geben. Das war das Ende. Doch konnte Ferriss Bennett dazu bringen, eine solche Unwahrheit zu erfahren? Ferriss glaubte nicht, dass Lloyd sich um Bennett kümmerte; wusste, dass sie es tatsächlich nicht tat, und wenn es ihr etwas ausgemacht hätte, hätte Bennett auch nur einen Moment geglaubt, dass sie – von allen Frauen – die Tatsache gestanden hätte, es ihm, Bennetts engstem Freund, gestanden hätte? Ferriss kannte Lloyd schon seit langem gut und hatte sie schließlich ins Herz geschlossen. Aber konnte er selbst sagen, ob Lloyd sich um ihn kümmerte oder nicht? Nein, das konnte er nicht, ganz bestimmt nicht.

Währenddessen wartete Bennett auf seine Antwort. Ferriss' Geist war völlig verwirrt. Er konnte nicht mehr zwischen richtig und falsch unterscheiden. Wenn die Lüge Bennett in dieser letzten Stunde seines Lebens glücklicher machen würde, warum nicht die Lüge erzählen?

„Ja", antwortete Ferriss, „sie hat einmal etwas gesagt."

"Sie tat?"

„Ja", fuhr Ferriss langsam fort und versuchte, die plausibelste Lüge zu erfinden. „Wir hatten über die Expedition und über Sie gesprochen. Ich weiß nicht, wie das Thema angesprochen wurde, aber am Ende kam es ganz natürlich rüber. Sie sagte – ja, ich erinnere mich daran. Sie sagte: ‚Sie müssen ihn mitbringen.' zurück zu mir. Denken Sie daran, dass er alles für mich ist – alles auf der Welt."

„Sie-" Bennett räusperte sich, dann zupfte er an seinem Schnurrbart; "Sie sagte, dass?"

Ferriss nickte.

"Ah!" sagte Bennett mit einem schnellen Atemzug, dann fügte er hinzu: „Darüber bin ich froh; du hast keine Ahnung, wie froh ich bin, Dick – trotz allem."

„Oh ja, das glaube ich", murmelte Ferriss.

„Nein, nein, das hast du in der Tat nicht", erwiderte der andere. „Man muss eine solche Frau lieben, Dick, und sie haben – und es herausfinden – und dass alles gut läuft, um es wertzuschätzen. Sie wäre schließlich meine Frau gewesen. Ich weiß nicht, wie ich dir danken soll, Dick." . Gratuliere mir."

Er stand auf und streckte seine Hand aus; Ferriss erhob sich ebenfalls schwach und streckte instinktiv seinen Arm aus, zog ihn aber plötzlich wieder zurück. Bennett hielt abrupt inne und ließ seine Hand auf seine Seite sinken, und die beiden Männer blieben einen Moment dort stehen und blickten auf die Stümpfe von Ferriss' Armen, den Blechlöffel noch immer am rechten Handgelenk festgebunden.

Ein paar Stunden später bemerkte Bennett, dass der Sturm merklich nachgelassen hatte. Am Nachmittag war er sicher, dass der Sturm vorbei sein würde. Als er sich nach dem Ablesen des Windmessers umdrehte, um das Zelt wieder zu betreten, bemerkte er, dass Kamiska, ihr einziger verbliebener Hund, zurückgekehrt war und ein wenig entfernt auf einem Eisvorsprung saß, unsicher über ihren Empfang nach ihrer Abwesenheit . Bennett war überzeugt, dass Kamiska nicht weggelaufen war. Von allen Ostiaks war sie die treueste gewesen. Bennett glaubte, dass sie das Zelt verlassen und sich im blendenden Schnee verloren hatte. Aber hier gab es Essen. Kamiska könnte getötet werden; Das Leben könnte um ein oder zwei, vielleicht drei Tage verlängert werden, während der stärkste Mann der Gruppe, der den größten Teil des Hundefleischs auf seinen Schultern trägt, vordringen und vielleicht doch noch die Kolyuchin-Bucht und die Chuckch-Siedlungen erreichen könnte mit Hilfe zurückkehren. Aber wer könnte gehen? Sicherlich nicht Ferriss, so schwach, dass er sich kaum auf den Beinen halten konnte; nicht Adler, der zeitweise im Delirium war und die Disziplin eines mächtigen Anführers brauchte, um bei der Arbeit zu bleiben; Man konnte Muck Tu, dem Esquimau, nicht das Leben aller anvertrauen, und die beiden verbliebenen Männer befanden sich fast im Sterben. Nur einer von allen war dieser Aufgabe gewachsen, nur einer von ihnen, der noch körperlich und geistig stark war; er selbst, Bennett. Ja, aber seine Männer im Stich zu lassen?

Er kroch noch einmal ins Zelt, um das Gewehr zu holen, mit dem er auf den Hund schießen wollte, aber als ihm plötzlich eine Idee kam, hielt er einen Moment inne und saß auf dem Schlafsack, den Kopf in den Händen.

Geschlagen? Wurde er endlich geschlagen? Hatte der Feind gesiegt? Hatte ihn das Eis in seinem gewaltigen, erbarmungslosen Griff eingeschlossen? Dann wuchs seine Entschlossenheit noch einmal in ihm, ein letztes Mal erhob sich dieser eiserne Wille in mächtigem Protest gegen die Niederlage. Nein nein Nein; er wurde nicht geschlagen; er würde leben; er, der Stärkste, der Stärkste, würde überleben. War es nicht richtig, dass die Mächtigsten leben sollten? War es nicht das große Naturgesetz? Er wusste, dass er stark genug war, sich zu bewegen; vielleicht zwei ganze Tage lang marschieren; und nun war Essen zu ihnen gekommen, zu ihm. Ja, aber seine Männer im Stich zu lassen?

Er hatte McPherson zwar verlassen; aber dann war es um das Leben aller von ihnen gegangen – ein Leben gegen elf. Jetzt dachte er nur noch an sich selbst. Aber Ferriss – nein, er konnte Ferriss nicht verlassen. Ferriss würde mitkommen. Sie würden das Hundefleisch unter sich aufteilen – das Ganze. Zusammen mit Ferriss würde er weitermachen. Er würde die Kolyuchin-Bucht und die Siedlungen erreichen. Er würde gerettet werden; er würde nach Hause kommen; würde zurückkommen – zurück zu Lloyd, der ihn liebte. Ja, aber seine Männer im Stich zu lassen?

Dann schloss sich Bennetts große Faust, schloss sich und schlug heftig auf sein Knie.

„Nein“, sagte er entschieden.

Er hatte seine Gedanken laut ausgesprochen, und Ferriss, der wieder in seinen Schlafsack gekrochen war, sah ihn neugierig an. Sogar Muck Tu wandte den Kopf ab, als er den widerlichen Geruch auf dem Herd wahrnahm. An der Klappe des Zeltes war ein Geräusch von Schritten zu hören.

„Es ist Adler“, murmelte Ferriss.

Adler riss die Klappe auf.

Dann rief er Bennett zu: „Drei Dampfwalfänger vom Fuß der Scholle, Sir; Boot legt ab! Welche Befehle, Sir?“

Bennett sah ihn dumm an, noch ohne einen klaren Gedanken zu fassen.

"Was hast du gesagt?"

Die Männer in den Schlafsäcken, von Adlers Ruf geweckt, setzten sich auf und lauschten unbewegt.

„Dampfwalfänger?" sagte Bennett langsam. „Wo? Ich glaube nicht", fügte er kopfschüttelnd hinzu.

Adler schwankte vor Aufregung auf seinem Platz.

„Drei Walfänger", wiederholte er, „kommen näher. Sie haben aufgehalten – oh mein Gott! Hören Sie sich das an."

Von der Küste her drang der unverkennbare Klang einer Dampferpfeife, heiser und langanhaltend, zu ihren Ohren. Einer der Männer brach in schwachen Jubel aus. Das ganze Zelt erwachte. Immer wieder ertönte der heisere, eindringliche Pfiff.

„Welche Befehle, Sir?" wiederholte Adler.

Ein Stimmengewirr erfüllte das Zelt.

Ferriss kam schnell auf Bennett zu und versuchte, sich Gehör zu verschaffen.

"Hören!" „Was ich dir vor einiger Zeit über Lloyd erzählt habe, dachte ich, das ist alles ein Fehler, das verstehst du nicht."

Bennett hörte nicht zu.

„Welche Befehle, Sir?" rief Adler zum dritten Mal.

Bennett richtete sich auf.

„Mein Kompliment an den kommandierenden Offizier. Sagen Sie ihm, dass wir noch zu sechst sind – sagen Sie ihm – oh, sagen Sie ihm alles, was Sie wollen. Männer", rief er, sein raues Gesicht strahlte plötzlich, „machen Sie sich bereit, aus dieser Sache herauszukommen." ! Wir gehen nach Hause, nach Hause zu denen, die uns lieben, Männer."

III.

Als Lloyd Searight auf dem Weg vom Buchhändler mit ihren Einkäufen unter dem Arm in den Calumet Square einbog, bemerkte sie zu ihrer Überraschung einen Regentropfen auf der Rückseite eines ihrer weißen Handschuhe. Sie blickte schnell auf; die sonne war weg. Auf der Ostseite des Platzes, unter den Bäumen, lagen die Häuser im Schatten, die zu dieser Nachmittagsstunde in goldenes Licht getaucht sein sollten. Die Hitze, die seit dem frühen Morgen in allen Straßen der Stadt herrschte, wich schnell einer gewissen kühlen und duftenden Feuchtigkeit. In den Wipfeln der höheren Ulmen begann sogar eine Brise zu wehen. Als die Tropfen auf dem warmen, sonnengebräunten Asphalt unter ihren Füßen immer dicker wurden, beschleunigte Lloyd ihre Schritte deutlich. Doch der Sommersturm zog schnell auf. Als sie die große, aus Granit erbaute Agentur auf der gegenüberliegenden Seite des Platzes erreichte, war sie schon fast gerannt, und als sie ihren Schlüssel in die Tür steckte, prasselte der Regen mit einem anhaltenden und gedämpften Brüllen nieder.

Sie betrat den geräumigen, luftigen Flur der Agentur, schloss die Tür, indem sie sich dagegen lehnte, und blieb einen Moment stehen, um zu Atem zu kommen. Rownie, die junge Mulattin, eine der Dienerinnen des Hauses, die mit einem Arm voll sauberer Handtücher nach oben ging, drehte sich beim Schließen der Tür um und rief:

„Genau rechtzeitig, Miss Lloyd, gerade rechtzeitig. Ich gehe davon aus, dass Miss Wakeley und Miss Esther Thielman ganz sicher nass werden.

„Sind Miss Wakeley und Miss Thielman beide ausgegangen?" forderte Lloyd schnell. „Haben sie beide telefoniert?"

„Ja, Miss Lloyd", antwortete Rownie. „Ich weiß nicht, warum Miss Wakeley hingegangen ist, aber Miss Esther Thielman hat einen Typhus-Anruf bekommen – wieder einen ."

Während Rownie sprach, war Lloyd durch den Flur gegangen, wo die Namensliste der Krankenschwestern in kleinen beweglichen Dias an der Wand hing. So oft eine Krankenschwester gerufen wurde, entfernte sie ihren Namen von oben aus dieser Liste und schob ihn an die untere Stelle, sodass jeder, der ihren Namen oben in der Liste fand, wusste, dass sie „die nächste auf Abruf" war und vorbereitet war sich entsprechend.

Lloyds Name stand nun ganz oben auf der Liste. Sie hatte die Agentur noch keine fünf Minuten verlassen, und es kam selten vor, dass in so kurzer Zeit zwei Krankenschwestern gerufen wurden.

„Ist es dein Tun?" fragte Rownie, als Lloyd sich schnell umsah.

„Ja, ja", antwortete Lloyd, rannte die Treppe hinauf und fügte, als sie an der Mulattin vorbeikam, hinzu: „Seit Miss Thielman gegangen ist, ist kein Anruf eingegangen, nicht wahr, Rownie?" Rownie schüttelte den Kopf.

Lloyd ging direkt in ihr Zimmer, warf ihre Bücher beiseite, ohne die Verpackung zu entfernen, und machte sich daran, ihre Tasche zu packen. Als dies erledigt war, tauschte sie ihr maßgeschneidertes Straßenkleid und den knackigen Rock gegen Kleidung aus, die nicht raschelte, wenn sie sich bewegte, und richtete sich ordentlich auf, indem sie ihre Ringe abstreifte und die Hundeveilchen von ihrer Taille entfernte. Dann ging sie zu dem runden, altmodischen Spiegel, der zwischen den Fenstern ihres Zimmers hing, kämmte ihr Haar in einer großen Rolle aus der Stirn und den Schläfen und blieb etwa einen Moment dort stehen, als sie fertig war, und schaute sie an Betrachtung.

Sie war groß und von sehr kräftiger Statur, mit voller Kehle und tiefer Brust, mit großen, kräftigen Händen und kräftigen, runden Handgelenken. Ihr Gesicht war ziemlich ernst; man hatte nicht erwartet, dass sie leicht lächeln würde; Die Augen waren mattblau, ohne jede Spur von Funkeln, und sie lagen tief unter schweren, ebenen Augenbrauen. Ihr Mund war der Mund der Hartnäckigen, der Willensstarken, und ihr Kinn war nicht klein. Aber ihr Haar war eine wahre Pracht, eine mattrote Flamme, die in einer großen, festen Rolle aus ihrem Gesicht zurückfiel, mattrot, wie Kupfer oder alte Bronze, dick, schwer, fast prächtig in seinem düsteren Glanz. Mattrotes Haar, mattblaue Augen und ein schwacher, stumpfer Glanz auf ihren Wangen – Lloyd war eine wunderschöne Frau; Vieles an ihr war majestätisch, denn sie war sowohl sehr aufrecht als auch sehr groß und konnte auf die meisten Frauen und nicht wenige Männer herabblicken.

Lloyd wandte sich vom Spiegel ab und legte den Kamm nieder. Sie musste noch ihre Schwesterntasche packen oder, da diese immer bereit war, sicherstellen, dass nichts von der Ausrüstung fehlte. Sie war sehr stolz auf diese Tasche, da sie sie nach ihren eigenen Ideen und Design anfertigen ließ. Es war aus schwarzem Russleder und hatte die Form einer gewöhnlichen Reisetasche, war aber mit einer feinen silbernen Schließe versehen, auf der ihr Name und die Adresse der Agentur standen. Sie holte es aus dem Schrank, ging den Inhalt durch und murmelte dabei vor sich hin:

„Klinisches Thermometer – Brandy – Injektionsspritze – Fläschchen mit Oxalsäurekristallen – Minimglas – Temperaturdiagramme; ja, ja, alles richtig."

Während sie noch sprach, klopfte Miss Douglass, die Fieberschwester, an ihre Tür, und als sie feststellte, dass sie offen stand, trat sie ohne weitere Zeremonie ein.

„Sind Sie dabei, Miss Searight?" rief Miss Douglass und sah sich im Zimmer um, denn Lloyd war zum Schrank zurückgekehrt und war damit beschäftigt, das Minim-Glas abzuwaschen.

„Ja, ja", rief Lloyd, „das bin ich. Setz dich."

„Rownie hat mir gesagt, dass du als nächstes auf Abruf bist", sagte der andere und ließ sich auf Lloyds Couch fallen.

„Das bin ich. Ich wäre auch fast erwischt worden. Ich bin fünf Minuten lang über den Platz gerannt, und während ich weg war, wurden Miss Wakeley und Esther Thielman gerufen. Mein Name steht jetzt ganz oben."

„Esther hat einen Typhusfall von Dr. Pitts bekommen. Weißt du, Lloyd, das sind – mal sehen, das sind vier – sieben – neun – das sind zehn Typhusfälle in der Stadt, die mir gerade einfallen."

„Es ist überall; ja, ich weiß", antwortete Lloyd, als er aus dem Zimmer kam und das Minim-Glas sorgfältig abtrocknete.

„Damit werden wir Probleme bekommen", fuhr die Fieberkrankenschwester fort; „Viel davon, bevor kühles Wetter kommt. Es ist fast eine Epidemie."

Lloyd hielt das Mini-Glas gegen das Licht und betrachtete es mit zusammengekniffenen Lidern.

„Was hat Esther gesagt, als sie wusste, dass es sich um einen ansteckenden Fall handelte?" Sie fragte. „Hat sie überhaupt gezögert?"

"Nicht sie!" erklärte Miss Douglass. „Sie ist keine Harriet Freeze."

Lloyd antwortete nicht. Diesen Fall von Harriet Freeze hatten die Krankenschwestern des Hauses nie vergessen und würden ihnen auch nie vergeben. Miss Freeze, eine junge Engländerin, die gerade ihren Abschluss gemacht hatte, wurde plötzlich gebeten, einen an Pocken erkrankten Patienten zu pflegen, war zusammengezuckt und hatte sich im entscheidenden Moment als mangelhaft erwiesen, hatte einen Vorwand gefunden, ihren Posten zu verlassen, nachdem sie ihn einmal angenommen hatte. Es war Feigheit angesichts des Feindes. Alles andere hätte vergeben werden können. Als das Mädchen in die Agentur zurückkehrte, wurde nichts gesagt, es wurden keine Maßnahmen ergriffen, aber trotzdem wurde sie unehrenhaft aus der Mitte ihrer Gefährten ausgeschlossen. Nichts hätte stärker sein können als der *Korpsgeist* dieser Gruppe junger Frauen, deren Leben dem endlosen Kampf gegen Krankheiten gewidmet war.

Lloyd fuhr mit der Überholung ihrer Ausrüstung fort und begann, Formulare für Ernährungstabellen auszufüllen, während Miss Douglass sie drängte, einen Geldbeutel zu abonnieren, den die Krankenschwestern für einen alten, an Krebs sterbenden Krüppel ersetzen wollten. Lloyd lehnte ab.

„Sie wissen sehr gut, Miss Douglass, dass ich über den Verein nur für wohltätige Zwecke spende."

„Ich weiß", beharrte der andere, „und ich weiß, dass du doppelt so viel gibst wie wir alle zusammen, aber bei diesem armen alten Kerl ist es anders. Wir wissen alles über ihn, und jeder von uns im Haus hat gegeben." Etwas. Du bist der Einzige, der das nicht tun wird, Lloyd, und ich hatte so gehofft, dass ich das Trinkgeld auf fünfzig Dollar schaffe."

"NEIN."

„Wir brauchen jetzt nur noch drei Dollar. Wir können ihm diesen kleinen Zigarrenständer für fünfzig Dollar kaufen."

"NEIN."

„Und Sie geben uns nicht nur drei Dollar?"

"NEIN."

„Nun, Sie geben die Hälfte und ich gebe die Hälfte", sagte Miss Douglass.

„Glaubst du, dass es bei mir eine Frage des Geldes ist?" Lloyd lächelte.

Tatsächlich war dies ein schlechtes Argument, um Lloyd zu bewegen – Lloyd, dessen Eisenbahnaktien allein ihr etwa fünfzehntausend Dollar pro Jahr einbrachten.

„Naja, nein, das meine ich natürlich nicht, aber Lloyd, lass uns drei Dollar haben, und ich kann dem alten Kerl noch heute Nachmittag eine Nachricht schicken. Es wird ihn für den Rest seines Lebens glücklich machen." ."

„Nein – nein – nein, weder drei Dollar noch drei Cent."

Miss Douglass machte eine Geste der Verzweiflung. Sie hätte erwartet, dass sie Lloyd nicht bewegen konnte. Sobald sie sich entschieden hatte, konnte man mit ihr streiten, bis einem die Luft ausging. Sie schüttelte den Kopf über Lloyd und rief, aber nicht böse:

„Hartnäckig! Hartnäckig! Hartnäckig!"

Lloyd verstaute die Injektionsspritze und das Minim-Glas an ihrem Platz im Beutel, gab einen kleinen Eispickel in den Inhalt und verschloss den Beutel mit einem Druckknopf.

„Jetzt", verkündete sie, „bin ich bereit."

Als Miss Douglass weggegangen war, ließ sich Lloyd an dem Ort nieder, den sie verlassen hatte, und nachdem sie die Verpackungen von den Büchern und Zeitschriften abgezogen hatte, die sie gekauft hatte, begann sie die Seiten umzublättern und die Bilder zu betrachten. Doch ihr Interesse ließ nach. Sie versuchte zu lesen, warf aber bald das Buch von sich und lehnte sich auf der großen Couch zurück, die Hände hinter den großen bronzeroten Locken an ihrem Hinterkopf verschränkt, ihre mattblauen Augen starr und ausdruckslos.

In der vergangenen Nacht hatte sie stundenlang hellwach in ihrem Bett gelegen und auf die wechselnden Schattenbilder gestarrt, die das elektrische Licht, das durch die Bäume unten auf dem Platz schien, auf die Wände und die Decke ihres Zimmers warf. Sie hatte seit dem Morgen nur wenig gegessen; eine wachsende Unruhe hatte sie in den letzten zwei Tagen erfasst. Jetzt hatte es seinen Höhepunkt erreicht. Sie konnte ihre Gedanken nicht mehr von sich abwenden.

Alles war zum fünfzigsten Mal, zum hundertsten Mal zurückgekehrt, und die alte, unerträgliche Last der Angst wurde von Monat zu Monat, von Jahr zu Jahr schwerer. Es kam ihr so vor, als ob eine Form des Schreckens, formlos, ungreifbar und unsichtbar, immer bei ihr war, mal zurückweichend, mal voranschreitend, aber immer da; dort ganz in ihrer Nähe in einer dunklen Ecke, die sie nicht sehen konnte, jeden Augenblick bereit, eine schreckliche und allzu bekannte Gestalt anzunehmen und sie von hinten, aus der Dunkelheit, anzuspringen und ihr die Kehle mit Kälte zu umklammern Finger. Das Ding spielte mit ihr, quälte sie; manchmal ist es fast verschwunden; Manchmal glaubte sie, sie hätte es für immer verdrängt, und dann erwachte sie in der Nacht, in der Stille und im Dunkeln, und wusste, dass es wieder da war – an ihrem Bett, in ihrem Rücken, an ihrer Kehle – bis ihr Herz wild wurde vor Angst und der Spannung, auf einen Feind zu warten, der nicht zuschlagen würde, sondern der in dunklen Ecken lauerte und anstarrte, ihr einen unterdrückten Schrei der Angst und Verzweiflung entlockte und sie mit Strömen aus dem Schlaf trieb Augen und fest geschlossene Hände und wortlose Gebete.

Lloyd legte sich einige Augenblicke lang auf die Couch zurück, dann kam sie mit einer schroffen, gequälten Bewegung von Kopf und Schultern wieder auf die Beine.

„Ah nein", rief sie leise, „es ist zu schrecklich."

Sie versuchte, in ihrem Zimmer Abwechslung zu finden, ordnete die wenigen Dekorationen neu, zog die Uhr auf, die Schiffsglocken anstelle der Stunden schlug, und drehte die Dochte der alten Empire-Lampen, die in Messinghalterungen auf beiden Seiten des Kamins hingen. Lloyd hatte nach dem Aufbau der Agentur keine Skrupel gehabt, das beste Zimmer im Haus auszuwählen und es nach ihrem Geschmack einzurichten. Ihr Zimmer war wunderschön, aber in der Ausstattung sehr einfach. Es gab große, flache Wandflächen, unberührt von Trödel, den Bodenintarsien, und nur wenigen Teppichen. Der Kamin und sein Zubehör waren aus Messing. Ihr

Schreibtisch, ein riesiges Ding, aus altem, fast schwarzem San-Domingo-Mahagoni.

Doch schon bald war sie der Kleinigkeit des Herumwerkelns an ihrer Uhr und ihren Lampen überdrüssig, wandte sich zum Fenster, öffnete es und blickte, auf ihre Ellbogen gestützt, auf den Platz hinunter.

Mittlerweile war das Gewitter verschwunden, als hätte sich ein dunkler Vorhang zurückgezogen; Die Sonne schien wieder über der Stadt. Der Platz, der noch vor einer halben Stunde verlassen war, wurde von seinem kleinen Volk aus Kindermädchen, grau gekleideten Polizisten und Liegestühlen, die auf den Bänken in der Nähe des Brunnens ihre Zeitungen lasen, erneut bevölkert. Die Ulmen tropften noch immer, ihre nassen Blätter glitzerten wieder in der Sonne. Es lag ein köstlicher Geruch in der Luft – ein Geruch von warmem, nassem Gras, von Blättern und durchnässter Rinde der Bäume. Auf der anderen Seite des Platzes, in den Lücken zwischen den Blättern zu sehen, setzte ein vorbeifahrender, zinnoberrot gestrichener Lastwagen einen lebhaften Farbakzent in die Szene. Ein Zeitungsjunge erschien und skandierte die Abendausgaben. Plötzlich und von irgendwo in der Nähe begann ein unsichtbares Handklavier in einem fröhlichen, klirrenden Schnellschritt und markierte die Zeit mit entzückender Präzision.

Eine Kutsche, deren fein lackierte Flanken im Sonnenlicht glänzten, rollte über den Platz, zweifellos auf dem Weg zu dem sehr eleganten Viertel der Stadt gleich dahinter. Lloyd erhaschte einen flüchtigen Blick auf das Mädchen, das sich in den Kissen zurücklehnte, ein Mädchen in ihrem Alter, mit dem sie eine kurze Bekanntschaft hatte. Einen Moment lang fragte sich Lloyd, geplagt von ihren Ängsten, ob dieses Mädchen, das weder für großes Glück noch für großes Leid in der Lage war, vielleicht doch glücklicher war als sie. Aber sie zuckte sofort zurück und murmelte mit einer gewissen wilden Energie vor sich hin:

„Nein, nein; schließlich habe ich gelebt."

Und wie hatte sie gelebt? Im Moment war Lloyd bereit, sich mit dem Mädchen im Landau zu vergleichen. Rasch überlegte sie ihr eigenes Leben seit der Zeit, als sie als Waise zurückblieb; Im Jahr ihrer Volljährigkeit war sie ihre eigene Geliebte und die Herrin des Searight-Anwesens geworden. Doch schon damals hatte sie sich längst von der konventionellen Welt, die sie kannte, gelöst. Lloyd war schon damals Krankenschwester im großen St. Luke's Hospital und hatte dort zum Zeitpunkt des Todes ihrer Mutter sechs Monate zuvor auf Bewährung gelebt. Sie war schon immer ehrgeizig gewesen, wenn auch vage, da sie kein bestimmtes Ziel vor Augen hatte. Sie erinnerte sich, dass sie damals nur wusste, dass sie ihre Arbeit und ihren gewählten Beruf liebte und als die beste OP-Schwester der Station galt.

Sie erinnerte sich auch an die verschiedenen Schritte ihres Aufstiegs, an die Positionen, die sie bekleidet hatte; Zuerst war sie auf Probe, dann vollwertiges Mitglied des aktiven Korps, dann OP-Krankenschwester, dann Stationsleiterin und nach ihrem Abschluss Oberschwester der vierten Station, wo die Entbindungsfälle behandelt wurden. Dann war die Zeit gekommen, in der sie das Krankenhaus verließ und sich als Privatkrankenschwester selbstständig machte, und schließlich, vor nicht allzu langer Zeit, kam der Tag, an dem ihr so plötzlich eine Idee gekommen war; als ihr Ehrgeiz, nicht mehr vage, nicht mehr persönlich, kristallisiert und Gestalt angenommen hatte; als sie eine Verwendung für ihr Geld entdeckte und das Haus am Calumet Square baute und gründete. Eine Zeit lang war sie die Leiterin der Krankenschwestern hier gewesen, bis sich ihre eigenen Theorien und Ideen durchgesetzt hatten und sich in der Leitung durchgesetzt hatten. Dann, als ihre Arbeit so gut wie begonnen hatte, hatte sie ihre Stelle einer älteren Frau überlassen und ihren Platz in der Reihe der Krankenschwestern selbst eingenommen. Sie wollte eine von ihnen sein, dasselbe Leben führen, derselben strengen Disziplin unterworfen sein, und zu diesem Zweck hatte sie nie zugelassen, dass bekannt wurde, dass sie die Gründerin des Hauses war. Die anderen Krankenschwestern wussten, dass sie sehr reich, sehr unabhängig und selbstständig war, aber das war auch schon alles. Lloyd wusste nicht und kümmerte sich kaum darum, wie sie den Ursprung und die Unterstützung der Agentur erklärten.

Lloyd war in ihrer Arbeit weder von großer Philanthropie noch von großer Liebe zur Menschheit beseelt; nur wollte sie mit aller Seele, die sie wollte, an der Gesamtwirtschaft der Dinge mitwirken; eine Arbeit auswählen und ausführen; weiterhelfen, *donner un coup d'epaule* ; und sie hatte das Gefühl, dass sie dies tat, unterstützt durch ihre eigene hartnäckige Energie und ihren immensen Reichtum. Dinge zu tun war zu ihrem Credo geworden; Dinge tun, nicht denken; Dinge tun, nicht darüber reden; Dinge tun, nicht lesen. Ganz gleich, wie erhaben die Gedanken, wie brillant die Rede, wie schön die Literatur war – für sie waren es in erster Linie, zuletzt und immer Taten, Taten, Taten – konkrete, substanzielle, materielle Taten. Der größte und glücklichste Tag ihres Lebens war gewesen, als sie endlich ihre bloße Hand auf den rauen, harten Stein des Hauses auf dem Platz legte und zur Fassade hinaufblickte, während ihre mattblauen Augen im Licht blitzten, das so selten kam zu ihnen, während sie zwischen ihren Zähnen murmelte:

"Ich tat dies."

Als sie sich jetzt an diesen Moment erinnerte, während sie sich auf ihre Ellbogen stützte und auf die Bäume, das Gras und den Asphalt des Platzes und auf einen zurückweichenden Landau hinunterblickte, überkam sie eine Welle eines gewissen natürlichen Stolzes auf ihre Stärke, der Befriedigung über das Erreichte . Ah! sie war besser als andere Frauen; Ah! sie war stärker als andere Frauen; Sie hat eine großartige Arbeit geleistet. Sie richtete sich abrupt zu ihrer vollen Größe auf und streckte ihre ausgebreiteten Hände vage ins Sonnenlicht, in die Stadt, in die Welt, in den großen Motor des Lebens, dessen Hebel sie ergreifen und kontrollieren konnte, und lächelte stolz, fast unverschämt im Bewusstsein ihrer Stärke, der guten Standhaftigkeit ihrer Absicht. Dann verschwand plötzlich das Lächeln von ihren Lippen, die Steifheit ihrer Haltung entspannte sich plötzlich. Da, da war er wieder, der Schrecken, die schreckliche Angst, die sie nicht zu benennen wagte, wieder an ihrem Platz – an ihrer Seite, an ihrer Schulter, an ihrer Kehle, bereit, sie aus der Dunkelheit zu packen.

Sie drehte sich vom Fenster weg, vor dem Sonnenlicht, die Hände vor den zitternden Lippen verschränkt, und Tränen füllten ihre stumpfblauen Augen. Achtundvierzig Stunden lang hatte sie dagegen gekämpft. Doch nun war dem nicht mehr zu widerstehen.

„Nein, nein", schrie sie halblaut. „Ich bin nicht besser, nicht stärker als die anderen. Was bedeutet das alles, wenn ich weiß, dass ich schließlich nur eine Frau bin – nur eine Frau, deren Herz langsam bricht?"

Aber es gab eine Unterbrechung. Rownie hatte zweimal an ihre Tür geklopft, bevor Lloyd sie hörte. Als Lloyd die Tür geöffnet hatte, reichte ihr das Mädchen eine Karte mit einer von der Hand des Hausverwalters geschriebenen Adresse.

„Das hier ist gerade von Dr. Street gekommen, Miss Lloyd", sagte Rownie; „Miss Bergyn" (das war die Oberschwester) „bat mich, es Ihnen zu geben."

Es war ein Anruf an eine Adresse, die Lloyd zunächst bekannt vorkam; aber sie hörte in diesem Moment nicht auf, nachzudenken. Ihr stabiles Telefon hing an der Schrankwand. Sie klingelte nach Lewis und während sie darauf wartete, dass er sich für die Straße anzog.

Bei der Aussicht auf etwas Handeln ließ vorerst sogar ihre quälende Angst nach und entfernte sich von ihr. Sie war sofort in ihre Arbeit vertieft – wachsam, wachsam, selbstständig. Was der Fall war, konnte sie nur vermuten. Wie lange sie weg sein würde, konnte sie nicht wissen – eine Woche, einen Monat, ein Jahr, sie konnte es nicht sagen. Aber sie war auf alle Eventualitäten vorbereitet. Normalerweise informierten die Ärzte die Krankenschwestern über die Art des Falles, als sie sie nach Hause schickten, aber Dr. Street hatte dies jetzt nicht getan.

Rownie rief ihr jedoch zu, dass ihr Coupé vor der Tür stünde. Lloyd nahm ihre Schulranzen, rannte die Treppe hinunter und rief Miss Douglass zum Abschied, die sie am anderen Ende des Flurs sah. Im Flur neben dem Vorraum wechselte sie die Folie mit ihrem Namen vom oberen zum unteren Ende des Dienstplans.

„Wie wäre es mit Ihrer Post?" rief Miss Douglass ihr nach.

„Bewahren Sie es hier für mich auf, bis ich sehe, wie lange ich weg bin", antwortete Lloyd, ihre Hand auf dem Türknauf. "Ich lasse es dich wissen."

Lewis hatte Rox in die Schächte gesteckt, und während das Coupé mit einem flotten Tempo über den Asphalt raste, versuchte Lloyd sich zu erinnern, wo sie die Adresse schon einmal gehört hatte. Plötzlich schnippte sie mit den Fingern; Sie kannte den Fall, war ihm sogar vor etwa acht Monaten zugewiesen worden.

„Ja, ja, das ist es – Campbell – Frau tot – Lafayette Avenue – kleine Tochter, Hattie – Hüftkrankheit – hoffnungslos – armes kleines Baby."

Als Lloyd im Haus ankam, warteten der Chirurg Dr. Street und Mr. Campbell, ein Witwer, in einem kleinen Salon neben der Bibliothek auf sie. Der Chirurg war wirklich überrascht und erfreut, sie zu sehen. Die meisten Ärzte der Stadt kannten Lloyd als die am besten ausgebildete Krankenschwester in den Krankenhäusern.

„Oh, Sie sind es, Miss Searight; gut genug!" Der Chirurg stellte sie dem Vater des kleinen Patienten vor und fügte hinzu: „Wenn uns jemand durchbringen kann, Campbell, dann ist es Miss Searight."

Der Chirurg und die Krankenschwester begannen, den Fall zu besprechen.

„Ich denke, Sie wissen es bereits, nicht wahr, Miss Searight?" sagte der Chirurg. „Sie haben sich letzten Winter eine Weile darum gekümmert. Nun, im Frühjahr gab es eine kleine Besserung, nicht so viele Schmerzen, aber das ist an sich schon ein schlechtes Zeichen. Wir haben getan, was wir konnten, Farnham und ich. Aber es hat nicht geklappt." Ich gebe der Behandlung nicht nach; Sie wissen ja, wie hartnäckig diese Dinger sind. Wir haben gestern eine vorläufige Untersuchung durchgeführt. Es sind Nebenhöhlenentzündungen aufgetreten, und die Sonde führt zu nichts als totem Knochen. Farnham und ich hatten heute Morgen eine Beratung. Wir müssen unser Bestes geben letzte Karte. Ich werde den Joint morgen herausnehmen.

Mr. Campbell holte tief Luft, hielt sie einen Moment an und schaute aus dem Fenster.

Sehr aufmerksam nickte Lloyd nur mit dem Kopf und murmelte:

"Ich verstehe."

Als Dr. Street gegangen war, machte sich Lloyd sofort an die Arbeit. Die Operation sollte am nächsten Tag mittags stattfinden, und sie rechnete damit, dass sie in dieser Nacht keinen Schlaf finden würde. Street hatte ihr alles überlassen, sogar die Sterilisierung seiner Instrumente. Bis zum

Tagesanbruch des nächsten Morgens kam Lloyd mit unermüdlicher Energie und doch mit der Stille eines sich schnell bewegenden Schattens durch das Haus und sammelte die für die Operation benötigten Dinge zusammen – Strychnia-Tabletten, Watte, die Gummischläuche für die Aderpresse, Verbände , Salz und dergleichen – und die kleine Kammer neben dem Krankenzimmer als Operationssaal herrichten.

Die kleine Patientin Hattie selbst, kaum Teenager, erinnerte sich sofort an Lloyd. Bevor sie einschlief, schaffte es Lloyd, eine Stunde mit ihr im Krankenzimmer zu verbringen, erzählte ihr so viel wie nötig von dem, was sie in Betracht zog, und durch ihre fröhlichen Worte, ihre Sanftmut und ihr Mitgefühl weckte sie in dem kleinen Mädchen etwas Gefühl der Zuversicht und des Vertrauens in sie.

„Aber – aber – aber wie sehr wird es weh tun, Miss Searight?" fragte Hattie und sah sie mit großen Augen und ernst an.

„Liebes, es wird dir überhaupt nicht weh tun; nur zwei oder drei Atemzüge des Äthers und du wirst tief und fest schlafen. Wenn du aufwachst, ist alles vorbei und es wird dir gut gehen."

Lloyd machte den Ätherkegel aus einem steifen Handtuch und stellte ihn auf Hatties Frisiertisch. Zuletzt und kurz vor der Operation beschäftigten sich die Mullschwämme mit ihrer Aufmerksamkeit. Der Tag brachte ihr keine Ruhe. Hattie sollte nicht frühstücken, aber gegen Mitte des Vormittags gab Lloyd ihr einen anregenden Einlauf aus Whisky und Wasser, dem etwa eine Stunde später ein Hundertstel Korn Atropie folgte. Sie flocht das Haar des kleinen Mädchens in zwei lange Zöpfe, so dass ihr Kopf direkt und flach auf dem Kissen ruhte. Hattie selbst war nun bereit für den Chirurgen.

Jetzt gab es nichts mehr zu tun. Lloyd konnte nur warten. Sie nahm ihren Platz am Krankenbett ein und versuchte, so leichtfüßig wie möglich mit ihrer Patientin zu reden. Doch nun gab es eine Pause im Aktionsrunden. Ihr Geist, der sich nicht mehr intensiv auf die unmittelbaren Notwendigkeiten des Augenblicks konzentrierte, begann wieder auf die eine große, quälende Angst zurückzublicken, die ihn so lange überschattet hatte. Während sie sich anstrengte, fröhlich zu sein und auf das Lächeln auf Hatties Gesicht zu achten, verkrampfte sich ihre Hand immer fester unter den Falten ihrer Bluse, und ein zweites Ich in ihr schien zu sagen:

„Angenommen, angenommen, es würde kommen, dieses Ding, das ich fürchte, aber nicht zu benennen wage, was dann, was dann? Sollte ich es nicht erwarten? Ist es nicht fast eine Gewissheit? Habe ich mich nicht nur mit den verzweifeltsten Hoffnungen getäuscht? Oder? nicht der vernünftigste Weg, das Schlimmste zu erwarten? Deuten nicht alle Anzeichen darauf hin? Ist mein ganzes Leben nicht auf dieses Ziel ausgerichtet? War dieses Unglück, dieser gewaltige Kummer nicht schon vor meiner Geburt für mich vorbereitet? Und das kann man Nichts tun, absolut nichts, nichts, außer warten und hoffen und fürchten und sich vor Sehnsucht das Herz ausfressen."

Es klopfte an der Tür. Anstatt zu rufen, um einzutreten, ging Lloyd leise darauf zu und öffnete es ein paar Zentimeter. Herr Campbell war da.

„Sie sind gekommen – Street und der Assistent."

Lloyd hörte Stimmengemurmel im Flur und das Schließen der Haustür.

Farnham und Street gingen sofort in den Operationssaal, um ihre Hände und Handgelenke steril zu machen. Campbell war nach unten in sein Raucherzimmer gegangen. Es war beschlossen worden – wenn auch entgegen der Sitte –, dass Lloyd das Chloroform verabreichen sollte.

Schließlich klopfte Street mit dem Griff eines Skalpells an die Tür, um zu sagen, dass er bereit sei.

„Jetzt, Liebes", sagte Lloyd, drehte sich zu Hattie um und hob den Ätherkegel auf.

Doch der Mut des kleinen Mädchens ließ plötzlich nach. Sie begann mit leiser, von Tränen erstickter Stimme zu flehen. Ihre Bitten waren erbärmlich; Aber Lloyd, der sich wieder auf seine Arbeit konzentrierte, alle Kräfte und Gedanken auf das konzentrierte, was getan werden musste, zögerte keinen Augenblick. Leise umfasste sie Hatties zarte Handgelenke mit einer starken Handfläche und hielt sich den Kegel ans Gesicht, bis sie mit einem langen Seufzer gestorben war. Sie hob sie leichtfüßig hoch, trug sie ins Nebenzimmer und legte sie auf den Operationstisch. Lloyd hatte sich im letzten Moment mit der Vorbereitung ihrer eigenen Person beschäftigt. Über ihr Kleid streifte sie ihre Krankenhausbluse, die stundenlang der trockenen Hitze ausgesetzt gewesen war. Sie krempelte die Ärmel ihrer kräftigen weißen Unterarme mit den dicken Handgelenken und den feinen blauen Adern hoch und schrubbte sie mehr als zehn Minuten lang mit einer neuen Nagelbürste in Wasser, das so heiß war, wie sie es ertragen konnte. Danach ließ sie ihre Hände und Unterarme in der Kaliumpermanganatlösung liegen, bis sie bis zum Ellenbogen braun waren, und wusch dann den Fleck in der Oxalsäurelösung und in sterilisiertem heißem Wasser weg. Street und Farnham nahmen in ihren sterilisierten Kitteln und Handschuhen ihre Plätze ein. Es gab kein Gespräch. Die einzigen Geräusche waren ein gelegentlicher Seufzer des Patienten, eine leise Anweisung und in Abständen das Klicken der Messer und des Skalpells. Von draußen vor dem Fenster war das anhaltende Zwitschern einer Spatzenschar zu hören.

Sofort wurde mit der Operation begonnen; es gab keine Verzögerung, kein Zögern; Was zu tun war, war im Vorfeld bis ins kleinste Detail sorgfältig geplant worden. Street, ein Meister seines Fachs, bestens vertraut mit allen Schwierigkeiten, die sich im Verlauf der anstehenden Arbeit ergeben könnten, der alle Eventualitäten vorhersah, auf jeden Notfall vorbereitet, ruhig, wachsam, in sich geschlossen, machte sich an die Exsektion des Gelenks ohne eine Spur von Gewissensbissen, ohne Verlegenheit, ohne Bedenken. Seine Assistenten und er selbst wussten, dass Leben und Tod von den nächsten zehn Minuten abhingen. Allein auf der Straße spielte sich das Leben des kleinen Mädchens ab. Eine Sekunde des Zögerns im falschen Stadium der Operation, ein Ausrutscher mit Bistoury oder Skalpell, ein Zittern des Handgelenks, ein einziger Augenblick der Unbeholfenheit der Finger und der Feind – der auf jede Chance lauert, aufmerksam auf jeden Augenblick, der sich darin öffnet er konnte seine schlanken Finger schieben – betrat das zerbrechliche Mietshaus mit einem Sprung, einem stürmischen, stürmischen Sprung, der das Haus des Lebens in seinen Grundfesten erschütterte. Lloyd ließ sich dicht über ihrem Kopf nieder und spürte den Schatten seiner Annäherung. Er war dort in diesem alltäglichen kleinen Zimmer angekommen, mit seinen alltäglichen Accessoires, seinen Ornamenten, die ihm plötzlich so trivial, so unverschämt vorkamen – die angehaltene französische Uhr mit ihren affektierten, vergoldeten Amoretten auf dem Kaminsims; das Foto einer Reihe von Picknickern, die sich auf einer Hotelpizza „gruppiert" haben und mit monolithischer Fröhlichkeit auf diese düstere Angelegenheit, diesen Kampf der beiden Weltmächte, diese Krise in einem Leben blicken.

Dann war die Operation abrupt beendet.

Die Krankenschwester und die Chirurgen lockerten sofort ihre Positionen und atmeten tief durch. Sie begannen zu reden und kommentierten die Operation, und Lloyd war äußerst interessiert und fragte Street, warum er entgegen ihren Erwartungen den Knochen über dem Trochanter minus entfernt habe. Er lächelte, erfreut über ihre Intelligenz.

„Es ist besser, als den Hals durchzuschneiden, Miss Searight", sagte er ihr. „Wenn ich durch den Hals gegangen wäre, würde der große Trochanter über das Loch kommen und die Entladungen verhindern."

„Ja, ja, ich verstehe natürlich", stimmte Lloyd zu.

Der Schnitt wurde zugenäht, und als alles vorbei war, trug Lloyd Hattie zurück zum Bett im Nebenzimmer. Langsam erlangte das kleine Mädchen das Bewusstsein zurück und Lloyd begann, sie wieder als Mensch zu betrachten. Während der Operation hatte sie die Existenz von Hattie Campbell vergessen, einem kleinen Mädchen, das sie kannte. Sie hatte nur einen Teil des Mechanismus gesehen, der außer Betrieb war und sich in den

Händen eines Reparaturbetriebes befand. Bei Lloyd war es immer so. Ihre Schützlinge waren nicht selten Personen, die sie oft gut kannte, deren Persönlichkeit jedoch während der Zeit ihrer Krankheit für die ausgebildete Krankenschwester verschwand; Sie sah nur das „Gehäuse", nur den Mechanismus, nur das gestörte Uhrwerk, das unmittelbar in Gefahr war, kaputtzugehen.

Doch die Gefahr war noch lange nicht vorüber. Die Operation hatte in der Nähe des Kofferraums stattgefunden. Es kam zu erheblichem Blutverlust und die Widerstandskraft des Kindes war durch lange Leidensphasen geschwächt. Lloyd befürchtete, dass der Schock zu groß sein könnte. Farnham ging, aber der Chirurg blieb noch eine Weile bei Lloyd, um die Symptome zu beobachten. Schließlich ging jedoch auch er, da er unter Zeitdruck stand und in einem der größeren Krankenhäuser der Stadt erwartet wurde, weg und hinterließ Lloyd die Anweisung, ihn im Falle der geringsten Änderung anzurufen. Zu dieser Stunde, am späten Nachmittag, gab es keine Anzeichen dafür, dass sich das kleine Mädchen nicht von dem Schock erholen würde. Street glaubte, dass sie sich erholen und letztendlich wieder gesund werden würde.

„Aber", sagte er zu Lloyd, als er sich von ihr verabschiedete, „ich muss Ihnen nicht die Notwendigkeit von Fürsorge und größter Wachsamkeit aufzwingen; absolute Ruhe ist das Einzige; sie darf niemanden sehen, nicht einmal ihren Vater." . Das ganze System ist noch betäubt und abgestumpft, aber heute Abend wird es eine Wende entweder zum Guten oder zum Schlechten geben."

Sechsunddreißig Stunden lang hatte Lloyd kein Auge geschlossen, aber daran dachte sie nicht. Ihr wurde das Abendessen heraufgeschickt, und sie bereitete sich auf ihre Nachtwache vor. Sie gab dem Kind so viel Nahrung, wie sie glaubte, aushalten zu können, maß von Zeit zu Zeit ihren Puls und notierte ihn auf ihrer Krankenakte für die spätere Untersuchung durch den Chirurgen. In regelmäßigen Abständen maß sie Hatties Temperatur und platzierte das Fieberthermometer in der Achselhöhle. Gegen neun Uhr abends, als sie dies zum dritten Mal innerhalb einer Stunde tat, kam einer der Hausangestellten ins Zimmer, um ihr mitzuteilen, dass sie am Telefon gesucht werde. Lloyd zögerte, denn er wollte Hattie keinen Moment verlassen. Allerdings war das Telefon in der Nähe, und es war durchaus möglich, dass Dr. Street sie angerufen hatte, um nach Neuigkeiten zu fragen.

Aber es war die Agentur, die angerufen hatte, und Miss Douglass teilte ihr mit, dass dort vor wenigen Augenblicken ein Telegramm für sie angekommen sei. Sollte sie es behalten oder es ihr von Rownie schicken lassen? Lloyd dachte einen Moment nach.

„Oh – öffne es und lies es mir vor", sagte sie. „Es ist ein Anruf, nicht wahr? – oder – nein; schicken Sie ihn von Rownie hierher und schicken Sie ihr meine Krankenhauspantoffeln mit, die ohne Absätze. Aber rufen Sie heute Abend nicht wieder an; wir erwarten einen Krise fast jeden Moment.

Lloyd kehrte ins Krankenzimmer zurück, schickte die Dienerin weg und richtete sich noch einmal für die Nacht ein. Hattie war für einen Moment aufgewacht.

„Werde ich wieder gesund, werde ich wieder gesund, Miss Searight?"

Lloyd legte ihren Finger an ihre Lippen und nickte mit dem Kopf, und Hattie schloss mit einem langen Atemzug wieder die Augen. In Lloyds Herzen wuchs eine gewisse große Zärtlichkeit und Mitgefühl für das kleine Mädchen. Zu sich selbst sagte sie:

„Gott steh mir bei, du wirst gesund werden. Sie glauben an mich, diese Leute – ‚Wenn uns jemand durchbringen könnte, wäre es Miss Searight.' Wir werden es schaffen, ja, denn ich werde es schaffen.

Die Nacht ging zu Ende, dunkel und still und sehr heiß. Lloyd, der die Belüftung des Krankenzimmers regulierte, öffnete eines der Fenster von oben. Der Lärm der Stadt, der im Laufe der Stunden immer leiser wurde, drang in einem gedämpften, dröhnenden Murmeln an ihre Ohren. Auf ihrem Bett, das so lange ihr Schmerzbett gewesen war, lag Hattie mit geschlossenen Augen, träge, regungslos, schien kaum zu atmen, ihr Leben stand auf dem Spiel; unglückliche kleine Kranke, erschöpft vom Leiden, mit eingefallenem, verkniffenem Gesicht und blutleeren Lippen, und an ihrer Seite Lloyd, dessen stumpfblaue Augen das Gesicht ihres Patienten nie verließen, wachsam und wachsam, trotz ihrer langen Wachheit, ihre große bronzerote Flamme von Das Haar rollte ihr aus der Stirn und den Schläfen, der düstere Glanz in ihren Wangen war durch den Tag voller Müdigkeit, Verantwortung und unermüdlicher Aktivität kein bisschen schwächer geworden.

Vorerst konnte sie ihre Angst, den unerbittlichen Feind, der ihr so lange auf den Fersen gehangen hatte, zurückdrängen und von sich wegschieben. Jetzt gab es einen anderen Feind zu bekämpfen – oder war es ein anderer – war es nicht derselbe Feind, derselbe, dessen Schatten über dem Krankenbett, über dem gebrechlichen, kleinen Körper und dem blassen, eingefallenen Gesicht aufragte?

Mit ihrem Mitleid und Mitgefühl für das kranke Kind entstand in Lloyd eine gewisse unvernünftige, intuitive Hartnäckigkeit, eine Bündelung all ihrer Kräfte und Fähigkeiten in einer großen Anstrengung des Widerstands, eine Standhaftigkeit unter großer Belastung, eine Sturheit, die ihre Ohren verschloss Augen. Es war ihr einziges dominantes Merkmal, das sich in dem Moment stark und beharrlich erhob, als sie merkte, dass ihre Wünsche vereitelt oder ein Weg eingeschlagen wurden, den sie für richtig und gut hielt. Und als sie nun das Vorrücken des Feindes spürte und sah, wie der Schatten über dem Bett immer dunkler wurde, verhärtete sich ihre Hartnäckigkeit wie gehärteter Stahl.

„Nein", murmelte sie mit gesenkten Brauen und zusammengepressten Lippen, „sie soll nicht sterben. Ich werde sie nicht gehen lassen."

Wenig später, vielleicht eine Stunde nach Mitternacht, als sie glaubte, Hattie schliefe, bemerkte Lloyd, wachsam wie immer, dass sich ihre Wangen beim Atmen abwechselnd aufblähten und zusammenzogen. Im Nu war die Krankenschwester auf den Beinen. Sie kannte die Bedeutung dieses Zeichens. Hattie war im Schlaf ohnmächtig geworden. Lloyd maß die Temperatur. Es fiel schnell. Der Puls war schwach, schnell und unregelmäßig. Es schien Hattie unmöglich, tief durchzuatmen.

Dann begann sich schnell die erwartete Krise auszubreiten. Lloyd befahl, Street herbeizurufen, allerdings nur aus Formsache. Lange bevor er eintreffen konnte, würde die Angelegenheit entschieden sein. Sie wusste, dass Hatties Leben nun allein von ihr selbst abhing.

„Jetzt", murmelte sie, als könnte der Feind, gegen den sie kämpfte, sie hören, „jetzt wollen wir sehen, wer der Stärkere ist. Du oder ich."

Schnell und sanft zog sie das Bett von der Wand, hob den Fuß und stützte es mit einem halben Dutzend Büchern ab. Dann verabreichte sie ihr, während sie auf die Diener wartete, die sie heiße Decken holen ließ, eine Injektionsspritze Brandy.

„Wir werden dich durchziehen", sagte sie sich immer wieder, „wir werden dich durchziehen. Ich werde dich nicht gehen lassen."

Der Feind war nun nahe und der Kampf war Hand in Hand. Lloyd konnte fast körperlich den langsamen, mürrischen, widerstandslosen Sog spüren, der Hattie nach und nach das Leben entriss. Sie biss die Zähne zusammen, hielt sich mit aller Kraft zurück, stemmte sich gegen die Belastung und weigerte sich mit aller angeborenen Sturheit, ihre Position aufzugeben.

„Nein – nein", wiederholte sie sich, „du sollst sie nicht haben. Ich werde sie nicht aufgeben; du sollst nicht über mich triumphieren."

Campbell war im Raum und wurde durch das bedrohliche Kommen und Gehen gedämpfter Schritte gewarnt.

„Was nützt das, Schwester? Es ist alles vorbei. Lass sie in Frieden sterben. Es ist zu grausam; lass sie in Frieden sterben."

Die halbe Stunde verging, dann die Stunde. Noch einmal verabreichte Lloyd subkutan die zweite Dosis Brandy. Campbell, der den Anblick nicht ertragen konnte, hatte sich in den Nebenraum zurückgezogen, wo man ihn auf und ab gehen hörte. Von Zeit zu Zeit kam er für einen Moment zurück und flüsterte:

„Wird sie überleben, Schwester? Wird sie überleben? Sollen wir sie durchziehen?"

„Ich weiß es nicht", sagte Lloyd zu ihm. „Ich weiß es nicht. Warte. Geh zurück. Ich werde es dich wissen lassen."

Weitere fünfzehn Minuten vergingen. Lloyd bildete sich ein, dass die Herztätigkeit etwas stärker wurde. Eine große Stille hatte sich über das Haus gelegt. Die beiden Diener, die im Flur vor der Tür auf Lloyds Befehle warteten, unterließen es sogar, zu flüstern. Aus dem Nebenzimmer war das gedämpfte Geräusch eiliger, unregelmäßiger Schritte zu hören, während Lloyd mit jener seltsamen Perversität, die die Sinne in Momenten erfasst, in denen sie überdurchschnittlich scharf sind, eine unbestimmte, ungewöhnliche Bewegung in der Stadt selbst wahrnahm , draußen hinter den zugezogenen Vorhängen und dem halbgeöffneten Fenster – eine schwache, unsichere Aufregung, eine Unruhe, eine vorübergehende Welle auf dem noch immer schwarzen See der Nacht, kommen und gehen und wieder kommen, jedes Mal ein wenig eindringlicher, jedes Mal ein wenig eindringlicher Zeit, etwas mehr Aufmerksamkeit und Beachtung zu beanspruchen. Es war ungefähr halb vier Uhr. Aber die Temperatur des kleinen Patienten stieg – daran konnte es keinen Zweifel geben. Die Lunge dehnte sich weiter und tiefer aus. Hatties Atmung ging eindeutig leichter; und als Lloyd ihre Finger auf das Handgelenk legte, konnte sie einen kleinen jubelnden Schrei kaum zurückhalten, als sie spürte, wie der Puls stärker, etwas langsamer, etwas regelmäßiger pochte. Jetzt verdoppelte sie ihre Aufmerksamkeit. Ihr Griff um das kleine Leben schloss sich fester; Ihre Widerstandskraft, ihre Zielstrebigkeit schien sich plötzlich zu vervierfachen. Sie konnte sich vorstellen, wie der Feind abzog; Sie konnte meinen, dass der Griff der kalten Finger nachließ.

Langsam ließ die Krise nach, langsam begann die Reaktion. Hattie war immer noch bewusstlos, aber ihr Gesicht hatte einen neuen Ausdruck – einen Ausdruck, den Lloyd aus langer Erfahrung kennengelernt hatte, ein immaterieller und äußerst illusorischer Ausdruck, nichts, etwas, das Zeichen, dass nur diejenigen danach suchen können, die dazu ausgebildet sind kann sehen und schätzen – das früheste schwache Flackern nach dem Vorbeigehen des Schattens.

„Wird sie leben, wird sie leben, Krankenschwester?" kam Mr. Campbells Flüstern an ihrer Schulter.

„Ich denke – ich bin mir fast sicher –, aber wir dürfen noch nicht zu sicher sein. Es gibt immer noch eine Chance; ja, es gibt eine Chance.“

Campbell, der plötzlich weiß geworden war, streckte seine Hand aus und lehnte sich einen Moment lang gegen den Kaminsims. Er verließ den Raum jetzt nicht. Die Türklingel läutete.

„Dr. Street“, murmelte Lloyd.

Aber was war in der Stadt passiert? Dort hatte sich in den noch dunklen Stunden dieser heißen Sommernacht sicherlich ein Ereignis von nationaler, vielleicht sogar internationaler Bedeutung ereignet. Es lag in der Luft – das Gefühl einer großen Sache, die plötzlich irgendwo auf der Welt ihren Höhepunkt erreichte. Auf den hallenden Gehwegen waren schnell Schritte zu hören. Hier und da öffnete sich eine Straßentür. Von Ecke zu Ecke ertönte, immer näher kommend, der Schrei der Zeitungsjungen, die Extras riefen. Eine gedämpfte Aufregung herrschte überall und fand ihren Ausdruck in einem vagen Murmeln, der Vermischung vieler Geräusche zu einem riesigen Ton – einem Ton, der allmählich anschwoll und immer lauter wurde und aus allen Ecken der Stadt gleichzeitig zu erklingen schien.

An der Tür des Krankenzimmers war eine Stufe zu hören. Dr. Street? Nein, Rownie – Rownie mit zwei Telegrammen für Lloyd.

Lloyd nahm sie ihr ab, wandte sich dann mit einer scharfen, schroffen Kopfbewegung und plötzlich von einer Idee überwältigt von ihnen ab, um dem leisen, anschwellenden Murmeln der Stadt zu lauschen. Diese Depeschen – nein, sie waren kein „Aufruf“ für sie. Sie vermutete, was es sein könnte. Warum waren sie jetzt zu ihr gekommen? Warum hatte der Wind das Gefühl einer großartigen Botschaft? Die gleiche Nachricht, die die Welt bereits erfahren hatte, könnte auch ihr zu Ohren kommen – in diesen Depeschen. Könnte es nicht so sein? Sie hielt schnell den Atem an. Sollte der Schrecken, die furchtbare Angst, die sie so lange geplagt und bedrückt hatte, nun endlich verschwinden? Sollte der Feind, der in den dunklen Ecken lauerte und immer bereit war, sie festzuhalten, für immer von ihr vertrieben werden? Sie wagte nicht, darauf zu hoffen. Aber etwas kam zu ihr; sie wusste es, sie fühlte es; Etwas bereitete sich auf sie vor und kam mit jeder Sekunde schneller auf sie zu – kam, kam, kam aus dem Norden. Sie sah Dr. Street im Zimmer, konnte sich jedoch später nicht erinnern, wie und wann er angekommen war. Ihr Geist war ganz wach, auf andere Dinge konzentriert, lauschte, wartete. Der Chirurg hatte sich über das Bett gebeugt. Plötzlich richtete er sich auf und sagte laut zu Campbell:

„Gut, gut, wir sind in Sicherheit. Wir haben es geschafft.“

Lloyd riss ihre Telegramme auf. Einer war mit „Bennett“ signiert, der andere mit „Ferriss“.

"Gott sei Dank!" rief Herr Campbell aus.

„Oh", rief Lloyd, ein großes Schluchzen schüttelte sie von Kopf bis Fuß, und ein Lächeln unendlicher Freude blitzte auf ihrem Gesicht auf. „Oh – ja, Gott sei Dank, wir – wir *haben* es geschafft."

„Werde ich wieder gesund, werde ich wieder gesund, Miss Searight?" Hattie, wieder bei Bewusstsein, erhob ihre Stimme schwach und schwach.

Lloyd kniete neben ihr, den Kopf über sie gesenkt.

„Still, ja, Schatz, du bist in Sicherheit." Dann neigte sich das königliche bronzerote Haar noch tiefer. Die mattblauen Augen tränten jetzt, die Stimme war ein leises Schluchzen. Zärtlich und sanft legte Lloyd einen Arm um das Kind und senkte ihren Kopf immer tiefer. Ihre Wange berührte Hatties. Für einen Moment lagen das kleine Mädchen, gebrechlich, erschöpft, erbärmlich erschöpft, und die starke, kräftige Frau mit ihrem herrischen Willen und ihrer unbezwingbaren Zielstrebigkeit auf demselben Kissen, beide gebrochen vom Leid, das eine vom Körper, das andere aus dem Gedächtnis.

„Sicher, ja, Schatz, sicher", flüsterte Lloyd, ihr Gesicht war fast verborgen. „Sicher, sicher und gerettet für mich. Oh, Liebster von der ganzen Welt!"

Und dann schien in ihren Ohren das Murmeln der Stadt plötzlich zu überspringen, um Worte zu artikulieren, der hämmernde Donner der gesamten Nation – der ganzen Welt, die von dieser großartigen Nachricht begeistert war, die in den frühen Morgenstunden aus dem Norden zu ihr gekommen war heiße Sommernacht. Und die singenden Schreie der Straße rollten zu ihr wie das gewaltige Diapason einer riesigen Orgel:

„Gerettet, gerettet, gerettet!"

IV.

An dem Tag, als Lloyd in das Haus am Calumet Square zurückkehrte (Hatties Genesung war längst gesichert) und sie gerade ihren Koffer auspackte und sich wieder in ihrem Zimmer niederließ, überbrachte ihr ein Bote eine Nachricht.

Bin gerade in der Stadt angekommen. Wann kann ich dich sehen?

BENNETT.

Nachrichten über Ward Bennett und Richard Ferriss hatten in den letzten zwei Wochen oder so nicht gefehlt. Ihre Namen und die des Schiffes selbst, sogar die Namen von Adler, Hansen, Clarke und Dennison, sogar Muck Tu, sogar der von Kamiska, dem einzigen überlebenden Hund, füllten die Münder und Gedanken der Menschen unter Ausschluss von allem anderen.

Die Rückkehr der Expedition nach ihrer langen Gefangenschaft im Eis und zu einer Zeit, als jede Hoffnung auf ihre Sicherheit aufgegeben worden war, war eines der großen Ereignisse dieses Jahres. Die Tatsache, dass es der Expedition nicht gelungen war, den Pol zu erreichen oder einen ungewöhnlich hohen Breitengrad zu erreichen, wurde vergessen oder ignoriert. Man erinnerte sich an nichts anderes als an den meisterhaften Rückzug in die Koljutschin-Bucht, den wunderbaren Marsch über das Eis, den unbezwingbaren Mut, unerschütterlich durch Mühsal, Gefahren, Hindernisse und Entbehrungen, die fast unvorstellbar waren. All dies, zusammen mit einer Vielzahl von Details, von denen einige offensichtlich fiktiv waren, die Presse der Stadt, in der Bennett und Ferriss beide ihre Häuser veröffentlicht und erneut veröffentlicht und immer wieder veröffentlicht haben. Nachrichten über die Männer, ihren Aufenthaltsort und ihre Absichten drangen durch die Ritzen der Fenster in das Krankenzimmer ein, in dem Lloyd über die Genesung ihrer kleinen Patientin wachte.

Lloyd erfuhr, wie das Schiff „erstickt" worden war; wie die Expeditionsmitglieder nach unvorstellbarer Mühe das Land erobert hatten; wie sie nach Süden zu den Chuckch-Siedlungen marschiert waren; wie in der elften Stunde die Überlebenden erschöpft und ausgehungert von den Dampfwalfängern gerettet worden waren; wie diese Walfänger selbst im Eis gefangen waren und wie die Überlebenden der Freja gezwungen waren, einen weiteren Winter in der Arktis zu verbringen. Sie erfuhr die Einzelheiten ihrer endgültigen Rückkehr. In dem stillen, dunklen Raum, in dem Hattie lag, hörte sie von außerhalb das Echo des Donners der Nationen; sie sah, wie die Gestalt von Bennett plötzlich großartig in der Welt aufragte; wie das Volk brüsk auf einen neuen Helden aufmerksam gemacht wurde. Sie erfuhr, dass ihm unverhofft Ehrungen zuteil wurden; dass der König der Belgier ihm eine Auszeichnung verliehen hatte; dass die geographischen Gesellschaften Kontinentaleuropas ihn zum Ehrenmitglied gewählt hatten; dass der Präsident und der Kriegsminister Glückwunschtelegramme verschickt hätten.

„Und was macht er", murmelte sie, „zuallererst nach seiner Rückkehr? Er bittet darum, mich zu sehen – mich!"

Sie schickte eine Antwort auf seinen Brief von demselben Jungen, der ihn gebracht hatte, nannte den folgenden Nachmittag und erklärte, dass sie zwei Tage später voraussichtlich aufs Land in eine kleine Stadt namens Bannister fahren würde, um ihren jährlichen zweiwöchigen Urlaub zu verbringen.

„Aber was ist mit dem anderen?" murmelte sie, als sie am Fenster ihres Zimmers stand und dem Boten zusah, der mit dem Fahrrad über den Platz radelte. „Warum tut er – er auch – nicht?"

Sie streckte ihr Kinn in die Luft, drehte sich um und betrachtete geistesabwesend die Teppiche auf dem Parkett.

Lloyds Urlaub hatte erst vor zwei Tagen begonnen. Ihr Name war von der Liste des Hauses gestrichen, und bis zum Ende des Monats gehörte ihre Zeit ihr. Der Nachmittag war heiß und sehr still. Selbst in der kühlen, aus Stein gebauten Agentur mit den breiten Fenstern und den vielen Markisen war die Hitze drückend. Lange Zeit war Lloyd von der frischen Luft und der Sonne ausgeschlossen gewesen, und nun beschloss sie plötzlich, in den Stadtpark hinauszufahren. Sie rief ihren Stall an und befahl Lewis, ihre Ponys zu ihrem Phaeton zu bringen.

Sie verbrachte entzückende zwei Stunden in dem großen Park und verlor sich in seinen entlegensten, schattigsten und seltensten Ecken. Sie fuhr selbst und intelligent. Pferde waren ihre Leidenschaft, und nicht Lewis selbst verstand deren Pflege und Management besser. Als der Tag kühl wurde und sie die Ponys gerade zu einem Spaziergang durch eine lange, verlassene Allee voller Ulmen und großer Pappeln heruntergezogen hatte, bemerkte sie plötzlich eine offene Kutsche, die am anderen Ende derselben eingebogen war Allee nähert sich im leichten Trab. Es kam näher, und sie sah, dass sein einziger Bewohner ein Mann war, der ziemlich schlaff in den Kissen zurücklehnte. Als der Blick der ausgebildeten Krankenschwester auf ihn fiel, ordnete sie ihn sofort in die Kategorie der Rekonvaleszenten oder chronischen Invaliden ein, und sie spekulierte vage über die Art seiner Beschwerde, als die Kutsche ihrem Phaeton entgegenfuhr und sie Richard Ferriss erkannte.

Ferriss, aber nicht derselbe Ferriss, von dem sie sich an jenem unvergesslichen Märznachmittag mit seinen Böen und dem Regen vor vier langen Jahren verabschiedet hatte. Der Ferriss, den sie damals gekannt hatte, war ein wachsamer, scharfsinniger Mann mit schnellen, leuchtenden Augen gewesen, der jeden Eindruck wahrnahm, auf jede Empfindung reagierte und sein Leben voll auslebte. Sie sah jetzt einen Mann an, der unnatürlich alt, nervlich abgestumpft und lustlos war. Als er sie erblickte und erkannte, erwachte er plötzlich mit einem schnellen, freudigen Lächeln und einem Ausdruck in seinen Augen, der für Lloyd unverkennbar war. Aber es gab nicht den freudigen, überschwänglichen Start, den sie erwartet und im Übrigen auch gewünscht hatte. Lloyd legte auch keinen allzu großen Wert auf die kleinen Annehmlichkeiten des Lebens, aber dass Ferriss in Deckung blieb, tat ihr ein wenig weh. Sie fragte sich, wie sie in einem solchen Moment ein so triviales Detail bemerken konnte. Aber das war Ferriss.

Ihr Herz klopfte schnell und heftig, als sie ihre Ponys anhielt. Der Kutscher sprang herunter und hielt Ferriss die Tür auf, und der Chefingenieur trat schnell auf sie zu.

So trafen sie sich nach vier Jahren – und solchen Jahren – unerwartet, ohne Vorwarnung oder Vorbereitung und überhaupt nicht wie erwartet. Was sie in diesen ersten Augenblicken zueinander sagten, konnte Lloyd sich hinterher nicht mehr genau erinnern. Ein einziger Vorfall löste sich deutlich aus der Unschärfe.

„Ich komme gerade vom Platz", hatte Ferriss erklärt, „und sie sagten mir, dass du gerade erst zu einer Autofahrt hierher aufgebrochen bist, also blieb mir nichts anderes übrig, als dich zu verfolgen."

„Sollen wir nicht ein wenig laufen?" Sie erinnerte sich, dass sie nach einer Weile gefragt hatte. „Wir können die Kutschen warten lassen; oder fühlst du dich stark genug? Ich habe vergessen –"

Aber er unterbrach sie und protestierte gegen seine Fitness.

„Der Arzt hat mich nur rausgeschickt, um Luft zu schnappen, und es ist demütigend, wie eine alte Frau herumgewälzt zu werden."

Lloyd gab Lewis die Zügel zurück, raffte ihre Röcke um sich und begann, aus dem Phaeton abzusteigen. Die Stufe war ziemlich hoch über dem Boden. Ferriss stand in der Nähe. Warum hat er ihr nicht geholfen? Warum stand er da, die Hände in den Taschen, so teilnahmslos und ohne sich ihrer Schwierigkeiten bewusst zu sein? Ein leichter Anflug von Verärgerung verstärkte das trübe Rot ihrer Wangen. Selbst zurückgekehrte Arktisforscher konnten es sich nicht leisten, die kleinen Höflichkeiten des Lebens völlig zu ignorieren – und ausgerechnet er.

„Nun", sagte sie und zögerte erwartungsvoll, bevor sie versuchte abzusteigen.

Dann bemerkte sie, dass Ferriss' Blick auf sie gerichtet war. Er lächelte ein wenig, aber der trübe, verblüffte Ausdruck seines Gesichts schien für einen kurzen Moment einem Ausdruck großer Traurigkeit zu weichen. Er hob resigniert die Schulter, und Lloyd erinnerte sich mit der Plötzlichkeit eines Schlages daran, dass Ferriss keine Hände hatte.

Sie ließ sich in den Sitz des Phaetons zurückfallen und bedeckte ihre Augen, zitterte und entnervt für einen Moment mit einem großen Schauer unendlichen Mitleids – der Scham über ihre eigene Unbeholfenheit und des Entsetzens wie für einen kurzen Moment über den lächelnden Sommerpark, den des Nachmittags Die Wärme, die Allee aus grünen, sich überwölbenden Bäumen, die schmucken, lackierten Fahrzeuge und die glänzend braunen Pferde verschwanden aus ihrem Gedächtnis, und sie hatte eine schnelle Vision des Eises, der Dunkelheit der Winternacht, der schneidenden, gnadenlosen Kälte , der blendende, wirbelnde, staubartige Schnee.

Eine halbe Stunde lang gingen sie langsam im Park umher, die Kutschen folgten in einiger Entfernung. Sie redeten nicht viel. Es schien Lloyd, als würde sie niemals müde werden, sein Gesicht zu prüfen, als würde ihr Interesse an seinem Standpunkt, seinen Meinungen niemals nachlassen. Er hatte eine Erfahrung gemacht, die nur wenigen Menschen widerfahren war. Vier Jahre lang war er nicht auf der Welt gewesen und hatte unvorstellbare Entbehrungen erlebt. Wie sollte nun seine Einstellung sein? Wie hatte er sich verändert? Dass er sich nicht zu ihr verändert hatte, wusste Lloyd sofort. Er liebte sie immer noch; das war über jeden Zweifel erhaben. Aber diese schreckliche Apathie, die jetzt ein Teil von ihm zu sein schien! Sie hatte von der betäubenden Benommenheit gehört, die diejenigen befällt, die über ihre Zeit hinaus im Eis bleiben, aber noch nie zuvor hatte sie es in seiner Realität gesehen. Es war kein Mangel an Intelligenz; Es schien eher die Maschinerie der Intelligenz zu sein, die durch lange Nichtbenutzung verrostet und verstopft war. Er überlegte lange, bevor er sprach. Er brauchte einige Zeit, um die Dinge zu verstehen. Das Sprechen fiel ihm nicht so leicht, und in Wortfragen geriet er leicht in Verwirrung. Einmal hatte er sie plötzlich unterbrochen und war ausgebrochen mit:

„Oh, der Geruch der Bäume, des Grases! Ist es nicht wunderbar; ist es nicht wunderbar?" Und ein paar Sekunden später, völlig nebensächlich: „Und schließlich haben wir versagt."

Auf einmal war Lloyd völlig erregt und verteidigte ihn gegen sich selbst.

„Gescheitert! Und das sagst du? Wenn du den Pol nicht erreicht hast, was dann? Die Welt wird dich vielleicht nach Ergebnissen beurteilen, und das Urteil der Welt wird falsch sein. Ist es nichts, dass du der Welt ein Beispiel an Heldentum gegeben hast? "

„Oh, nenn es nicht so.“

„Von Heldentum, Mut, Ausdauer? Liegt es nicht daran, dass Sie Hindernisse überwunden haben, vor denen andere Menschen gestorben wären? Liegt es nicht daran, dass Sie uns allen gezeigt haben, wie man geduldig und stark ist? Es gibt einige Dinge, die besser sind sogar als den Pol zu erreichen. Zu leiden und ruhig zu sein ist eine davon; nicht aufzugeben – niemals geschlagen zu werden – ist eine andere. Oh, wenn ich ein Mann wäre! Zehntausend, hunderttausend Menschen lesen heute Abend von Was Sie getan haben – was Sie getan haben, verstehen Sie, nicht was Sie versäumt haben. Sie haben gesehen – Sie haben ihnen gezeigt, was der Mann tun kann, der sagt, dass *ich es tun werde*, und Sie haben noch ein bisschen mehr getan Ich bin ein bisschen weiter gegangen, bin ein bisschen mutiger, ein bisschen zäher, ein bisschen edler, ein bisschen entschlossener gewesen als jemals zuvor. Wer jetzt scheitert, kann sich nicht damit entschuldigen, dass er so viel getan hat, wie ein Mann tun kann . Er wird sich an die Männer der Freja erinnern müssen. Er wird sich an dich erinnern müssen. Glaubst du nicht, dass ich stolz auf dich bin? Glaubst du nicht, dass ich aufgrund dessen, was du getan hast, stärker und besser bin? Glaubst du, dass es nichts für mich ist, hier neben dir, hier in diesem Park zu sitzen – bei dir zu sein – ja, bei dir zu sein? Kannst du es nicht verstehen? Ist es für mich nicht etwas, dass du der Mann bist, der du bist? nicht der Mann, dessen Namen das Volk gerade schreit, nicht der Mann, dem ein König ein Stück Band und Emaille geschenkt hat, sondern der Mann, der wie ein Mann lebte, der nicht sterben würde, nur weil es einfacher war zu sterben als zu leben , der wie ein Mann kämpfte, nicht nur für sich selbst, sondern auch für das Leben derer, die er führte, der uns allen zeigte, wie man stark ist und wie stark man sein könnte, wenn man es nur versuchen würde? Was bedeutet der Pol? Die Welt will Männer, große, starke, harte, brutale Männer – Männer mit Absichten, die sich durch nichts, nichts, nichts in den Weg stellen lassen.

„Du meinst Bennett“, sagte Ferriss und blickte schnell auf. „Sie haben damit begonnen, von mir zu sprechen, aber jetzt sprechen Sie von Bennett.“

Aber er fing ihren Blick auf und sah, dass sie ihn unerschütterlich ansah – ihn an. Ein Ausdruck war in ihrem Gesicht, ein Leuchten in ihren mattblauen Augen, das er dort noch nie zuvor gesehen hatte.

„Lloyd“, sagte er leise, „von wem von uns, Bennett oder mir, haben Sie gerade gesprochen? Sie wissen, was ich meine; von welchem von uns?“

„Ich habe von dem Mann gesprochen, der stark genug war, Großes zu leisten“, sagte sie.

Ferriss zog seine Armstümpfe aus den Taschen und lächelte sie grimmig an.

„Hm, kann man auf diese Weise viel machen?“ er murmelte.

Mit einer Bewegung, die sie nicht zurückzuhalten versuchte, legte Lloyd beide Hände auf seine armen, formlosen Handgelenke. Noch nie in ihrem Leben war sie so stark bewegt gewesen. Mitleid, wie sie es noch nie erlebt hatte, eine Zärtlichkeit und Mitgefühl, wie sie es noch nie erlebt hatte, klopften an ihre Brust. Für so große Gefühle hatte sie keine Worte zur Hand. Sie sehnte sich danach, ihm zu sagen, was in ihrem Herzen vorging, doch alle Worte scheiterten.

"Nicht!" rief sie aus. „Nicht! Ich werde dich nicht haben."

Wenig später, als sie zu den Waggons zurückkehrten, sagte Lloyd nach kurzem Nachdenken:

„Kann ich Sie nicht irgendwo in der Nähe Ihrer Zimmer absetzen? Lassen Sie Ihre Kutsche los."

Er schüttelte den Kopf: „Ich habe gerade meine Zimmer in der Innenstadt aufgegeben. Bennett und ich haben uns andere Zimmer viel weiter oben in der Stadt gemietet. Tatsächlich glaube ich, dass ich jetzt dorthin gehen sollte. Das wäre ziemlich umständlich." Bring mich dorthin. Wir sind da draußen viel ruhiger und die Leute können uns nicht so leicht angreifen. Der Arzt sagt, wir brauchen beide Ruhe, nachdem wir aufgerüttelt wurden. Bennett selbst – so eisenhaltig er auch ist – ist nicht allzu stark, und was mit Die Post, die Telegramme, die Reporter, die Deputationen, die Redakteure, die Besucher und dergleichen sind für uns eine gewisse Belastung. Außerdem haben wir noch viel Arbeit vor uns, um unsere Notizen in Form zu bringen.

Lewis brachte die Ponys an den Rand des Weges, und Lloyd und Ferriss trennten sich. Sie drehte die Köpfe der Ponys heimwärts, begann in flottem Trab davonzugehen und ließ ihn in seiner Kutsche zurück, die er angewiesen hatte, ihn zu seinem neuen Quartier zu tragen .

Aber an der Biegung der Avenue lehnte sich Lloyd vom Phaeton ab und blickte zurück. Die Kutsche verschwand gerade in der Aussicht auf Ulmen und Pappeln. Sie wedelte fröhlich mit der Hand, und Ferriss antwortete mit dem Stummel eines Unterarms.

Am übernächsten Tag, einem Freitag, sollte Lloyd aufs Land fahren. Jedes Jahr verbrachte Lloyd in der Hitze des Sommers ihren Kurzurlaub im verschlafenen und altmodischen kleinen Dorf Bannister. Das Land rund um das Dorf war Teil des Searight-Anwesens. Es war ruhig, abseits der Eisenbahn, genau der richtige Ort, um Pflichten, Verantwortlichkeiten und die anstrengenden Ängste von Krankenzimmern zu vergessen. Aber am Donnerstagnachmittag erwartete sie Bennett.

Donnerstagmorgen war sie in ihrem Zimmer. Ihr Koffer war bereits gepackt. Es gab nichts mehr zu tun. Sie hatte dienstfrei. Es gab weder Fürsorge noch

Verantwortung in ihrem Kopf. Aber sie war zu fröhlich, zu glücklich, zu überschwänglich in ihrer Fröhlichkeit, um ihre Zeit mit Lesen zu verbringen. Sie wollte Action, Bewegung, Leben und öffnete instinktiv ein Fenster ihres Zimmers, stützte sich, wie es ihre Gewohnheit war, auf die Ellbogen und blickte hinaus und hinunter auf den Platz. Der Morgen war bezaubernd. Später am Tag würde es wahrscheinlich sehr heiß sein, aber die Brise der ersten Morgenstunden wehte noch lebhaft. Die Kühle gab dem düsteren Glanz ihrer Wangen eine lebhaftere Note und bewegte gerade eine Locke, die sich aus ihren wunderschönen Locken dunkelroten Haares löste und ihr über Ohr und Hals hing. In ihre mattblauen Augen – wie das Blau von altem Porzellan – sandte die Morgensonne gelegentlich ein ungewöhnliches Funkeln. Über den Asphalt und über die grünen Rasenflächen des Platzes webten die Schatten der ehrwürdigen Ulmen ein wechselndes Labyrinth aus Maßwerk. Der Verkehr umging den Ort. Auf dem Platz war es stets still, und man konnte – wie jetzt – immer das gedämpfte Plätschern und Rauschen des Brunnens in der Mitte hören.

Aber die Krönung dieses Morgens war das plötzliche Auftauchen eines Rotkehlchens auf einem Baum in der Nähe von Lloyds Fenster. Er suchte sein Frühstück. In jedem Moment kam und ging er zwischen den Baumwipfeln und den Grasflächen hin und her, sehr wichtig, sehr beschäftigt, plapperte und rief dabei, als würde er niemals müde werden. Lloyd pfiff ihm zu, und er antwortete sofort und legte den Kopf zur Seite. Sie pfiff erneut, und er erwiderte eine unverschämte Antwort, und die beiden lieferten sich fünf Minuten lang eine ausführliche Auseinandersetzung zwischen der Baumkrone und dem Fensterbrett. Lloyd ertappte sich dabei, dass sie ohne erkennbaren Grund laut lachte. „Ah, die Welt war doch ein ziemlich guter Ort!"

Wenig später, als sie noch am Fenster stand, brachte Rownie ihr eine Nachricht von Bennett, die ihr ein Sonderbote geschickt hatte.

Ferriss ist heute Morgen krank aufgewacht. Niemand hier außer uns beiden; kann ihn nicht alleine lassen. BENNETT.

"Oh!" rief Lloyd Searight ein wenig ausdruckslos aus.

Das Rotkehlchen und seine Unverschämtheit waren sofort nicht mehr amüsant. Sie schloss abrupt das Fenster, um die Heiterkeit und den Charme des Sommermorgens auszuschließen, und wandte dem Sonnenlicht den Rücken zu.

Jetzt hatte sie mehr Lust aufs Lesen. Auf dem großen Diwan an der Wand lagen die Monatszeitschriften und zwei illustrierte Wochenzeitungen. Lloyd hatte sie gekauft, um sie im Zug zu lesen. Aber jetzt ließ sie sich auf dem Diwan nieder, nahm eine der Wochenzeitungen in die Hand und blätterte lustlos darin. Plötzlich stieß sie auf zwei Bilder, die bewundernswert nach Fotografien reproduziert waren und als Illustrationen zum Hauptartikel der Wochenzeitung dienten: „Die zwei Anführer der Freja-Expedition". Das eine war ein Bild von Bennett, das andere von Ferriss.

Die Plötzlichkeit, mit der sie auf sein Ebenbild gestoßen war, raubte ihr fast den Atem. Es war das Letzte, was sie erwartet hatte. Wenn er selbst plötzlich persönlich den Raum betreten hätte, hätte sie kaum überraschter sein können. Ihr Herz machte einen großen Satz, das matte Purpur ihrer Wangen schoss ihr in die Stirn. Dann legte sie mit einer bezaubernden Bewegung, zugleich impulsiv und beschämt, lächelnd und mit halbgeschlossenen Augen ihre Wange auf das Bild und murmelte Worte vor sich hin, die nur sie selbst hören sollte. Am nächsten Tag reiste sie aufs Land.

Als Dr. Pitts am selben Tag in den Räumen ankam, die Ferriss und Bennett bezogen hatten, fand er den Vorraum bereits voller Besucher vor – einer Gruppe von Interviewern, dem Leiter eines Vortragsbüros sowie dem Vertreter eines patentierten Getreides (der suchte). der Mann der Stunde für die Unterstützung seines Artikels) und zwei Reporterinnen.

Richard Ferriss war eindeutig krank; Daran konnte es keinen Zweifel geben. Bennett hatte in der Nacht zuvor nicht geschlafen, sondern war in den Zimmern hin und her gegangen und hatte sich mit einer Fürsorge und Sanftmut um seine Bedürfnisse gekümmert, die bei einem so rauen und stämmigen Mann seltsam fehl am Platz wirkten. Bennett ging es selbst alles andere als gut. Die schreckliche Zerrüttung, die er erlitten hatte, hatte sich selbst bei diesem riesigen Körper bemerkbar gemacht, aber seine eigenen Leiden wurden sofort ignoriert, da Ferriss, für ihn der Mann aller Männer, „niedergeschlagen" war.

„Ich bin bei dir nicht durchgekommen, alter Mann", antwortete er auf alle Proteste von Ferriss, „dass dir um diese Tageszeit die Hände übel werden. Schluss mit deiner verdammten Dummheit. Hier ist das Chinin. Runter." damit!"

Bennett traf Pitts an der Tür von Ferriss' Zimmer und zog ihn, bevor er hineinging, in eine Ecke.

„Er ist ein kranker Junge, Pitts, und es wird ihm noch schlimmer gehen, obwohl er gerade so ein dummer Junge ist, dass er es nicht zugibt. Ich habe schon gesehen, wie sie mit dieser Gangart angefangen haben. Denken Sie auch daran, dass es so ist, wenn Sie ihn anschauen Nicht, dass er zuvor in einem gesunden Zustand gewesen wäre. Unsere Arbeit im Eis hat ihn so weit erschöpft, dass er leben konnte, und das Hartzwiebel- und Salzschweinefleisch auf den Dampfwalfängern war keine gute Ernährung für einen Rekonvaleszenten. Und sehen Sie, Pitts", sagte Bennett und räusperte sich, „ich – nun, ich mag diesen dummen Jungen da drin ziemlich gern. Wir gehen kein Risiko ein, verstehen Sie?"

Nachdem der Arzt den Chefingenieur aufgesucht und ihm Kalomel und eine Milchdiät verschrieben hatte, folgte Bennett ihm hinaus in die Halle und begleitete ihn zur Tür.

"Urteil?" „Forderte er und fixierte den Arzt aufmerksam mit seinen kleinen, verzerrten Augen. Aber Pitts war unverbindlich.

„Ja, er ist ein kranker Junge, aber das Ding, was auch immer es sein wird, hat sich langsam gebessert. Er klagt über Kopfschmerzen, große Schwäche und Übelkeit, und Sie sprechen von häufigem Nasenbluten in der Nacht. Der Bauch ist empfindlich auf Druck, ein Symptom, das ich lieber nicht gefunden hätte. Aber ich kann noch keine eindeutige Diagnose stellen. Eine große Krankheit ist im Anmarsch – das ist, fürchte ich, sicher. Ich werde morgen hierher kommen . Aber, Mr. Bennett, seien Sie vorsichtig mit sich selbst. Sogar Stahl kann schwächer werden, wissen Sie. Siehst du dieses Gesindel" (er zeigte mit dem Kopf in Richtung Vorraum, wo die anderen Besucher warteten), „das dich verfolgt? Jeder weiß es." Wo du bist. Mann, du musst dich ausruhen. Ich muss dich nicht mehr als einmal ansehen, um das zu wissen. Geh weg! Geh weg, sogar von deinen E-Mails! Versteck dich eine Weile vor allen! Ich glaube nicht, dass du das schaffst Pflege deinen Freund in den nächsten paar Wochen, denn das kannst du nicht.

„Nun", antwortete Bennett, „warten Sie ein paar Tage. Wir werden es am Ende der Woche sehen."

Die Woche verging. Bei Ferriss verschlimmerte sich der Zustand allmählich, auch wenn die Krankheit sich noch immer nicht bemerkbar machte. Er war ziemlich hilflos, und Bennett wachte Tag und Nacht über ihn, werkelte stundenlang um ihn herum, gab ihm seine Medikamente, kochte sein Essen und selbst als Ferriss sich über die Hitze der Bettwäsche beschwerte, wechselte er sogar die Bettwäsche, damit er liegen konnte auf kühlen Laken. Aber am Ende der Woche erklärte Dr. Pitts, dass Bennett selbst in großer Gefahr sei, zusammenzubrechen, und dass er dem kranken Mann keinen großen Nutzen bringen könne.

„Morgen", sagte der Arzt, „habe ich einen jungen Mann hier, der zufällig ein Cousin von mir ist. Er ist ein ausgezeichnet ausgebildeter Krankenpfleger, ein Mann, auf den wir uns verlassen können. Er wird Ihren Platz einnehmen. Ich werde ihn morgen hier haben, und Sie müssen weg. Verstecken Sie sich irgendwo. Lassen Sie nicht einmal zu, dass Ihre Post weitergeleitet wird. Die Krankenschwester und ich werden uns um Mr. Ferriss kümmern. Sie können mir Ihre Adresse hinterlassen, und das werde ich tun telegrafieren Sie, wenn es nötig ist. Lassen Sie sich jetzt wie ein vernünftiger Mann überzeugen. Ich setze meinen beruflichen Ruf aufs Spiel, dass Sie untergehen werden, wenn Sie hier bleiben, mit einem kranken Mann am Hals und Zeitungsleuten, die zu jeder Tageszeit das Haus im Sturm erobern Tag. Kommen Sie jetzt, wollen Sie gehen? Mr. Ferriss ist in keiner Gefahr, und Sie werden ihm mehr Schaden zufügen, wenn Sie bleiben, als wenn Sie gehen. Solange Sie hier bleiben, werden Sie rund um die Uhr diese Menschenmenge in den Zimmern haben. Verleugnen Sie sich selbst! Halten Sie sie draußen! Halten Sie den amerikanischen Reporter fern, wenn er auf einen zurückgekehrten Entdecker losgeht! Glauben Sie, dass das", und er zeigte erneut auf die Menge im Vorraum, „die richtigen Bedingungen für das Quartier eines kranken Mannes sind?" Sie gefährden seine Sicherheit, ganz zu schweigen von Ihrer eigenen, indem Sie neben ihm bleiben – Sie ziehen das Feuer auf sich, Mr. Bennett."

„Nun, da ist etwas dran", murmelte Bennett und zupfte an seinem Schnurrbart. „Aber –" Bennett zögerte, dann: „Pitts, ich möchte, dass du meinen Platz hier einnimmst, wenn ich weggehe. Wenn du willst, hast du eine Krankenschwester, aber ich sollte mich nicht berechtigt fühlen, den Jungen in seinem Zustand zu lassen, es sei denn, ich kannte dich." Ich war ständig bei ihm. Ich weiß nicht, was Ihnen Ihre Praxis wert ist, sagen wir einen Monat lang oder bis der Junge außer Gefahr ist, aber machen Sie mir einen Vorschlag. Ich denke, wir können uns einigen."

„Aber es wird nicht notwendig sein, ständig einen Arzt bei Mr. Ferriss zu haben. Ich sollte ihn jeden Tag sehen und die Krankenschwester –"

Bennett wies seine Einwände umgehend zurück. Barsch und abrupt rief er aus: „Ich gehe kein Risiko ein. Es soll so sein, wie ich es sage. Ich möchte, dass es dem Jungen gut geht, und ich möchte, dass Sie und die Krankenschwester dafür sorgen, dass es ihm gut *geht* . Ich werde die Kosten tragen." ."

Bennett hörte nicht auf die Antwort des Arztes und seinen Vorschlag, Ferriss in sein eigenes Haus auf dem Land zu bringen, solange er umgesiedelt werden könnte. Im Moment hörte er nicht zu. Plötzlich war ihm eine Idee gekommen. Er sollte aufs Land gehen. Aber wo? Ein grimmiges Lächeln begann sich von den eng umklammerten Lippen und dem harten, hervorstehenden Kiefer zu lösen. Er zupfte erneut an seinem Schnurrbart, blickte den Arzt finster an und versuchte, seinen Humor zu verbergen.

„Nun, dann ist das geklärt", sagte er; „Ich werde morgen weggehen – irgendwohin."

"Aufenthaltsort?" forderte der Arzt. „Ich möchte Sie über unsere Fortschritte informieren."

Bennett beschloss, eine gewisse Verärgerung zu verspüren. Was ging es Pitts an, wen er besuchte, oder vielmehr, wohin er gehen wollte?

„Du hast mir gesagt, ich solle mich vor allen verstecken und nicht einmal zulassen, dass meine Post weitergeleitet wird. Aber ich sage dir natürlich, wo du mich erreichen kannst, sobald ich dort bin. Es wird nicht weit von der Stadt entfernt sein ."

„Und ich werde Ihren Platz hier bei Mr. Ferriss einnehmen; es wird jeden Moment jemand bei ihm sein, und ich werde Ihnen nur telegraphieren", fuhr der Arzt fort, „in dringenden Fällen. Ich möchte, dass Sie den ganzen Rest haben." Ich kann, und bleib so lange wie möglich fern. Ich werde dich nicht mit Telegrammen belästigen, es sei denn, ich muss. Du wirst verstehen, dass keine Nachricht eine gute Nachricht ist."

<hr>

An diesem besonderen Morgen saß Lloyd in ihrem Zimmer im alten Bauernhaus, das sie immer als ihr Zuhause bezeichnete, wenn sie Bannister besuchte. Es lag etwa eine Viertelmeile außerhalb des kleinen Dorfes und an der Straße, die es mit der Eisenbahn am Fourth Lake verband, etwa sechs Meilen über den Hügeln im Osten. Es war noch früh am Morgen und Lloyd schrieb Briefe, die sie später am Vormittag in Fourth Lake aufgeben würde. Sie hatte vor, zum See zu fahren. Zwei Tage zuvor war Lewis mit Rox, den Ponys und dem Phaeton angekommen. Lloyds Hundekarren, ein wunderschönes, hochrädriges Ding, stand immer in Bannister.

Der Raum, in dem sie jetzt saß, war entzückend. Alles war weiß, von den Bettvorhängen bis zu den Chintz-Vorhängen an den Wänden. Auf dem Boden lag ein Teppich aus weißem Fell. Die Täfelungen und Holzläden der Fenster wurden weiß gestrichen. Der Kamin war mit glänzend weißen Fliesen ausgelegt und die Öffnung mit einem Schirm aus weißen Federn bedeckt. Die Fenster waren weit geöffnet, und eine große Flut weißen Sonnenlichts strömte in den Raum. Lloyd selbst war in Weiß gekleidet, vom sauberen, frischen Schal, den sie um den Hals gebunden hatte, bis zu den Spitzen ihrer Segeltuch-Tennisschuhe. Und in all dieser Vielfalt an Weiß setzte nur die mattrote Flamme ihres hochgesteckten Haars – das im Sonnenschein wie brüniertes Kupfer leuchtete – einen lebendigen Farbakzent, während die kleinen Strähnen und Locken um ihren Hals und ihre Ohren im Wind funkelten die offenen Fenster bewegten sie.

Der Morgen war wahrlich königlich – still, kühl und duftend nach Wald, Vieh und wachsendem Gras. Ein großes Gefühl der Heiterkeit und Heiterkeit lag in der Luft. Lloyd war völlig im Einklang damit. Während sie schrieb, ruhte ihr linker Ellbogen auf dem Tisch, und in ihrer linken Hand hielt sie einen riesigen, grünen Apfel, unreif, sauer, unbeschreiblich köstlich, und in den sie von Zeit zu Zeit mit der stillen Freude eines Schulmädchens biss .

Ihr Brief war an Hatties Vater, Mr. Campbell, gerichtet und sie fragte, ob das kleine Mädchen nicht eine Woche bei ihr in Bannister verbringen dürfe. Als der Brief fertig und adressiert war, steckte sie ihn in ihren Gürtel, setzte ihren Hut auf und rannte die Treppe hinunter. Lewis hatte den Hundekarren zum Tor gebracht und wartete auf der Straße neben Rox' Kopf. Doch als Lloyd den mit Ziegeln gepflasterten Weg des Vorgartens hinunterging, erschien Mrs. Applegate, der Eigentümerin des Bauernhauses und zugleich Pächterin, Vermieterin, Haushälterin und Köchin von Lloyd, auf der Veranda des Hauses, die Leiterin eines Fisch in ihrer Hand und Charley-Joe, der gelbe Kater, der ihr auf den Fersen war und sie mit schmerzhafter Aufmerksamkeit beäugte.

„Sagen Sie, Miss Searight", rief sie, den Unterarm vor der Stirn, um ihre Augen zu beschatten, während die Hand immer noch den Kopf des Fisches hielt, „sagen Sie, während Sie heute Morgen draußen sind, werden Sie nach unserem Hund Ausschau halten?" n – weißt du, Dan – der mit der Leber und den weißen Flecken? Er ist schon wieder weggelaufen – ich habe ihn seit gestern Mittag nicht mehr gesehen. Er entkommt und kämpft mit anderen Hunden durch die ganze gesegnete Grafschaft. Das gibt es nicht Ein großer oder kleiner Hund im Umkreis von zehn Meilen, den Dan nicht leckt. Er würde lieber kämpfen, als dass er fressen würde, dieser Hund.

„Das werde ich, das werde ich", antwortete Lloyd und kletterte auf den Hochsitz, „und wenn ich ihn finde, ziehe ich ihn am Genick zurück. Guten Morgen, Lewis. Warum hast du Rox mit der Gepäckkontrolle versehen?" ?"

Lewis berührte seine Mütze.

„Heute Morgen spürt er seine Haferflocken, und wenn sein Unterkiefer gegen seine Brust drückt, gibt es keinen Halt mehr an ihm, Miss – kein Halt auf der Welt."

Lloyd ergriff die Zügel und sprach mit dem Pferd, und Lewis trat beiseite.

Rox stieg sofort auf seinen Hinterbeinen in die Luft und schüttelte mit einem lauten Schnauben den Kopf.

„Bleib ruhig, du altes Schwein", sagte Lloyd ruhig. „So, so, wer versucht dich zu töten?"

„Sollte ich nicht besser mitkommen, Fräulein?" fragte Lewis besorgt.

Lloyd schüttelte den Kopf. „Nein, in der Tat", sagte sie entschieden.

Nachdem Rox seine eigene Unabhängigkeit durch das gebührende Maß an Angeberei unter Beweis gestellt hatte, machte er sich auf den Weg die Straße hinunter mit so viel Action, wie er nur befehlen konnte, spielte sich in Szene und blickte aus dem Augenwinkel zurück, um zu sehen, ob Lewis es bemerkte Was für ein schrecklicher Kerl er an diesem Morgen war.

„Na ja, von allen Tierchen!" kommentierte Mrs. Applegate von der Veranda aus. Aber Charley-Joe, der in seinen gelben Augen eine fast hypnotische Starrheit hatte und in den letzten paar Minuten mehrmals den Mund weit geöffnet hatte, um vergeblich zu miauen, hatte plötzlich einen langgezogenen und klagenden Unterton in seiner Stimme.

„Na, Himmel und Himmel, dann nimm deinen Fisch!" rief Mrs. Applegate plötzlich aus, als sie sich an die Katze erinnerte. „Und damit von meiner Veranda verschwinden." Sie stieß ihn mit der Seite ihres Fußes weg, und Charley-Joe zog sich mit dem Fischkopf zwischen den Zähnen um die Ecke des Hauses neben der Regentonne zurück, wo man ihn hin und wieder laut vor sich hin knurren hörte. Tonhöhe und täuschte die Annäherung eines schrecklichen Feindes vor.

Währenddessen lieferte sich Lloyd, bereits auf einem guten Weg, einen spannenden Streit mit Rox. Das Pferd hatte zunächst damit begonnen, sich für alle, die es sehen konnten, zur Schau zu stellen, aber am Ende hatte es seine eigenen Nerven so strapaziert, dass es, anstatt andere zu erschrecken, nur gelang, sich selbst zu erschrecken. Er war in der Stadt aufgewachsen und der plötzliche Wechsel von Backsteinhäusern zu offenen Feldern hatte ihn demoralisiert. Er begann sich schwach darüber im Klaren zu sein, wie stark er war. An ihm war nichts Bösartiges. Er hätte sich nicht herabgelassen, um zu treten, aber er wollte mit all seinem großen, starken Herzen rennen.

Aber hinter ihm – er spürte, wie es an den gespannten Zügeln prickelte – war ein ruhiger, kraftvoller Griff, gleichmäßig, stetig, meisterhaft. Er konnte den Kopf nicht drehen, aber er wusste sehr gut, dass Lloyd die Zügel doppelt umgelenkt hatte und dass ihre Hände, selbst wenn sie weiß behandschuht waren, stark waren – stark genug, um ihn bei seiner Arbeit festzuhalten. Und außerdem wusste er – das konnte er schon am Gefühl des Gebisses erkennen –, dass sie ihn nicht sehr ernst nahm, dass er ihr keine Angst vor ihm einjagen konnte. Er wusste, dass sie sofort erkennen konnte, ob er scheute, weil er wirklich Angst hatte, oder weil er den Schaft zerbrechen wollte, und dass er im letzteren Fall die Peitsche – und zwar gnadenlos – über seinen Hintern bekommen würde, eine Erniedrigung oben alle Dinge, die vermieden werden sollten. Und sie hatte ihn an diesem Morgen schon einmal ein altes Schwein genannt.

Lloyd fuhr weiter. Sie genoss diesen Kampf zwischen der Kraft des Pferdes und ihrer eigenen Entschlossenheit, ihrem eigenen Eigensinn. Nein, sie würde nicht zulassen, dass Rox seinen Willen durchsetzte; Sie würde nicht einen einzigen Moment zulassen, dass er über sie triumphierte. Sie ließ sich weder dazu zwingen noch dazu verleiten, auch nur einen einzigen Punkt abzugeben, wie gering er auch sein mag. Sie würde die Herrin der Situation sein.

Nach einer halben Stunde hatte sie ihn gut im Griff und kegelte sanft über eine ebene Straße am Fuße einer abrupten Anhöhe, die mit Buscheichen bedeckt und von Granitfelsen einer merkwürdigen Formation unterbrochen war. Gleich dahinter überquerte die Straße den Kanal auf einer schmalen – eigentlich viel zu schmalen – Bretterbrücke ohne Leitplanken. Der breitachsige Hundekarren hatte auf beiden Seiten gerade noch genügend Platz, und Lloyd, ein zu guter Peitschenspieler, um mit einem so nervösen Pferd wie Rox ein Risiko einzugehen, zog ihn zum Schritt hinab, als sie sich ihm näherte. Doch plötzlich wurden ihre Augen von einem seltsamen Anblick gefangen. Sie hielt den Karren an.

Am Straßenrand, etwa fünfzig Meter von der Bretterbrücke entfernt, befanden sich zwei Hunde. Offensichtlich hatte es gerade einen schrecklichen Kampf gegeben. Hier und da war ein Stein mit Blut bespritzt. Das Gras und kleinere Büsche waren flachgedrückt und Haarbüschel lagen verstreut auf dem Boden. Von den beiden Hunden erkannte Lloyd sofort einen. Es war Dan, der „liver'n white" Fuchshund des Bauernhauses – der Kämpfer und Schrecken des Landes. Aber er lag jetzt auf der Seite, das Vorderbein war gebrochen oder vielmehr zerquetscht, als wäre es in einem Schraubstock; die Kehle aufgerissen, das Lebensblut in einer großen Lache um seinen Kopf. Er war tot oder lag mitten im Sterben. Der arme Dan, er hatte seinen letzten Kampf gekämpft und endlich mehr gefunden, als ihm gewachsen war.

Lloyd sah den anderen Hund an – den Sieger; Dann sah er ihn ein zweites Mal und ein drittes Mal an.

„Nun", murmelte sie, „das ist ein seltsam aussehender Hund."

Tatsächlich war er ein neugieriges Tier. Sein breiter, kräftiger Körper war mit einem braunen Fell bedeckt, so dicht, so dick und so weich wie das eines Wolfes; Die Ohren waren aufgestellt und spitz, die Schnauze scharf, die Augen schräg und hervorstehend. Die Brust war unverhältnismäßig breit, die Vorderbeine kurz und offenbar sehr kräftig. Um seinen Hals trug er einen breiten, vernickelten Kragen.

Doch als Lloyd im Wagen saß und ihn beobachtete, zeigte er sofort, dass sein Wesen ebenso außergewöhnlich war wie sein Aussehen. Nachdem er die Eindringlinge kurz beobachtet hatte, drehte er sich wieder um, schnupperte ein- oder zweimal an seinem toten Feind und begann dann plötzlich, ihn zu fressen.

Lloyd's Gorge erhob sich vor Wut und Abscheu. Selbst wenn Dan getötet worden wäre, wäre es ein fairer Kampf gewesen, und es könne keinen

Zweifel daran geben, dass Dan selbst der Angreifer gewesen sei. Sie konnte sogar ein wenig Respekt vor dem Sieger des Champions empfinden, aber jetzt, da die Hitze des Kampfes vorüber war, würde sie sich gegen den toten Feind wenden und ihn (ohne Hass oder Wut) absichtlich auffressen. Was für ein Horror! Sie holte ihre Peitsche hervor.

"Schäm dich!" rief sie aus. „Ugh! was für ein Wilder; ich werde es dir nicht erlauben!"

Ein Landarbeiter kam über die Holzbrücke, und als er sich dem Karren näherte, bat Lloyd ihn, Rox einen Moment festzuhalten. Rox war eines dieser Pferde, die im Stillstand fügsam wie ein Kätzchen sind, und sie zögerte nicht, ihn mit einem Mann an der Spitze zurückzulassen. Sie sprang heraus, die Peitsche in der Hand. Dan war nicht mehr zu helfen, aber sie wollte zumindest sein Halsband zu Mrs. Applegate zurückbringen. Der fremde Hund ließ sich ein Stück weit vertreiben. Ein Teil seiner Seltsamkeit schien darin zu liegen, dass er trotz alledem eine gewisse Gelassenheit bewahrte. In seinem Wunsch, Dan zu essen, lag keine Heftigkeit.

„Genau das macht es so ekelhaft", sagte Lloyd und schüttelte ihre Peitsche. Er setzte sich auf die Hocke und musterte sie ruhig, seine Zunge hing heraus. Als sie Dans Halsband abgeschnallt und in den Karren unter dem Sitz geworfen hatte, erkundigte sie sich beim Landarbeiter, woher der neue Hund käme.

„Es übertrifft mich, Miss Searight", antwortete er; „Ich habe in dieser Gegend noch nie einen solchen Vogel gesehen; der andere gehört Applegate."

„Komm, lass uns einen Blick auf dich werfen", sagte Lloyd und legte die Peitsche zurück; „Lass mich deinen Kragen sehen."

Sie ignorierte die Warnung des Mannes, ging auf den Fremden zu, pfiff und streckte ihre Hand aus, und er kam auf sie zu – zunächst etwas misstrauisch, aber am Ende wedelte er mit dem Schwanz und war bereit, freundlich zu sein. Lloyd teilte das dicke Fell um seinen Hals und drehte die Platte des Kragens dem Licht zu. Auf dem Schild war eingraviert: „Kamiska, Arctic SS ,Freja'." Kehre zu Ward Bennett zurück.

„Irgendetwas am Kragen?" fragte der Mann.

Lloyd steckte eine Haarnadel in eine Haarsträhne in ihrem Nacken.

„Nichts – nichts, was ich erkennen kann."

Sie stieg wieder in den Karren und entließ den Landarbeiter mit einem Vierteldollar. Er verschwand hinter der Straßenbiegung. Doch als sie gerade weiterfahren wollte, hörte Lloyd ein lautes Klappern von Steinen auf dem

Hügel über ihr, ein Krachen im Gebüsch und einen schrillen Pfiff, der sich dreimal wiederholte. Kamiska sprang sofort auf, spitzte die Ohren, dann drehte sie sich um und rannte den Hügel hinauf, um Ward Bennett zu treffen, der heruntergeklettert kam, von einem Granitfelsen zum anderen sprang und sich an den unteren Ästen der Buscheichen festhielt .

Er war wie für einen Ausflug gekleidet, in Knickerbockerhosen und riesigen, mit Nägeln versehenen Schuhen. Er trug einen alten Jagdmantel und eine Wollmütze; ein kleiner Ledersack hing um seine Schulter, und in der Hand hielt er einen Geologenhammer mit kurzem Stiel.

Und dann, nach so langer Zeit, sah Lloyd sein Gesicht wieder – das raue, unschöne Gesicht; der massive Kiefer, fast bis zur Deformation riesig; die großen, brutalen, unbezwingbaren Lippen; das eckige Kinn mit seinem nach vorne gerichteten, aggressiven Vorstoß; die schmale, faltige und zusammengezogene Stirn und die funkelnden, scharfen Augen, die so vom Gips verunstaltet waren und so stark von den zottigen Augenbrauen überschattet wurden. Als er sprach, kam die Stimme schwer und vibrierend aus der großen Brust, ein rauer, tiefer Bass, eine Stimme, mit der man Männern Befehle erteilt, nicht eine Stimme, mit der man mit Frauen spricht.

Lloyd, seit langem darin geschult, sich selbst zu unterdrücken und ihre Gefühle zu kontrollieren, wenn solche Unterdrückung und Kontrolle notwendig waren, saß völlig regungslos auf ihrem Hochsitz, ihre Hände schlossen sich nur immer fester um die Zügel. Sie hatte sich oft gefragt, wie sie sich fühlen würde, was in solchen Momenten ihr vorherrschender Impuls sein würde, und jetzt wurde ihr klar, dass es nicht so sehr Freude, nicht so viel Aufregung war, sondern eine entschlossene Entschlossenheit, die sie nicht für einen Moment verlieren sollte ihre Haltung.

Sie dachte schnell nach. Vier Jahre lang hatten sie sich nicht getroffen. Einmal glaubte sie, er sei tot. Aber am Ende war er gerettet worden, war zurückgekommen und hatte sich, ohne auf den Beifall einer ganzen Christenheit zu achten, direkt an sie gewandt. Zumindest für einen von ihnen war dieses Treffen eine Krise. Was würden sie einander zuerst sagen? Wie kann man der Situation gerecht werden? Wie entfalten sich seine dramatischen Möglichkeiten? Aber der Moment war plötzlich gekommen und hatte sie alle unvorbereitet getroffen. Es blieb keine Zeit, über passende Worte nachzudenken. Als sie später diese Begegnung Revue passieren ließ, sagte sie sich, dass beide gescheitert waren und dass die Begegnung, wenn sie auf der Bühne oder auf den Seiten eines Romans getreu wiedergegeben worden wäre, harmlos und alltäglich gewirkt hätte. Diese beiden, die die tatsächliche Szene erlebten, mit all ihren tiefen, starken, echten Emotionen, die an die Oberfläche strömten, deren Vitalität, alle erregt und vibrierend, plötzlich mit der Realität selbst konfrontiert, waren nicht einmal natürlich;

waren nicht einmal „lebensecht". Es war, als hätten sie sich erst vor zwei Wochen getrennt.

Bennett nahm seine Mütze vom Kopf, kam auf sie zu und rief:

„Miss Searight, glaube ich."

Und sie streckte ihre rechte Hand über die linke aus, die noch immer die Zügel hielt, lehnte sich von ihrem hohen Sitz herab, schüttelte ihm die Hand und antwortete:

„Nun – Mr. Bennett, ich freue mich sehr, Sie wiederzusehen. Wo kommen Sie her?"

„Aus der Stadt – und vom 76. Grad nördlicher Breite."

„Ich gratuliere dir. Wir hatten die Hoffnung auf dich fast aufgegeben."

„Danke", antwortete er. „Wir waren selbst nicht so voller Hoffnung – die ganze Zeit. Aber ich hatte nicht das Gefühl, wirklich zurückgekommen zu sein, bis ich zum Beispiel die Straße zwischen Bannister und Fourth Lake erreicht hatte", und seine sein Gesicht entspannte sich zu seinem charakteristischen grimmigen Lächeln.

„Dann hast du es also zu spät erreicht", antwortete sie. „Dein Hund hat unseren Dan getötet und, was noch schlimmer ist, angefangen, ihn zu fressen. Er ist ein vollkommener Wilder."

„Kamiska? Na ja", fügte er nachdenklich hinzu, „es ist meine Schuld, dass ich ihr ein schlechtes Beispiel gegeben habe. Ich habe ihren Trace-Mate gegessen und war einmal kurz davor, Kamiska selbst zu essen. Aber ich bin nicht hierher gekommen, um es zu tun." darüber reden."

„Sie sehen ziemlich erschöpft aus, Mr. Bennett."

„Das nehme ich an. Der Arzt hat mich aufs Land geschickt, um die Rosen an meine blassen Wangen zurückzurufen. Also bin ich hierher gekommen – um zu geologisieren. Ich gehe davon aus, dass diese Ausrede genauso gut genügt wie eine andere." Dann rief er plötzlich: „Hallo, schnell , Miss Searight!"

Es kam alles so abrupt, dass keiner von ihnen die Szene hinterher einigermaßen genau rekonstruieren konnte. Wahrscheinlich hatte Bennett, als er den steilen Hang des Ufers hinuntergeklettert war, die Erde oder kleinere Steine gelockert, die bisher kaum als ausreichender Halt für die Masse aus Erde, Kies, Steinen und Büschen gereicht hatten, die auf einmal und mit einem scharfen, knisternden Geräusch rutschte vom überhängenden Ufer in Richtung Straße. Der Ausrutscher war klein, kaum mehr als drei Quadratmeter Erde bewegten sich von seiner Stelle, aber er kam mit einem geschickten, schnellen Ansturm, warf eine Staubwolke auf und verstreute Kieselsteine und harte Erdklumpen weit vor seinem Vorrücken.

Als Rox sprang, warf Lloyd ihr ganzes Gewicht zu plötzlich auf die Zügel, das Pferd krümmte den Hals und das Satteldach riss wie eine Harfensaite. Erneut wandte er sich von dem Objekt seines Schreckens ab, schüttelte den Kopf von einer Seite zur anderen und versuchte, einen Halt zu finden. Dann legte sich sein Unterkiefer an seine Brust und plötzlich wurde ihm klar, dass ihn jetzt kein Paar menschlicher Hände mehr halten konnte. Er bäumte sich nicht wieder auf; Seine Hüften senkten sich plötzlich, und mit den Hufen seiner Hinterfüße begann er, den Boden nach seinem Sprung abzutasten. Aber jetzt war Bennett an seiner Spitze, packte das Gebiss und versuchte, ihn zurückzustoßen. Lloyd, halb von ihrem Sitz aufgestanden, jeden Zügel zweimal um ihre Hände geschlungen, ihre langen, starken Arme in voller Reichweite, drückte sie mit aller Kraft gegen das Pferd, ihr Körper schwankte und zuckte bei seinen Sprüngen. Aber sobald die Oberleitung kaputt war, hätte Lloyd genauso gut gegen eine Lokomotive ziehen können. Bennett war von Natur aus ein mächtiger Mann, aber seine große Stärke war durch die jüngsten Erfahrungen nicht wenig geschwächt worden. Zwischen dem Moment, in dem seine Hand sich am Gebiss festhielt, und dem, in dem Rox seinen ersten erfolglosen Versuch machte, nach vorne zu springen, erkannte er die Ungleichheit des Kampfes. Er konnte Rox ein oder zwei, vielleicht drei Sekunden lang zurückhalten, dann würde das Pferd von ihm wegkommen. Er blickte sich um. Keine zwanzig Meter entfernt befanden sich der Kanal und die gefährlich schmale Brücke – die Brücke ohne Leitplanke.

„Schnell, Miss Searight!" er schrie. „Spring! Wir können ihn nicht halten. Schnell, tu, was ich dir sage, spring!"

Doch noch während er sprach, zerrte Rox ihn von den Füßen und trampelte mit seinen Hufen über die hohle Straße, bis es wie Trommelwirbel widerhallte. Mit zusammengebissenen Zähnen, scharlachrotem Gesicht und geschwollenen, plötzlich blauschwarzen Adern an seinem Hals stemmte sich Bennett gegen jede Unebenheit des Bodens und zerrte am Gebiss, bis das Maul des Pferdes blutete. Aber alles ohne Zweck; Immer schneller entkam Rox seiner Kontrolle.

„Spring, ich sage es dir!" schrie er erneut und blickte über seine Schulter; „Noch eine Sekunde und er ist weg."

Lloyd ließ die Zügel fallen und drehte sich um, um zu springen. Doch als sie aufgestanden war, war der Schoßmantel auf den Boden des Karrens gerutscht und hatte sich an ihren Füßen verheddert. Der Wagen schwankte wie ein Schiff im Sturm. Zweimal versuchte sie, sich zu befreien, indem sie sich mit einer Hand am Armaturenbrett festhielt. Dann machte der Karren plötzlich einen Satz nach vorne und sie fiel auf die Knie. Rox war weg; es war alles vorbei.

Nicht ganz. In einer kurzen Sekunde – eine schreckliche Vision kam und verschwand zwischen zwei Atemzügen – sah Lloyd das schreckliche Ding, das sich dort auf der Straße abspielte, fast in Reichweite ihrer Hand. Sie sah den Mann und das Pferd am Ringkampf, die gelbe Straße, die zwischen ihr und dem Kanal lag, den Kanal selbst und die schmale Brücke. Dann sah sie, wie der kurzstielige Geologenhammer, den Bennett mit der Faust umklammerte, hoch in die Luft schwebte. Es kam herab, schnell, widerstandslos, schrecklich – ein Schlag. Der Karren kippte nach vorne, als Rox langsam zusammenbrach und seine Knie nachgaben. Dann rollte er auf der Deichsel, die unter ihm brach, und der Karren vibrierte von einem Ende zum anderen, während ihn bei seinem letzten tiefen Atemzug ein langes, zitterndes Zittern durchlief.

V.

Als es Lloyd endlich gelang, sich zu befreien und zu Boden zu springen, kam Bennett schnell auf sie zu und zog sie an den Straßenrand.

"Bist du verletzt?" er forderte an. „Sag mir, bist du verletzt?“

„Nein, nein; nicht im Geringsten.“

„Warum in aller Welt wolltest du so ein Pferd fahren? Geh nie wieder ein solches Risiko ein. Ich werde es nicht zulassen.“

Für einige Momente war Lloyd zu aufgeregt, um sich zu trauen, zu sprechen, und konnte nur hilflos abseits stehen und Bennett dabei zusehen, wie er dem toten Pferd das Geschirr abnahm, es unter dem Sitz des Karrens verstaute und den Karren rollte selbst an den Straßenrand. Dann sagte sie schließlich und versuchte zu lächeln und ihre Stimme zu beruhigen:

„Mir kommt es so vor, Mr. Bennett, Sie machen mit meiner Stabblase ungefähr, was Sie wollen.“

"Hinsetzen!" Er befahl: „Du zitterst am ganzen Körper. Setz dich auf den Felsen dort.“

„– und mit mir“, fügte sie hinzu und ließ sich auf den Felsblock sinken, auf den er mit einer Kopfbewegung hingewiesen hatte, während seine Hände mit dem Geschirr beschäftigt waren.

„Es tut mir leid, dass ich das tun musste“, erklärte er; „Aber es gab keine Hilfe – nichts anderes zu tun. Er hätte dich in einer Sekunde im Kanal gehabt, wenn er dich nicht auf dem Weg dorthin getötet hätte.“

„Armer alter Rox“, murmelte Lloyd; „Ich mochte Rox sehr.“

Bennett stellte sich ihr in den Weg, als sie vortrat. Er hatte das Schoßgewand über dem Arm und die Peitsche in der Hand.

„Nein, sieh ihn nicht an. Er ist kein schöner Anblick. Komm, soll ich dich nach Hause bringen? Mach dir keine Sorgen um den Karren, ich werde dafür sorgen, dass er zurückgeschickt wird.“

„Und dass Rox begraben ist – irgendwo? Ich möchte nicht, dass er dort draußen vor den Krähen zurückbleibt.“ Trotz Bennetts Anweisung blickte sie einen Moment lang über die Schulter, als sie die Straße hinuntergingen. „Ich hoffe nur, dass Sie sicher waren, dass es nichts anderes zu tun gab, Mr. Bennett“, sagte sie.

„Ich hatte keine Zeit zum Nachdenken“, antwortete er, „und ich ging kein Risiko ein.“

Aber die Grausamkeit der ganzen Angelegenheit blieb in Lloyds Fantasie hängen. Es lag eine Primitivität, eine gewisse abscheuliche Einfachheit in der Art und Weise, wie Bennett mit der Situation umgegangen war, die sie mit Staunen und sogar ein wenig Angst und Misstrauen ihm gegenüber erfüllte. Die gewaltige, brutale Direktheit der Tat war zu dieser Zeit des Endes des Jahrhunderts fehl am Platz und unpassend. Es ignorierte zweitausend Jahre Zivilisation. Es war ein rauer, klirrender, unverschämter Ton, kraftvoll, unkompliziert, der klirrend hereinkam, unharmonisch und unharmonisch mit der Melodie der Zeit. Es erinnerte an die Tage, als Männer die Bestien mit ihren Händen oder mit ihren Knüppeln bekämpften. Aber es war auch ein Hinweis auf eine Kraft und eine Geisteskraft, die vor nichts zurückschreckte, um ihre Ziele zu erreichen, die den kürzesten Weg wählte, das direkteste Mittel, das Zögern verachtete, Zartheit und Finesse in maßloser Verachtung hegte und direkt zu ihrem Ziel eilte Ein Objekt, das eindringt, den Widerstand bricht, Hindernisse mit einer grenzenlosen, rohen, blinden Brobdignag-Kraft zerschmettert, um sich zu widersetzen, die sofort mit Füßen getreten werden muss.

Es dauerte lange, bis sich ihr Gespräch von dem Vorfall vom Vormittag abwandte, aber als es soweit war, ging es um Richard Ferriss. Bennett lobte und lobte gerade seinen Mut und seine Ausdauer während des Rückzugs vom Schiff, als Lloyd nach ein- oder zweimaligem Zögern fragte:

„Wie geht es Mr. Ferriss? In Ihrer Notiz sagten Sie, er sei krank."

„So ist er", sagte er zu ihr, „und ich hätte ihn nicht verlassen können, wenn ich nicht sicher gewesen wäre, dass ich ihm durch mein Bleiben Schaden zufüge. Aber der Arzt soll mir telegraphieren, wenn es ihm schlechter geht, und nur, wenn es so ist." Ich bin davon überzeugt, dass keine Nachrichten gute Nachrichten sind.

Aber dieses Treffen mit Lloyd und die intensive Aufregung dieser wenigen Augenblicke am Kanal hatten Bennett völlig aus dem Kopf geworfen, dass er seine derzeitige Adresse *weder* an Ferriss noch an seinen Arzt weitergeleitet hatte. Er hatte es an diesem Morgen so vorgehabt, aber plötzlich waren alle Kräfte seines Geistes auf ein anderes Thema konzentriert. Für den Moment glaubte er, dass er tatsächlich an Dr. Pitts geschrieben hatte, wie er es geplant hatte, und als er überhaupt an seine beabsichtigte Nachricht dachte, hielt er sie für eine vollendete Tatsache. Die Sache kam ihm nicht mehr in den Sinn.

Während er an Lloyds Seite ging, ihr zuhörte und mit ihr redete, dabei die Peitsche schnalzte oder mit der Peitsche die Köpfe der Königskerzen am Straßenrand abschlug, überlegte er, wie er ihr am besten sagen könnte, was er gekommen war von der Stadt zu sagen. Sich auf sein Thema einzulassen, das Gespräch zu leiten, den richtigen psychologischen Moment geschickt und ohne erkennbare Anstrengung vorzubereiten, waren Manöver in diesem

Spiel, die Bennett ignorierte und verachtete. Er wusste nur, dass er sie liebte, dass sie an seiner Seite war, dass der Gegenstand all seiner Wünsche und Hoffnungen in seiner Reichweite war. Direkt wie eine Brieftaube ging er seinem Ziel entgegen.

„Miss Searight", begann er, seine raue Bassstimme war noch tiefer als sonst, „was glauben Sie, warum ich hier unten bin? Das ist nicht der einzige Teil der Welt, in dem ich mich erholen könnte, nehme ich an, und was das betrifft." Den Tag Gottes damit verbringen, Steine zu schlagen, wie ein Professor an einem Seminar für junge Damen" – er warf den Hammer von sich in die Büsche – „das für Geologie! Jetzt können wir reden. Du weißt ganz genau, dass ich dich liebe, und ich." glaube, dass du mich liebst. Ich bin hierher gekommen, um dich zu bitten, mich zu heiraten."

Lloyd hätte auf jede erdenkliche Art und Weise antworten können. Aber was sie tat, was sie sagte, überraschte Bennett völlig. Etwas kühl und sehr ruhig antwortete sie:

„Du glaubst – du sagst, du glaubst, dass ich –", sie brach ab und begann dann erneut: „Es ist nicht richtig, dass du mir das sagst. Ich habe dich nie glauben gemacht, dass ich mich um dich sorge. Was auch immer unsere Beziehungen sind." sein, lassen Sie uns das sofort verstehen."

Bennett stieß einen ungeduldigen Ausruf aus: „Ich bin nicht gut im Fechten und Streiten", erklärte er. „Ich sage dir, dass ich dich von ganzem Herzen liebe. Ich sage dir, dass ich möchte, dass du meine Frau bist, und ich sage dir, dass ich weiß, dass du mich liebst. Du bist nicht wie andere Frauen; warum solltest du mit mir kokettieren." „Guter Gott! Bist du nicht groß genug, um über solchen Dingen zu stehen? Ich weiß, dass du es bist. Von allen Menschen auf der Welt sollten wir beide über allen Vorwänden stehen und einander verstehen. Wenn ich nicht wüsste, dass du dich um mich sorgst." Ich hätte nicht gesprochen.

„Ich verstehe dich nicht", antwortete sie. „Ich denke, wir sollten heute Morgen besser über andere Dinge reden."

„Ich bin hierher gekommen, um nur über dieses und nichts anderes zu reden", erklärte er.

„Also gut", sagte sie und straffte mit einer schnellen, energischen Bewegung ihre Schultern, „wir reden darüber. Du sagst, wir beide sollten uns verstehen. Lasst uns den Dingen sofort auf den Grund gehen. Ich verabscheue Streitereien." und vielleicht genauso viel Fechten wie du. Sag mir, wie ich dich jemals glauben lassen konnte, dass ich mich um dich sorge?"

„Zu einer Zeit, als unsere letzte Hoffnung verloren war", antwortete Bennett, als er ihr in die Augen blickte, „als ich dem Tod sehr nahe war und dachte, dass ich noch am selben Tag zu meinem Gott gehen würde, wurde ich glücklicher, als ich jemals gedacht hätte." in meinem Leben zuvor, indem ich herausgefunden habe, dass ich dir lieb war – dass du mich liebst."

Lloyd blickte überrascht und verwirrt in sein Gesicht.

„Ich verstehe dich nicht", wiederholte sie.

"Oh!" rief Bennett mit plötzlicher Heftigkeit aus, „Sie könnten es Ferriss sagen; warum können Sie es mir nicht sagen?"

„An Herrn Ferriss?"

„Du könntest *ihm sagen* , dass du dich interessierst."

„Ich – sagen Sie Mr. Ferriss –, dass Sie mir am Herzen liegen?" Sie begann zu lächeln. „Sie sind ein wenig absurd, Mr. Bennett."

„Und ich kann nicht verstehen, warum Sie es jetzt leugnen sollten. Oder wenn irgendetwas Sie dazu veranlasst hat, Ihre Meinung zu ändern – sich für das, was Sie gesagt haben, zu entschuldigen, warum sollte ich es dann nicht wissen? Sogar ein kleiner Dieb kann zu seiner eigenen Verteidigung angehört werden." Ich liebte dich, weil ich glaubte, dass du eine Frau bist, eine große, starke, edle Frau eines Mannes, über den kleinen Dingen, über den kleinen, lächerlichen, verachtenswerten Vorrichtungen des Salons. Ich habe dich geliebt, weil die großen Dinge der Welt Ich interessierte dich, weil du in deinem Leben keinen Platz für kleine Gefälligkeiten, kleine Affekte, kleine Täuschungen und Täuschungen und Unaufrichtigkeiten hattest. Wenn du mich nicht geliebt hast, warum hast du das gesagt? Wenn du mich jetzt liebst, warum solltest du es nicht zugeben Glaubst du, du kannst mit mir spielen? Glaubst du, du kannst mit mir kokettieren? Wenn du klein genug wärst, um dich auf solche Mittel einzulassen, glaubst du, dass ich klein genug bin, um mich ihnen zu unterwerfen? Ich kenne Ferriss zu gut. Ich weiß, dass er zu einer solchen Falschheit, wie Sie sie ihm vorwerfen würden, nicht in der Lage ist. Eine solche Lüge, eine so unangebrachte, nutzlose, unbegründete Lüge hätte er nicht erzählen können. Du musst ihm gesagt haben, dass es dir wichtig ist. Warum bist du – ausgerechnet du Frauen – nicht mutig genug, stark genug, groß genug, um zu deinen Worten zu stehen?"

„Weil ich sie nie gesagt habe. Was denkst du über mich? Selbst wenn es mich interessieren würde, glaubst du, ich würde das auch einem anderen Mann sagen? Oh!" rief sie mit plötzlicher Empörung, „Lass uns über etwas anderes reden. Das ist zu – absurd."

„Du hast Ferriss nie gesagt, dass du dich um mich sorgst?"

"NEIN."

Bennett nahm seine Mütze ab. „Also gut. Das reicht. Auf Wiedersehen, Miss Searight."

„Glauben Sie, dass ich Mr. Ferriss gesagt habe, dass ich Sie liebe?"

„Ich glaube nicht, dass der Mann, der für mich mehr war als ein Bruder, ein Lügner und ein Schurke ist."

„Guten Morgen, Mr. Bennett."

Zu diesem Zeitpunkt waren sie dem Bauernhaus schon ziemlich nahe gekommen. Ohne ein weiteres Wort gab Bennett die Peitsche und den Schoßmantel in ihre Hände, drehte sich auf dem Absatz um und ging die Straße hinunter.

Lloyd erzählte Lewis so viel wie nötig über den Unfall am Morgen am Kanal und gab Anweisungen für den Hundekarren und die Beerdigung von Rox. Dann ging sie langsam, mit starren und großen Augen, in ihr eigenes Zimmer hinauf und setzte sich, ohne Hut oder Handschuhe auszuziehen, auf die Bettkante, ließ ihre Hände schlaff in ihren Schoß fallen und starrte geistesabwesend auf das Weiße Der Vorhang bewegte sich gerade am offenen Fenster.

Sie konnte nicht sagen, was sie am meisten verletzte – dass Ferriss die Lüge erzählt hatte oder dass Bennett es glaubte. Aber warum, um Himmels willen, warum hatte Ferriss so zu Bennett gesprochen? welches Ziel hatte er im Auge; was hatte er davon? Warum hatte Ferriss, der Mann, der sie liebte, beschlossen, sie so zu demütigen und sie in eine Position zu bringen, die ihren Stolz und ihre Würde so sehr verletzte? Auch Bennett liebte sie. Wie konnte er glauben, dass sie sich so erniedrigt hatte?

Sie war zutiefst verletzt worden, an einem Punkt, an dem sie sich für am unangreifbarsten hielt, und der Mann, der die Waffe hielt, war der Mann, den sie mit ganzem Herzen und ganzer Seele liebte.

Ein Großteil der Situation überstieg sie. So sehr sie es auch versuchte, sie konnte es nicht verstehen. Eines jedoch sah sie klar und unmissverständlich: Bennett glaubte, dass sie ihn liebte, glaubte, dass sie Ferriss das auch erzählt hatte und dass sie, als sie jegliche Kenntnis von Ferriss' Lüge bestritt, nur mit ihm kokettierte. Sie kannte Bennett und seinen Charakter gut genug, um zu erkennen, dass eine Idee, die einmal in seinem Kopf verankert war, so gut wie unausrottbar war. Bennett war kein Mann der einfachen Veränderungen; nichts Bewegliches an ihm.

Der Gedanke an diesen Glauben Bennetts war unerträglich. Als sie dort allein in ihrem weißen Zimmer saß, flammte das trübe Purpurrot ihrer Wangen plötzlich scharlachrot auf, und mit einer schnellen, unwillkürlichen Geste schlug sie ihre Hand mit der Handfläche nach außen über ihr Gesicht, um es vor dem Sonnenlicht zu verbergen. Sie wechselte schnell von einer Stimmung zur anderen. Jetzt wuchs ihre Wut auf Ferriss plötzlich. Wie hatte er es gewagt? Wie hatte er es gewagt, ihr diese Demütigung, diese unerhörte Beleidigung anzutun? Jetzt richtete sich ihr Zorn auf Bennett. Welche Kühnheit hatte er gehabt zu glauben, dass sie sich selbst so vergessen würde? In ihrer ohnmächtigen Wut biss sie die Zähne zusammen, erhob sich mit geballten Händen und Tränen purer Leidenschaft stiegen ihr in die Augen.

Den größten Teil des Nachmittags blieb sie in ihrem Zimmer, ging von Wand zu Wand auf und ab und versuchte, klar zu denken und sich für etwas zu entscheiden, das die Situation wieder in Ordnung bringen, ihr ihren Seelenfrieden und ihre Würde zurückgeben würde ihr Glück des frühen Morgens. Denn jetzt war die große Freude, die sie über seine sichere Rückkehr empfunden hatte, so gut wie verflogen. Für einen Moment sagte sie sich sogar, dass sie ihn nicht lieben konnte, aber im nächsten war sie bereit zuzugeben, dass die Demütigung jetzt nur wegen ihrer Liebe zu ihm, so stark und tief wie eh und je, so tief und grausam schmerzte. Ferriss hatte über sie gelogen und Bennett hatte die Lüge geglaubt. An ein Wiedersehen mit Bennett unter solchen Umständen war keinen Augenblick zu denken. Ihr Urlaub war verdorben; der Charme des Landes war verschwunden. Lloyd kehrte am nächsten Tag in die Stadt zurück.

Sie stellte fest, dass sie froh war, wieder ihrer Arbeit nachgehen zu können. Das gedämpfte Murmeln der Stadt, das stündlich an ihre Fenster drang, war eine Erleichterung für ihre Ohren nach der tiefen und betäubenden Stille des Landes. Der Platz war noch nie so schön wie zu dieser Sommerzeit, und selbst die unruhigen Schattenbilder, die nach Einbruch der Dunkelheit von den durch die großen Ulmen auf dem Platz darunter scheinenden elektrischen Geräten an die Decke ihres Zimmers geworfen wurden, waren ein Vergnügen.

Am Morgen nach ihrer Ankunft kam Miss Douglass, als sie gerade ihren Koffer auspackte, in ihr Zimmer und setzte sich, ihrer Gewohnheit entsprechend, auf die Couch. Nach einem etwa halbstündigen Geben und Nehmen sagte die Fieberschwester:

„Erinnern Sie sich, Lloyd, was ich Ihnen im Frühjahr über Typhus erzählt habe – dass es fast eine Epidemie war?“

Lloyd nickte und drehte sich von ihrem Koffer um, die Arme voller Kleider.

„Jetzt ist es schlimmer als je zuvor“, fuhr Miss Douglass fort; „Drei unserer Leute waren nur in der kurzen Zeit, in der Sie weg waren, an Fällen beteiligt. Und in Medford gibt es einen Fall, bei dem eine Krankenschwester getötet wurde.“

"Also!" rief Lloyd einigermaßen erstaunt aus, „meiner Meinung nach sollte man Typhus leicht genug eindämmen können."

„Nicht immer, nicht immer", antwortete der andere; „Ein bösartiger Fall wäre genauso schlimm wie Gelbfieber oder Pocken. Sie erinnern sich, als wir im Krankenhaus waren, hat sich Miss Helmuth, diese kleine polnische Krankenschwester, durch ihren Fall damit angesteckt und ist gestorben, noch bevor es ihre Patientin tat. Dann war da noch Eva Blayne. Sie wäre fast gestorben. Mir gefiel die Art und Weise, wie Miss Wakeley diesen Fall nach Medford brachte, selbst als die andere Krankenschwester gestorben war. Sie zögerte nie, weil …"

„Hat einer unserer Leute diesen Fall bekommen?" fragte Lloyd.

„Natürlich. Habe ich es dir nicht gesagt?"

„Ich hoffe, wir heilen es", sagte Lloyd, ihr Kofferraumtablett in den Händen. „Ich glaube nicht, dass wir jemals einen Fall verloren haben, in dem eine gute Pflege es geschafft hätte, und bei Typhus ist die ganze Behandlung wirklich die Pflege."

„Lloyd", sagte Miss Douglass entschieden, „ich würde alles geben, was mir jetzt einfällt, um an Ihrem Hüftkrankheitsfall beteiligt zu sein und meinen Patienten so durchgebracht zu haben, wie Sie es getan haben. Sie sollten hören, was Dr. Street über Sie sagt – und der Vater des kleinen Mädchens. Übrigens hätte ich es fast vergessen. Hattie Campbell – so heißt sie, nicht wahr? – hat angerufen, um zu erfahren, ob du schon aus dem Land zurückgekommen bist. Das war gestern. Ich sagte, wir erwarteten dich heute, und sie sagte mir, ich solle sagen, dass sie dich besuchen würde.

Am nächsten Nachmittag gegen drei Uhr fuhren Hattie und ihr Vater in einer offenen Kutsche zum Platz, wobei Hattie einen großen Strauß Veilchen für Lloyd trug. Der kleine Invalide war inzwischen auf dem besten Weg, sich vollständig zu erholen. Manchmal durfte sie ein wenig laufen, aber manchmal wurde sie von ihrer Magd auf einem Behindertenstuhl herumgerollt. Zur körperlichen Betätigung fuhr sie häufig mit der Kutsche hinaus. Sie würde zweifellos immer ein wenig hinken, aber am Ende war es sicher, dass sie gesund und stark sein würde. Für Hattie und ihren Vater war Lloyd zu einer Art schützender Halbgottheit geworden. In dem, was von der Familie übrig geblieben war, hatte sie ihren Platz und wurde kaum weniger verehrt als selbst die verstorbene Frau. Campbell selbst, der mit Bessemer-Stahl ein Vermögen gemacht hatte, ein gutaussehender, gepflegter Herr, glattrasiert und mit nicht zu grauem Haar, ertappte sich mehr als einmal dabei, wie er vor Lloyds Bild stand, das auf dem Kaminsims bei Hattie's stand Zimmer und betrachtete es vage, während er die Spitze seiner Zigarre abtrennte.

Aber dieses Mal, als die Kutsche vor dem großen Haufen des Hauses anhielt, rief Hattie: „Oh, da ist sie jetzt", und Lloyd kam die Treppe hinunter, die Tasche ihrer Krankenschwester in der Hand.

„Sind wir zu spät?" begann Hattie; „Gehst du aus; hast du einen Fall? Hast du deshalb deine Tasche dabei? Wir dachten, du wärst im Urlaub."

Campbell gab einem gewissen Unbehagen darüber nach, dass Lloyd auf dem Bordstein stehen bleiben sollte, während er sitzenblieb, stieg aus dem Wagen und stellte sich an ihre Seite, während er ernst dem Gespräch zwischen der Krankenschwester und ihrem ehemaligen Patienten zuhörte. Lloyd musste es erklären und wandte sich mal an Hattie, mal an ihren Vater. Sie sagte ihnen, dass sie es ziemlich eilig hatte. Sie war gerade extra gerufen worden, um einen sehr schlimmen Fall von Typhus in einem kleinen Vorort der Stadt namens Medford zu behandeln. Sie war nicht an der Reihe zu gehen, aber die behandelnden Ärzte hatten, wie es manchmal vorkam, speziell für sie gebeten.

„Eine unserer Leute, eine junge Frau namens Miss Wakeley, war an diesem Fall beteiligt", fuhr sie fort, „aber es scheint, dass sie sich selbst die Krankheit zugezogen hat. Sie ist heute Mittag ins Krankenhaus gegangen."

Campbell, dessen Ernst plötzlich gebrochen war, rief aus:

„Sicher, Miss Searight, das ist nicht derselbe Fall, von dem ich gestern in der Zeitung gelesen habe – das muss auch der Fall sein – der Ort hieß Medford. Bei diesem Fall ist bereits eine Krankenschwester ums Leben gekommen, und jetzt ist die zweite gestorben. Don Sag mir nicht, dass du den gleichen Fall übernehmen wirst.

„Es ist derselbe Fall", antwortete Lloyd, „und natürlich werde ich ihn annehmen. Haben Sie jemals von einer Krankenschwester gehört, die etwas anderes getan hat? Nun, es scheint – kommt mir so – komisch vor –"

Es ließ sich nicht davon abbringen, und Campbell und Hattie hörten schon bald auf, es auch nur zu versuchen. Sie konnte es kaum erwarten, weg zu sein. Der Bahnhof war ganz in der Nähe, und sie wollte nichts davon wissen, mit der Kutsche dorthin zu fahren. Bevor sie jedoch ging, kam sie noch einmal auf das Thema ihres Briefes an Mr. Campbell zurück, und dann und da wurde beschlossen, dass Hattie und ihre Zofe die nächsten zehn Tage bei Lloyd in Bannister verbringen sollten. Die stille Landluft würde ihr jetzt, da Hattie die kurze Reise antreten konnte, mehr schaden als viele Medikamente, und die Ponys und Lloyds Phaeton würden dort bei Lewis bleiben und ihr zur Verfügung stehen.

„Und schreiben Sie oft, nicht wahr, Miss Searight?" rief Hattie aus, als Lloyd sich verabschiedete. Lloyd schüttelte den Kopf.

„Nicht gerade das", antwortete sie. „Wenn ich das täte, könnten auch Sie an Typhus erkrankt sein. Aber Sie können mir schreiben, und ich hoffe, Sie werden es tun", und sie gab Hattie ihre neue Adresse.

„Harriet", sagte Campbell, als die Kutsche über den Platz zurückfuhr. Vater und Tochter winkten Lloyd zu, während sie zügig zum Bahnhof ging. „Harriet."

„Ja, Papa."

„Da geht eine edle Frau. Mut, Intelligenz, starker Wille – sie hat sie alle – und ein großes Herz, das – Herz, das –" Er schnitt nachdenklich das Ende einer Zigarre ab und verstummte.

Ein oder zwei Tage später, als Hattie in ihrem kleinen Rollstuhl auf der Veranda von Mrs. Applegates Haus saß und Charley-Joe dabei zusah, wie er unter den Johannisbeersträuchern Heuschrecken jagte, war sie überrascht, als sich das Eingangstor plötzlich schloss. Ein riesiger Mann mit einem schielenden Auge und einem schweren, kantigen Kiefer kam den Weg herauf, gefolgt von einem seltsam aussehenden Hund. Charley-Joe zog sich schnell in sein spezielles Loch unter der Veranda zurück, bewegte sich schnell, den Körper tief auf dem Boden, und machte unnötig viele sehr kurze Schritte.

Das kleine Stadtmädchen unterschied den Besucher sofort von einem Landmann. Hattie hatte ihre eigenen Vorstellungen von Anstand und stand daher auf, als Bennett herankam, und nach kurzem Zögern machte sie eine kleine Verbeugung vor ihm. Bennett nahm sofort ernst seine Mütze ab.

„Entschuldigung", sagte er, als wäre Hattie fünfundzwanzig statt zwölf. „Ist Miss Searight zu Hause?"

„Oh", rief Hattie entzückt, „kennen Sie Miss Searight? Sie war meine Krankenschwester, als ich so krank war – weil Sie wissen, dass ich eine Hüfterkrankung hatte und eine Operation durchgeführt wurde. Nein, sie ist nicht mehr hier. Sie ist weg." , zurück in die Stadt gegangen.

„Zurück in die Stadt gegangen?"

„Ja, vor drei oder vier Tagen. Aber ich werde ihr heute Nachmittag schreiben. Soll ich sagen, wer angerufen hat?" Dann, ohne eine Antwort abzuwarten, fügte sie hinzu: „Ich schätze, ich sollte mich besser vorstellen. Mein Name ist Harriet Campbell und mein Papa ist Craig V. Campbell von der Hercules Wrought Steel Company in der Stadt. Das hast du bestimmt auch nicht." ein Stuhl?"

Der kleine Genesende und der Polarforscher schüttelten sich mit großer Feierlichkeit die Hand.

„Ich freue mich sehr, Sie kennenzulernen", sagte Bennett. „Ich habe keine Karte, aber mein Name ist Ward Bennett – von der Freja-Expedition", fügte er hinzu. Doch zu seiner Erleichterung hatte das kleine Mädchen noch nichts von ihm gehört.

„Sehr gut", sagte sie, „ich werde Miss Searight sagen, dass Mr. Bennett angerufen hat."

„Nein", antwortete er zögernd, „nein, das brauchen Sie nicht."

„Na ja, sie wird meinen Brief nicht beantworten, wissen Sie", erklärte Hattie, „weil sie Angst hat, dass ihre Briefe mir Typhus bescheren könnten, dass sie", fuhr sie vorsichtig fort und wagte einen auswendig gelernten Satz, „die Ansteckung übertragen könnten." Sehen Sie, sie ist nach Medford in der Nähe der Stadt gefahren, um dort einen schrecklichen Fall von Typhus zu pflegen, und wir sind so besorgt und besorgt um sie – Papa und ich. Eine Krankenschwester, die diesen Fall hatte, ist bereits gestorben und eine andere hat sich angesteckt Sie hat die Krankheit und ist sehr krank, und Miss Searight würde gehen, obwohl sie wusste, wie gefährlich es war, einfach so – so –" Hattie zögerte, dann kamen verwirrte Erinnerungen an ihren Schulvorleser auf sie zu und endete mit „wie Casabianca".

„Oh", sagte Bennett und drehte seinen Kopf, um sie mit seinem eigenen gesunden Auge zu fixieren. „Sie ist gegangen, um einen Patienten mit Typhus zu pflegen, oder?"

„Ja, und Papa hat mir gesagt –" und Hattie wurde plötzlich sehr ernst, „dass wir sie vielleicht – vielleicht – oh mein Gott – nie wieder sehen."

„Hm! Wo ist dieser Ort in Medford? Sie hat dir ihre Adresse gegeben; was ist das?" Hattie erzählte es ihm, und er entfernte sich abrupt.

Bennett hatte die Straße bereits ein kleines Stück zurückgelegt, bevor ihn der wahre Schock überkam. Lloyd befand sich in einer Situation unmittelbarer Gefahr; Ihr Leben stand im Mittelpunkt. Mit blinder, unvernünftiger Direktheit gelangte er sofort zu dieser Schlussfolgerung, und während er mit geschlossenen Zähnen und geballten Fäusten weiterging, murmelte er immer wieder vor sich hin: „Sie könnte sterben, sie könnte sterben – wir – wir werden sie vielleicht nie wieder sehen." Dann kam plötzlich die Angst, der Übelkeit erregende Niedergang des Herzens, das Würgen im Hals, zuerst das Anspannen und dann das plötzliche Entspannen aller Nerven. Gepeitscht und gequält von dem Gefühl einer schrecklichen Katastrophe, eines unaussprechlichen Kummers, der ihn verfolgte, hörte Bennett nicht auf, nachzudenken und nachzudenken. Er entschied sich sofort für die Annahme, dass Lloyd ihrem Tod nahe war, und sobald sich dieser Gedanke in seinem Gehirn festgesetzt hatte, konnte er ihn nicht mehr abtun. Plötzlich blieb er an einer Straßenbiegung stehen, die Hände tief in den Taschen, sein Stiefelabsatz grub sich in den Boden. „Nun", rief er, „was ist zu tun?"

Nur eines: Lloyd muss den Fall sofort verlassen, wenn möglich noch am selben Tag. Er muss sie retten; Sie musste sich von dieser Zerstörung abwenden, auf die sie, getrieben von solch einer törichten, falschen Vorstellung von Pflicht, zustürmte.

„Ja", sagte er, „das muss einfach getan werden, und, bei Gott! Es wird getan."

Aber würde Lloyd von einem Kurs abgebracht werden, den sie selbst gewählt hatte? Konnte er sie überzeugen? Doch bei diesem Gedanken an eine mögliche Opposition verschärfte sich Bennetts Entschlossenheit auf einmal bis zum Knackpunkt. Noch nie war seine Entschlossenheit in den dunkelsten Stunden seines Kampfes mit dem arktischen Eis so heftig geworden; Noch nie war sein Entschluss so gefestigt und so entschlossen, den Widerstand niederzuschlagen. Die Kraft seines Willens schien sich abrupt zu vervierfachen und zu verzehnfachen. Er würde tun, was er wollte; Was auch immer kommen würde, er würde sein Ziel erreichen. Er würde vor nichts Halt machen, vor nichts zögern. Es würde wahrscheinlich schwierig sein, sie von ihrem Posten zu holen, aber mit der ganzen Kraft seines Riesen machte sich Bennett daran, sie in Sicherheit zu bringen.

Ein wichtiger Punkt, von dem er glaubte, dass er zu seinen Gunsten war und der ihn dazu veranlasste, einen so unwiderruflichen Entschluss zu fassen, war seine Überzeugung, dass Lloyd ihn liebte. Bennett war kein Frauenmann. Männer konnte er wie viele Menschenpuppen verstehen und handhaben, aber die Natur seines Lebens und seiner Arbeit ermöglichte es ihm nicht, Frauen zu kennen. Bennett verstand sie nicht. In seinem Interview mit Lloyd, als sie Ferriss' Geschichte so energisch dementiert hatte, konnte Bennett den Klang der Wahrheit nicht erkennen. Es war ihm klar geworden, dass Lloyd ihn liebte. Er glaubte leicht, was er glauben wollte, und sein Glaube an Lloyds Liebe zu ihm war zu einem festen Bestandteil seiner grundlegenden Vorstellung von den Dingen geworden und ließ sich nicht einmal von Lloyd selbst so leicht vertreiben.

Bennetts Beschluss wurde angenommen. Noch nie war es ihm gescheitert, das zu erreichen, was er sich vorgenommen hatte. Er würde jetzt nicht scheitern. Jenseits einer bestimmten Grenze – einer Grenze, die er jetzt schnell erreichte und überschritt – wurde Bennetts Entschlossenheit, seinen Standpunkt durchzusetzen, sozusagen zu einer Art Obsession; Der Schwung der gewaltigen Macht, die er entfesselte, riss sein eigenes Selbst in seinem unwiderstehlichen Ansturm mit sich. In solchen Zeiten fehlte in seinen Taten jegliche Vernunft. Er sah nur seinen Standpunkt, sah nur sein Ziel; taub gegenüber allen Stimmen, die ihn zurückrufen würden, blind gegenüber allen Überlegungen, die ihn zum Ausweichen verleiten würden, rücksichtslos gegenüber allem, was er mit Füßen trat, hielt er an seinem Ziel fest, bis dieses Ziel erreicht war. Als der Griff des Eises drohte, sich um ihn zu schließen und ihn zu zermalmen, warf er sich mit einer Energie und Eroberungsentschlossenheit gegen die Barrieren, die fast an gezielte Raserei grenzten. So war es jetzt bei ihm.

***

Als Lloyd sich auf dem Platz vor dem Haus von den Campbells verabschiedet hatte, war sie direkt zum Bahnhof einer Vorortlinie gegangen und war innerhalb einer Stunde auf dem Weg nach Medford. Wie immer, wenn ein interessanter Fall zu behandeln war, füllte sich ihr Geist nach und nach damit und schloss alles andere aus. Die Campbells und Bennetts bereitwillige Akzeptanz einer Geschichte, die sie in ein so demütigendes Licht rückte, gerieten in Vergessenheit, als der Zug sie aus der Hitze und dem Staub der Stadt hinaus in die grünen Weiten des Landes im Süden trug. Was in dem Fall geschehen war, konnte sie nicht sagen. Sie wusste nur, dass der Fall von ungewöhnlicher Virulenz und weit fortgeschritten war. Es hatte bereits eine Krankenschwester getötet und das Leben einer anderen ernsthaft gefährdet, aber Lloyd dachte bisher nicht über die Gefahr nach, die für sie selbst bestand, sondern empfand eine gewisse Erheiterung bei dem Gedanken, dass von ihr erwartet wurde, dass sie Erfolg hat, wo andere unterlegen waren. Ein weiterer Kampf mit dem Feind stand bevor, dem Feind, der, obwohl er auf hundert Feldern besiegt wurde, am Ende unweigerlich siegen musste. Wieder einmal hatte sich dieser Feind gebückt und einen Menschen in seinem kalten Griff gefangen. Wieder einmal befanden sich Leben und Tod im Ringen, und der Tod war stark, und aus dem Kampf heraus war ein Schrei gekommen – war zu ihr gekommen – ein Schrei um Hilfe.

Die ganze Ausgelassenheit des Kampfes wuchs in ihrer Brust. Sie war ungeduldig, dort zu sein – in unmittelbarer Nähe –, um sich dem Feind erneut auf der anderen Seite des Krankenbetts zu stellen, wo sie ihm zuvor schon so oft gegenübergestanden und ihn besiegt hatte; und sie stellte ihre Stärke gegen seine Stärke, ihren Eigensinn gegen seine Stärke – die Stärke, die ihr das Leben entreißen würde –, ihre schlaflose Wachsamkeit gegen seine Heimlichkeit, ihre Intelligenz gegen seine List, ihren Mut gegen seine Schrecken, ihren Widerstand gegen seinen Angriff , ihr Können gegen seine Strategie, ihre Wissenschaft gegen seine uralte, weltweite Erfahrung, den Kampf gewinnen, das Leben retten, seinem langsamen, widerstandslosen Sog standhalten und erneut triumphieren, wenn es nur für einen Tag wäre.

Sie würde und muss Erfolg haben. Ihre angeborene Hartnäckigkeit, ihre starke Weigerung, ihren Platz aufzugeben, was auch immer es sein sollte, ihre hartnäckige Widerstandskraft, ihre Hartnäckigkeit in der gewählten Richtung kamen ihr zu Hilfe, als sie sich schnell dem Ort näherte, an dem die Schlacht ausgetragen werden sollte. Sie wappnete sich geistig und hielt sich mit all ihrer feinen, hartnäckigen, angeborenen Kraft zurück. Nein, sie würde das Leben nicht dem Feind überlassen; nein, sie würde nicht aufgeben; Nein, sie würde nicht zurücktreten. Lassen Sie den Feind sein Schlimmstes tun – er war stark gegen seine Bemühungen.

In Medford, das sie nach einer einstündigen Fahrt von der Stadt aus gegen vier Uhr nachmittags erreichte, fand sie ein Transportmittel vor, das auf sie wartete, und fuhr schnell durch Straßen, die von Villen und kurzrasierten Rasenflächen gesäumt waren, zu einem ziemlich großen Landsitz am Rande der Stadt. Die Haushälterin empfing sie an der Tür mit der Information, dass der Arzt sich gerade im Krankenzimmer befinde und den Befehl gegeben habe, die Krankenschwester sofort zu ihm zu bringen, sobald sie ankomme. Die Haushälterin zeigte Lloyd den Weg zum zweiten Treppenabsatz, klopfte an die halboffene Tür am Ende des Flurs und führte sie hinein, ohne auf eine Antwort zu warten.

Lloyd erfasste das Zimmer mit einem Blick – die eng zugezogenen Vorhänge, den Schirm zwischen dem Bett und den Fenstern, den Arzt, der auf dem Kaminvorleger stand, und das vom Fieber entzündete Gesicht des Patienten auf dem Kissen. Dann konnte ihre ganze Kraft der Selbstbeherrschung sie nicht davon abhalten, einen unterdrückten Ausruf auszustoßen.

Denn sie, die Frau, die Bennett mit all seiner wilden Energie liebte, war unter Lebensgefahr gekommen, um Bennetts engsten Freund zu pflegen, den Mann aller anderen, die ihm am Herzen lagen – Richard Ferriss.

VI.

Zwei Tage, nachdem Dr. Pitts Ferriss in sein Landhaus am Stadtrand von Medford gebracht hatte, konnte er seine Krankheit als Typhus diagnostizieren und machte sich sofort daran, Bennett die Tatsache zu telegrafieren. Dann war ihm klar geworden, dass er nicht wusste, wohin Bennett gegangen war. Bennett hatte es versäumt, ihn über seinen gegenwärtigen Aufenthaltsort zu informieren, und hatte sich, dem Rat von Dr. Pitts folgend, vor allen versteckt. Weder in seinem Club noch in seinem Hotel, wo sich seine Post in außergewöhnlichen Mengen ansammelte, war eine Nachsendeadresse hinterlassen worden. Bennett wusste nicht einmal, dass Ferriss nach Medford verlegt worden war. Umso schlimmer. Es war nicht zu ändern. Dem Arzt blieb nichts anderes übrig, als Bennett in Unwissenheit zu lassen und so gut er konnte für Ferriss' Leben zu kämpfen. Pitts sorgte dafür, dass ein Bruderarzt seine Praxis übernahm, und widmete sich ganz Ferriss. Und Ferriss wurde immer kranker und es wurde immer schlimmer. Das Fieber erreichte regelmäßig ein bestimmtes Stadium, ein Stadium unmittelbarer Gefahr, und hielt dort an. Selten war Pitts dazu aufgerufen worden, eine virulentere Form der Krankheit zu bekämpfen.

Was die Sache noch schlimmer machte, war, dass Ferriss so lange durchgehalten hatte, ohne sich auf die eine oder andere Weise zu verändern. Pitts war schon seit langem von einer Geschwürbildung in der Darmschleimhaut überzeugt, aber es erstaunte ihn, dass dieses Symptom so lange anhielt, ohne Anzeichen eines Fortschreitens oder einer Abschwächung. Der Krankheitsverlauf verlief ungewöhnlich langsam. Die erste Krankenschwester hatte bereits Zeit gehabt, krank zu werden und zu sterben; ein zweiter war infiziert, und dennoch „hielt Ferriss durch", weder sank er noch besserte er sich, und dennoch lag er jede Stunde gefährlich nahe dem Tod. Es kam nicht oft vor, dass Tod und Leben sich so lange gegenüberstanden, nicht oft waren die Chancen so ausgeglichen. Es gab viele Stunden, viele gab es Momente, in denen ein Haar das Gleichgewicht verändert hätte, und doch blieb das Gleichgewicht erhalten.

Als sie plötzlich Ferriss erkannte, diesen Patienten, den sie pflegen sollte und dessen Einfluss auf das Leben so erbärmlich schwach war, machte Lloyds Herz einen großen Satz und sank dann bedrohlich in ihrer Brust. Ihr erstes Gefühl war grenzenlose Selbstvorwürfe. Warum hatte sie davon nichts gewusst? Warum hatte sie Bennett nicht genauer zur Krankheit seines Freundes befragt? Hätte sie so etwas nicht erwartet? War Typhus nicht das einzige Übel, das man nach Erfahrungen wie Ferriss befürchten und vorhersehen musste – die Strapazen und Entbehrungen des Marsches über das Eis und die folgenden Monate an Bord des Dampfwalfängers mit seinem schlechten Essen, seinem Dreck und seinen Unvermeidlichkeiten? Überfüllung?

Und während sie auf dem Land herumlungerte, war dieser Mann, den sie seit ihrer Kindheit besser und länger kannte als alle ihre wenigen Bekannten, niedergeschlagen worden und von Tag zu Tag schwächer, kränker und ausgezehrter geworden, bis jetzt Zu jeder Stunde und zu jedem Zeitpunkt könnte das Leben ausgelöscht werden wie der Kampf einer erloschenen Kerze. Was für eine erbärmliche Inkompetenz war sie gewesen! An jenem Tag im Park, als sie auf ihn gestoßen war, so schwach und gebrochen und erschöpft, warum hatte sie trotz all ihrer Ausbildung und Erfahrung nicht gewusst, dass schon damals die Flamme bis zur Steckdose hinabflackerte, dass ein Glied in der ... Silberkette wurde schwächer? Jetzt war es vielleicht zu spät. Doch schnell erhob sich ihr ursprünglicher Eigensinn zum Protest. NEIN! Sie würde das Leben nicht hergeben. Nein nein Nein; schon wieder und tausendmal nein! Er gehörte ihr. Andere hatte sie gerettet, andere waren ihr weit weniger am Herzen als Ferriss. Ihre letzte Patientin − das kleine Mädchen − hatte sie in der elften Stunde vom Tod gerettet, und ausgerechnet sie würde Ferriss nicht retten? Bei einer solchen Krankheit war man auf die Krankenschwester und nicht auf den Arzt angewiesen. Und noch einmal, nie so stark, nie so schön, nie so herrlich, ihre herrliche Unabhängigkeit, ihr Stolz auf ihre eigene Stärke, ihr unbezähmbares Selbstvertrauen sprangen in ihrer Brust, sprangen und standen fest, hart wie gehärteter Stahl, dem Kopf entgegen der Feind, der den Angriff wagt, trotzig, unerschütterlich, unerschütterlich in seiner Entschlossenheit, unbesiegbar in der unerschütterlichen Beharrlichkeit seiner Absicht.

Die Geschichte, die Ferriss Bennett erzählt hatte, diese unangebrachte und unerklärliche Lüge, war vergessen. Der Tod stand am Kopfende des Bettes, und in diesem Zimmer hatten die kleinen Dinge des Lebens keinen Platz. Der König hielt Hof, und der Schwarm kleiner, alltäglicher Angelegenheiten hatte, wie eine Schar unbedeutender Höflinge, keinen Zutritt zu seiner Anwesenheit. Ferriss' Leben war in Gefahr. Mehr sah Lloyd nicht. Sofort machte sie sich an die Arbeit.

In ein paar schnellen Sätzen, die sie mit leiser Stimme zwischen ihr und dem Arzt wechselte, machte Lloyd sich mit dem Fall vertraut.

„Anstelle des Kältebades haben wir Eis- und Nasspackungen verwendet, um die Temperatur zu senken", erklärte der Arzt. „Ich habe Angst vor Perikarditis."

"Chinin?" fragte Lloyd.

„Von zwanzig bis vierzig Gran morgens und abends. Hier ist die Temperaturtabelle der letzten Woche. Wenn wir diesen Punkt in der

Achselhöhle noch einmal erreichen –" er deutete mit einem Daumennagel auf einhundertzwei Grad – „müssen wir es tun." riskiere das kalte Bad, aber nur in diesem Fall.

„Und die Pauken?"

Dr. Pitts reckte sein Kinn in die Luft.

„Schwierig – da ist ein Darmgeschwür, daran besteht kein Zweifel, und wenn es perforiert – dann können wir den Bestatter holen."

„Hat er Blutungen gehabt?"

„Zwei in der ersten Woche, aber nicht übermäßig – er schien sich danach ziemlich gut zu erholen. Wir haben Äther gegen Anämie injiziert. Wirklich, Miss Searight, der Fall ist interessant, aber böse, böse wie die Erbsünde. Hat mich getötet." Erste Krankenschwester außer Kontrolle – guter kleiner Junge, gewissenhaft genug; kümmerte sich nicht um sich selbst; aß seine Mahlzeiten gegen meinen Willen im Krankenzimmer; los ging es – dikrotischer Puls, Durchfall, Erbrechen, Krankenhaus, Thrombose der Lungenarterie, *Puff*, requiescat."

„Und Miss Wakeley?"

„Gestern war sie umgekippt, und sie war nachts und morgens ziemlich mit Kreolin gesättigt. Ich weiß nicht, wie das passiert ist ... Nun, Gott für uns alle. Hier ist er – das ist der Punkt für uns." Er blickte zum Bett und zum dritten Mal blickte Lloyd den Patienten an.

Ferriss befand sich in einem stillen Delirium, und hinter seinen trockenen, braunen und rissigen Lippen erklang von Zeit zu Zeit leises und undeutliches Gemurmel. Abgesehen von einer gewissen Hervorhebung der Wangenknochen war sein Gesicht nicht sehr abgemagert, aber seine Haut hatte eine seltsame, düstere Blässe. Die Kühlpackung lag wie eine Art karikierte Krone um seinen Kopf.

„Nun", wiederholte Pitts kurz, „ich habe darauf gewartet, dass Sie kommen, um sich ein wenig auszuruhen. War letzte Nacht die ganze Nacht wach. Angenommen, Sie übernehmen die Leitung."

Lloyd nickte, zog Hut und Handschuhe aus und machte sich bereit. Pitts gab ihr noch einige letzte Anweisungen und ließ sie allein im Krankenzimmer. Für den Patienten gab es im Moment nichts zu tun. Lloyd zog ihre Krankenhauspantoffeln an und bewegte sich schweigend im Zimmer umher, bereitete sich auf die Nacht vor und nahm ein paar Änderungen in Sachen Licht und Belüftung vor. Dann nahm die Medizin eine Zeit lang ihre Aufmerksamkeit in Anspruch, und sie gab sich große Mühe, die antiseptischen und desinfizierenden Mittel sorgfältig von den Medikamenten selbst zu trennen. Letztere ordnete sie einzeln auf einem Tisch an, studierte die Etiketten und überzeugte sich von ihrem Nutzen. Chinin für die regelmäßige Morgen- und Abenddosis, Sulfonal und Trional gegen Schlaflosigkeit, Äther für Injektionen bei Anämie nach einer Blutung, Morphin gegen Delirium, Citrit oder Koffein gegen Herzschwäche, Baldriantinktur gegen Trommelfell, Wismut zur Linderung von Übelkeit usw Erbrechen und das in Flanelltücher gewickelte Crushed Ice als Kühlpackung bei Hyperpyrexie.

Später am Abend maß sie die Temperatur in der Achselhöhle, notierte den Zustand des Pulses und schaffte es, Ferriss – immer noch in seinem ruhigen, murmelnden Delirium – dazu zu bringen, ein Glas peptonisierte Milch zu trinken. Sie verabreichte das Chinin und las dabei, wie es ihre Gewohnheit war, dreimal das Etikett, einmal beim Aufnehmen, noch einmal beim Abmessen der Dosis und ein letztes Mal beim Zurückstellen der Flasche an ihren Platz. Alles, was sie tat, jede winzige Veränderung in Ferriss' Zustand, trug sie in eine Tabelle ein, damit Dr. Pitts sie morgens, wenn sie abgelöst werden sollte, auf einen Blick erfassen konnte.

Die Nacht verging ohne die erwarteten Schwankungen des Pulses und der Temperatur, obwohl Lloyd sich bei Tagesanbruch vorstellen konnte, dass Ferriss für einige Augenblicke aus seinem Delirium erwachte und sich seiner Umgebung bewusst wurde. Für ein paar Sekunden schienen seine Augen wieder etwas von ihrer Intelligenz zu gewinnen, und sein Blick wanderte neugierig durch den Raum. Aber Lloyd, die am Fußende des Bettes saß, wandte den Kopf von ihm ab. Es war nicht sinnvoll, dass Ferriss sie jetzt erkannte.

Lloyd konnte nicht umhin, die Weisheit zu loben, Ferriss zu Dr. Pitts' eigenem Haus an einem so ruhigen Ort wie Medford zu bringen. Der Arzt riskierte nichts. Er hatte keine Familie, die einzigen weiteren Bewohner des Hauses waren die Haushälterin und die Köchin. Bei mehr als einer Gelegenheit, wenn ein interessanter Fall ständige Beobachtung erforderte, hatte Pitts sein Haus als Sanatorium genutzt. So ruhig das kleine Dorf selbst auch war, das Haus lag etwas abseits vom Stadtrand. Die Luft war schön und rein. Die Stille, die Ruhe, die ununterbrochene Ruhe war fast wie ein Sabbat. In den frühen Nachtstunden, kurz vor Tagesanbruch, hörte Lloyd das leise Rumpeln eines vorbeifahrenden Zuges am fast fünf Meilen entfernten Bahnhof. Stundenlang waren dies und das anhaltende Schreien der Grillen die einzigen Geräusche. Dann endlich, während es noch dunkel war, ertönte unter der Dachtraufe und von den Apfelbäumen im Hof rund um das Haus ein schwaches Zwitschern der erwachenden Vögel. Lloyd ging zum Fenster, zog die Vorhänge beiseite und blieb einen Moment stehen und blickte hinaus. Sie konnte einen Teil der Straße sehen, die in die Stadt führte, und in der Ferne den Rand der Stadt selbst, ein paar gepflegte Landhäuser von

Vorstadtbewohnern der Stadt und weiter entfernt einen großen, rechteckigen Backstein Gebäude mit Kuppel und Fahnenmast, vielleicht die öffentliche Schule oder die Bank oder die Odd Fellows' Hall. In der Nähe waren Felder und Weideland, und hier und da waren die formlosen Umrisse schlafender Kühe zu erkennen. Während Lloyd zusah, veränderte eine davon ihre Position, und sie konnte fast den langen, tiefen Atemzug hören, der die Bewegung begleitete. In der Ferne, kilometerweit, so schien es, krähte in exakten Abständen ein Hahn. Plötzlich und ganz in der Nähe antwortete ein anderes – ein fröhliches, lebhaftes Glockenspiel, das augenblicklich das Echo weckte. Zum ersten Mal bemerkte Lloyd tief im Osten einen blassen, trüben Lichtstreifen.

Gegen acht Uhr morgens kam der Arzt, um sie abzulösen, und während er die Krankenakten untersuchte und sie ihren Bericht für die Nacht verfasste, kündigte die Haushälterin das Frühstück an.

„Gehen Sie zum Frühstück, Miss Searight“, sagte der Arzt. „Ich bleibe eine Weile hier. Die Haushälterin wird dir dein Zimmer zeigen.“

Doch vor dem Frühstück ging Lloyd in das Zimmer, das die Haushälterin für sie eingerichtet hatte – ein anderes als das, in dem die beiden vorherigen Krankenschwestern gewohnt hatten –, zog sich um und badete ihr Gesicht und ihre Hände in einer Desinfektionslösung. Als sie aus ihrem Zimmer kam, traf sie der Arzt im Flur; Sein Hut und sein Stock waren in seiner Hand. „Er ist eingeschlafen“, informierte er sie, „und ruht sich ruhig aus. Ich werde unterwegs einen Schluck frische Luft schnappen. Die Haushälterin ist bei ihm. Wenn er aufwacht, wird sie dich rufen. Das werde ich nicht.“ Ich bin fünfzehn Minuten weg. Ich habe das Haus seit fünf Tagen nicht verlassen und es besteht keine Gefahr.

Das Frühstück war in dem Glasraum serviert worden, den der Arzt nannte. Es handelte sich um eine geschlossene Veranda, deren eine Seite aus Glas bestand und durch französische Fenster direkt auf einen kleinen Rasen führte, der unter den Apfelbäumen zur Straße hin abfiel. Es war eine bezaubernde Wohnung, eine Idee einer Schwester von Dr. Pitts, die einst zwei Jahre in Medford verbracht hatte. Lloyd frühstückte hier allein, und hier fand Bennett sie.

Der einzige öffentliche Waggon von Medford, eine Art viersitziger Carryall, der alle Züge im Depot abholte, war zum Tor am Fuße des Hofes gefahren und dort angehalten, während die Pferde stanken und schnauften. Noch bevor es angehalten hatte, war ein großer, breitschultriger Mann ausgestiegen, aber erst auf halber Höhe des Kieswegs hatte Lloyd ihn erkannt. Bennett erblickte sie im selben Moment, schritt schnell über den Rasen und gelangte durch eines der offenen französischen Fenster in den Frühstücksraum. Auf einmal schien der Raum kleiner zu werden; Sein erster

Schritt auf dem Boden – ein Schritt, der fast einem Stempel ähnelte, so eifrig, so meisterhaft und entschlossen – ließ die Glasscheiben in ihren Rahmen erzittern. Noch nie hatte Bennett so fehl am Platz gewirkt wie in diesem fast zierlichen Frühstücksraum mit seinen kleinen, femininen Accessoires, seinen zerbrechlichen Glaswaren, seinen Blumentöpfen und wachsenden Pflanzen. Die unpassende Umgebung betonte jede seiner Rauheiten, jede seiner Kantigkeiten. Vor dem Hintergrund zarter, milder Farbtöne wirkte seine Gestalt plötzlich kolossal; Die große Spannweite seiner Brust und Schultern schien noch nie so riesig zu sein. Sein Gesicht; der große, brutale Kiefer mit seinem aggressiven, schikanierenden Vorwärtsstoß; Die eng zusammengepressten Lippen, die zusammengezogene Stirn, die kleinen Augen, die durch den scharf umrissenen Schatten getrübt waren, wirkten nie so hart, nie so massiv, nie so deutlich von der unwiderstehlichen, rohen Kraft des Mannes, seiner Energie, seiner überwältigenden Entschlossenheit. Als er vor ihr aufragte und eine Hand umklammerte, kam es ihr so vor, als hätte die Hand sich nur schließen müssen, um das kleine lackierte Holzstück in einen Splitter zu zerquetschen, und als er sprach, konnte Lloyd sich vorstellen, dass das feine, zerbrechliche Porzellan war Der Tisch vibrierte im tiefen Bass seiner Stimme.

Lloyd musste ihn nur einmal ansehen, um zu wissen, dass Bennett im Moment außerordentlich erregt und aufgeregt war. Sein Gesicht war verstopft und flammend. Unter seinem Stirnrunzeln schienen in seinen Augen wahre Funken zu sprühen; seine Zähne waren fest; In seiner Schläfe ragte eine Vene hervor und pochte. Aber Lloyd war nicht überrascht. Bennett hatte zweifellos von Ferriss‘ verzweifelter Krankheit gehört. Kein Wunder, dass er aufgeregt war, als das Leben seines liebsten Freundes bedroht wurde. Lloyd konnte in einem solchen Moment ihren eigenen Streit mit Bennett ignorieren.

„Es tut mir so leid“, begann sie, „dass Sie es nicht früher hätten wissen können. Aber Sie erinnern sich, dass Sie keine Adresse hinterlassen haben. Da war –“

"Was machst du hier?" er unterbrach sich abrupt. „Was nützt es – warum – “ er hielt einen Moment inne, um seine Stimme zu beruhigen – „du kannst nicht hier bleiben“, fuhr er fort. „Wissen Sie nicht, welches Risiko Sie eingehen? Sie können keinen Moment länger hier bleiben.“

„Das“, antwortete Lloyd lächelnd, „ist eine Angelegenheit, die hauptsächlich mich interessiert. Ich nehme an, Sie wissen das, Mr. Bennett.“

„Ich weiß, dass du dein Leben riskierst und-“

„Und das ist auch meine Angelegenheit.“

„Ich habe es zu meinem gemacht", antwortete er schnell. „Oh", rief er scharf und schlug mit der offenen Handfläche auf die Stuhllehne, „warum müssen wir uns immer widersprechen? Ich bin nicht gut im Reden. Was nützt es, uns in Phrasen zu verheddern?" „Ich liebe dich, und ich bin hierher gekommen, um dich zu bitten, dich anzuflehen, du verstehst, dieses Haus zu verlassen, in dem du törichterweise dein Leben riskierst. Du musst es tun", fuhr er schnell fort. „Ich liebe dich zu sehr. Dein Leben ist mir zu viel, als dass du es sinnlos und törichterweise riskieren könntest. Es gibt andere Frauen, andere Krankenschwestern, die deinen Platz einnehmen können. Aber du wirst nicht hier bleiben."

Lloyd spürte, wie ihre Empörung zunahm.

„Das ist mein Beruf", antwortete sie und versuchte, ihre Wut zu unterdrücken. „Ich bin hier, weil es meine Pflicht ist, hier zu sein." Dann plötzlich, als ihr seine außergewöhnliche Unverschämtheit bewusst wurde, rief sie aus und stand auf: „Muss ich Ihnen erklären, was ich tue? Ich bin hier, weil ich mich dafür entschieden habe, hier zu sein. Das reicht. Es ist mir egal." mit einer solchen Diskussion wie dieser weiterzumachen."

„Du wirst also nicht von hier weggehen?"

"NEIN."

Bennett zögerte einen Moment und suchte nach seinen Worten, dann:

„Ich weiß nicht, wie man um einen Gefallen bittet. Ich habe in solchen Dingen wenig Erfahrung. Sie müssen wissen, wie schwer es für mich ist, und Sie müssen verstehen, zu welchen Ausmaßen ich dann getrieben werde, wenn ich Sie flehe, wann Ich bitte Sie, so demütig es mir möglich ist, dieses Haus jetzt zu verlassen – sofort. Innerhalb einer Stunde fährt ein Zug in die Stadt; jemand anderes kann Ihren Platz vor Mittag einnehmen. Das können wir Telegraph; willst du gehen?"

„Du bist absurd."

„Lloyd, kannst du nicht sehen; verstehst du nicht? Es ist, als ob ich dich mit geschlossenen Augen auf einen Abgrund stürzen sah."

„Mein Platz ist hier. Ich werde nicht gehen."

Doch Bennetts nächster Schritt überraschte sie. Sein Eifer und seine Aufregung verließen ihn in dem Moment, in dem er seine Uhr hervorholte.

„Ich habe mich geirrt", sagte er leise. „Der nächste Zug fährt erst in anderthalb Stunden. Es ist mehr Zeit, als ich angenommen habe." Dann fügte er mit so viel Sanftmut, wie er nur konnte, hinzu: „Lloyd, wirst du diesen Zug nehmen?"

„Jetzt wirst du etwas mehr als absurd", antwortete sie. „Ich weiß nicht, Mr. Bennett, ob Sie beleidigend sein wollen oder nicht, aber ich denke, dass Ihnen das ziemlich gut gelingt. Sie sind uneingeladen in dieses Haus gekommen, Sie dringen in die Privatresidenz eines Herrn ein und versuchen, sich einzumischen stören Sie mich in der Ausübung meines Berufs. Wenn Sie glauben, Sie könnten mich mit Heldentaten und Deklamationen beeindrucken, korrigieren Sie sich bitte sofort. Es ist Ihnen nur gelungen, sich ein wenig vulgär zu machen.

„Das mag wahr sein oder nicht", antwortete er mit einer gleichgültigen Bewegung seiner Schultern. „Das ist mir alles eins. Ich habe beschlossen, dass Sie dieses Haus heute Morgen verlassen, und glauben Sie mir, Miss Searight, ich werde meinen Standpunkt vertreten."

Für einen Moment hielt Lloyd den Atem an. Im Moment wurde ihr klar, mit was für einem Mann sie es zu tun hatte. In seinem Verhalten lag eine Überzeugung – jetzt, da er sich beruhigt hatte –, die plötzlich unwiderlegbar schien. Es war wie die langsame, stille Bewegung eines Kolbens.

Aber im nächsten Moment bestätigte sich ihr eigener Charakter wieder. Sie erinnerte sich daran, was sie selbst war. Wenn er entschlossen war, war sie hartnäckig; wenn er entschlossen war, war sie stur; Wenn er mächtig war, war sie unnachgiebig. Noch nie hatte sie ihren Standpunkt zugegeben; Sie hatte sich nie davon abbringen lassen, einen Kurs zu verfolgen, den sie für richtig hielt. Sollte ausgerechnet sie jetzt nachgeben? Das Bewusstsein ihrer eigenen Widerstandskraft kam ihr plötzlich zu Hilfe. Bennett war stark, aber war sie nicht selbst stark? Wo unter dem blauen Himmel war die Macht, die ihren Willen brechen konnte? Wenn der Tod selbst sie nicht besiegen konnte, was im Leben könnte ihre Entschlossenheit erschüttern?

Plötzlich wurde Lloyd die enorme Bedeutung des Augenblicks und das Ausmaß der Situation bewusst. Beide hatten bei diesem Thema alles aufs Spiel gesetzt. Zwei Charaktere von außergewöhnlicher Macht prallten heftig aufeinander. Es durfte keine Kompromisse geben, keine halben Sachen. Entweder sie oder Bennett müssen am Ende geschlagen werden. Einer von ihnen sollte unwiederbringlich gebrochen und gedemütigt werden. Dort, in diesem alltäglichen kleinen Raum mit seinen trivialen Accessoires und seinem unzureichenden Hintergrund, bereitete sich schnell ein Battle Royal vor. Mit der Plötzlichkeit einer Explosion entwickelte sich die Krise.

„Muss ich Ihnen sagen", bemerkte Bennett, „dass Ihr Leben für mich wichtiger ist als jede andere Überlegung auf der Welt? Glauben Sie, dass ich weniger entschlossen war, das zu tun, als das Leben jedes Mitglieds meines Kommandos von mir abhing?" erfolgreicher sein als jetzt? Mir war es damals gelungen, und ich werde auch jetzt erfolgreich sein, jetzt, wo viel mehr auf dem Spiel steht. Ich bin Misserfolge nicht gewohnt, und ich werde auch jetzt nicht scheitern. Ich versichere Ihnen, dass ich vor nichts zurückschrecken werde."

Es war Lloyd unmöglich, angesichts einer solchen Aggression ihre Ruhe zu bewahren. Es schien, als ob ihre Selbstachtung es verlangte, die Beherrschung zu verlieren.

„Und Sie denken, Sie können mich so fahren, wie Sie Ihre Decksleute gefahren haben?" rief sie aus. „Was haben Sie mit mir zu tun? Bin ich Ihr Untergebener? Glauben Sie, dass Sie mich schikanieren können? Wir sind nicht in Kolyuchin Bay, Mr. Bennett."

„Du bist die Frau, die ich liebe", antwortete er mit einer plötzlichen Heftigkeit, „und, bei Gott! Ich werde vor nichts zurückschrecken, um dein Leben zu retten."

„Und meine Liebe zu dir, die du vorgibst, bedeutet dir so viel, ich nehme an, dass dies das Mittel ist, das du ergreifst, um sie zu erwecken. Wenn ich für den Moment zugebe, dass du mich dazu bringen könntest, mich meiner Pflicht zu entziehen, wie sollte ich dich lieben? dafür? Fragen Sie sich das."

Aber Bennett hatte auf all ihre Worte nur eine Antwort. Er schlug mit der Faust in seine Handfläche und antwortete:

„Dein Leben ist mir wichtiger als jede andere Überlegung."

„Aber mein Leben – woher weißt du, dass es eine Frage meines Lebens ist? Komm, wenn wir streiten wollen, lasst uns aus vernünftigen Gründen streiten. Daraus folgt nicht, dass ich mein Leben riskiere, indem ich bleibe – "

„Verlassen Sie zuerst das Haus; darüber können wir später reden."

„Ich habe dir schon erlaubt, zu viel zu reden", rief sie wütend. „Lassen Sie uns den Dingen sofort auf den Grund gehen. Ich lasse mich weder beeinflussen noch überreden oder schikanieren, meinen Posten zu verlassen. Nun, verstehen Sie? Das ist meine letzte Antwort. Sie, der Sie ein Kommandant waren, der Sie ein Anführer der Menschen waren , was hätten Sie getan, wenn einer aus Ihrer Gruppe seinen Posten in einer Zeit der Gefahr verlassen hätte? Ich kann Ihnen sagen, was Sie getan hätten – Sie hätten ihn erschossen, nachdem Sie ihn zuerst blamiert hätten, und jetzt würden Sie mich blamieren. Ist ist es vernünftig? Ist es konsistent?"

Bennett schnippte mit den Fingern.

„Das aus Gründen der Konsistenz!"

„Und du wärst bereit, mich zu blamieren – damit ich mich selbst blamiere?"

„Dein Leben –", begann Bennett erneut.

Doch plötzlich blitzte Lloyd auf ihn ein mit: „Mein Leben! Mein Leben! Gibt es nicht einige Dinge, die besser sind als das Leben? Du, vor allem Männer, solltest das verstehen. Oh, sei du selbst, sei der Mann, für den ich dich gehalten habe. Du." Hab deinen Kodex; lass mich meinen haben. Du könntest nicht sein, was du bist, du hättest nicht tun können, was du getan hast, wenn du nicht so viele Dinge über dein Leben gestellt hättest. Gib zu, dass du mich nicht hättest lieben können, wenn du nicht geglaubt hättest dass ich das Gleiche tun könnte. Wie könntest du mich immer noch lieben, wenn du wüsstest, dass ich meiner Pflicht nicht nachgekommen bin? Wie könntest du mich immer noch lieben, wenn du wüsstest, dass du meinen Willen gebrochen hast? Ich kenne dich besser als du dich selbst. Du liebte mich, weil du wusstest, dass ich stark und mutig bin und über kleinen Täuschungen, Täuschungen und Ausflüchten stehe. Und jetzt verlangst du von mir, dass ich versagen, aufgeben, mich drücken soll, und du sagst mir, dass du das tust, weil du mich liebst."

„Das sind alles so viele Worte für mich. Ich kann nicht mit dir streiten, und ich habe keine Zeit dafür. Ich bin nicht hierher gekommen, um – zu reden."

Noch nie in ihrem Leben war Lloyd so wütend gewesen wie in diesem Moment. Das düstere Purpurrot ihrer Wangen war plötzlich einer ungewöhnlichen Blässe gewichen; Sogar ihre mattblauen Augen, die so selten funkelten, leuchteten. Sie richtete sich auf.

„Also gut", antwortete sie ruhig, „unser Gespräch kann dort aufhören, wo es ist. Sie werden es mir entschuldigen, Mr. Bennett, wenn ich Sie verlasse. Ich habe meine Arbeit zu erledigen."

Bennett stand zwischen ihr und der Tür. Er rührte sich nicht. Sehr ernst sagte er:

„Tu es nicht. Bitte bring es nicht dazu."

Lloyd warf ihm mit großen Augen einen flüchtigen Blick zu und rief:

„Das meinst du nicht – du traust dich nicht –"

„Ich sage Ihnen noch einmal, dass ich meinen Standpunkt vertreten möchte."

„Und ich sage Ihnen, dass ich meinen Patienten *nicht verlassen werde.*"

Bennett begegnete ihrem Blick für einen Moment, hielt ihren Blick fest und antwortete nur mit zwei Worten. Mit leiser Stimme und gemessener Langsamkeit sagte er:

"Du sollst."

Es herrschte Stille. Die beiden standen da und sahen sich direkt in die Augen, während ihr gegenseitiger Widerstand seinen Höhepunkt erreichte. Die Sekunden begannen zu vergehen. Der Konflikt zwischen der Aggression des Mannes und dem Widerstand der Frau erreichte seinen Wendepunkt. Bevor ein weiteres Wort gesprochen werden sollte, bevor die Minute verstrichen war, musste einer der beiden nachgeben.

Und dann spürte Lloyd, wie etwas in ihr zusammenbrach, etwas, das sie nicht benennen konnte. Ein mysteriöser Teil ihres Charakters, der bis dahin starr und intakt gewesen war, begann endlich zu zerfallen. Irgendwo war eine Bresche geöffnet worden; Irgendwo war die Barriere untergraben worden. Die schöne Standhaftigkeit, die sie besaß und die sie so sehr geschätzt hatte, ihre Stärke, deren sie sich gerühmt hatte, ihre Unabhängigkeit, ihr herrliches, arrogantes Selbstvertrauen und ihre bewusste Macht schienen plötzlich schwächer zu werden vor dieser eisernen Entschlossenheit, die ihr die Ohren verschloss Augen, diese kolossale, ungeschulte, wilde Intensität der Zielstrebigkeit.

Und plötzlich öffneten sich ihre Augen und die inhärente Schwäche ihres Geschlechts wurde ihr klar. War es also ein Fehler? Könnte eine Frau nicht stark sein? War ihre Stärke auf elementare Schwäche zurückzuführen – nicht auf ihre individuelle Schwäche, sondern auf die Schwäche ihres Geschlechts, die beabsichtigte natürliche Schwäche der Frau? Hatte sie ihre eingebildete uneinnehmbare Festung auf Sand gebaut?

Aber die Gewohnheit war zu stark. Für einen Augenblick, so kurz wie das Öffnen und Schließen eines Auges, wurde ihr eine Vision gewährt, einer dieser schnellen Einblicke in unerforschte Tiefen, die dem menschlichen Geist manchmal in den Momenten seiner Erregung einfallen, die aber so schnell wieder verschwinden dass ihnen nicht vertraut werden kann. Für einen Moment sah Lloyd tief in die schwarze, geheimnisvolle Kluft des Sex hinein – tiefer, tiefer, tiefer, wo, unermesslich unter der Welt der kleinen Dinge, die unveränderliche, schreckliche Maschinerie des Lebens selbst arbeitete, prallend und widerstandslos in ihren Rillen. Es war ein glücklicherweise kurzer Blick, eine Vision, die nicht allzu oft kommt, damit die Vernunft nicht, an den Rand des Abgrunds gebracht, bei diesem Anblick schwindlig wird und taumelnd kopfüber umfällt. Doch schnell verging die Vision, die Kluft schloss sich und sie spürte wieder den festen Boden unter ihren Füßen.

„Das werde ich nicht", rief sie.

War es dieselbe Frau, die gerade erst gesprochen hatte? Klingete in ihrer Stimme derselbe unerschrockene Trotz? Lag in ihrer Stimme nicht ein Hauch von Verzweiflung, ein kaum wahrnehmbares Zittern, das Symbol ihrer schwankenden Entschlossenheit? War die bloße Tatsache, dass sie ihre

Stärke in Frage stellen musste, nicht ein positiver Beweis dafür, dass ihre Kräfte nachließen?

Aber ihr Mut war unerschütterlich, auch wenn ihre Kräfte nachließen. Bis zum Letzten würde sie sich bemühen, bis zum Ende würde sie die Stirn hochhalten. Erst wenn die letzte Hoffnung auf die Probe gestellt worden war, würde sie ihre Niederlage eingestehen.

„Aber auf jeden Fall", sagte sie, „ist Risiko besser als Gewissheit. Wenn ich mein Leben riskiere, indem ich bleibe, ist es sicher, dass er sterben wird, wenn ich ihn in diesem kritischen Moment verlasse."

„Umso schlimmer – du kannst nicht bleiben."

Lloyd starrte ihn erstaunt an.

„Das ist nicht möglich; ich glaube nicht, dass du es verstehen kannst. Weißt du, wie krank er ist? Weißt du, dass er in diesem Moment am Rande des Todes liegt und dass ich mich von ihm fernhalte, je länger ich bin." Je mehr sein Leben in Gefahr ist? Hat er nicht so gute Rechte wie ich? Hat er nicht ein Recht zu leben? Es geht nicht nur um meine eigene Demütigung, die auf dem Spiel steht, sondern um das Leben Ihres liebsten Freundes, des Mannes, der standgehalten hat von dir und hat dir geholfen, und der die gleichen Nöte und Entbehrungen erlitten hat wie du."

"Was ist das?" forderte Bennett mit einem plötzlichen Stirnrunzeln.

„Wenn ich Mr. Ferriss jetzt verlasse, wenn er auch nur eine halbe Stunde hier allein bleibt, werde ich nicht antworten –"

„Ferriss! Wovon reden Sie? Wie heißt Ihr Patient?"

„Wussten Sie das nicht?"

„Ferriss! Dick Ferriss! Sag mir nicht, dass es Dick Ferriss ist."

„Ich dachte die ganze Zeit, Sie wüssten – dass Sie es gehört hätten. Ja, es ist Mr. Ferriss."

„Ist er sehr krank? Was macht er hier draußen? Nein, ich hatte es nicht gehört, niemand hat es mir gesagt. Pitts sollte schreiben – an – an Telegramm. Wird er durchkommen? Was ist mit ihm los? Ist er es, der es getan hat?" Typhus?"

„Er ist sehr gefährlich krank. Dr. Pitts hat ihn hierher gebracht. Das ist sein Haus. Wir wissen nicht, ob er gesund wird. Nur wenn wir ihn jeden Augenblick beobachten, können wir auf etwas hoffen. Im Moment gibt es keine Hoffnung." Einer mit ihm, aber ein Diener. Soll ich *nun* zu meinem Patienten gehen, Mr. Bennett?"

„Aber – aber – wir können jemand anderen bekommen."

„Nicht vor drei Stunden, und es ist nur die Wahrheit, wenn ich dir sage, dass er jeden Moment sterben kann. Soll ich gehen?"

Im Handumdrehen wurde Bennett die schreckliche Situation deutlich vor Augen. Richtig oder falsch, die Überzeugung, dass Lloyd ihr Leben schrecklich gefährdete, indem sie am Bett ihrer Patientin blieb, hatte sich in seinem Kopf festgesetzt und ließ sich nicht ausrotten. Es war ein Schrecken, der ihn fest im Griff hatte und den man nicht abschütteln konnte. Aber Ferriss? Was ist mit ihm? Nun stellte sich plötzlich heraus, dass auch sein Leben auf dem Spiel stand. Wie soll man entscheiden? Wie kann man dieser abscheulichen Komplikation begegnen, bei der er die Frau opfern muss, die er so sehr liebte, oder den Mann, der seinem Pythias der Dämon und seinem David der Jonathan war?

„Soll ich gehen?" wiederholte Lloyd zum dritten Mal.

Bennett schloss die Augen und umfasste seinen Kopf mit beiden Händen.

„Großer Gott, warte – warte – ich kann nicht denken – ich – ich, oh, das ist schrecklich!"

Lloyd nutzte ihren Vorteil gnadenlos aus.

„Warte? Ich sage dir, wir können es kaum erwarten."

Dann erkannte Bennett mit einem Anfall von Entsetzen, dass es für ihn kein Zurück mehr gab. Sein ganzes Leben lang war er es gewohnt, in Momenten größter Gefahr schnelle Entscheidungen zu treffen, und nun traf er seine Entscheidung und stellte sich mit all dem Mut, den er aufbringen konnte, den unaussprechlichen Konsequenzen, von denen er wusste, dass sie ihn für den Rest seines Lebens bedrängen und verfolgen würden. Wie auch immer er sich entschied, er öffnete sein Herz dem Schnabel und den Krallen einer gnadenlosen Reue. Er konnte in der schrecklichen Verwirrung seines Geistes nicht mehr erkennen, ob die Dinge richtig oder falsch waren, konnte Chancen und Möglichkeiten nicht genau abwägen. Für ihn boten sich nur zwei Alternativen: der Tod von Ferriss oder der Tod von Lloyd. Er konnte keinen Kompromiss sehen, konnte sich keinen Ausweg vorstellen. Es war, als ob ein Henker mit bereiter Axt neben ihm stünde und auf seine Befehle wartete. Und außerdem hatte er längst die Grenze überschritten – obwohl er es vielleicht selbst nicht wusste –, wo er etwas anderes sehen konnte als den Punkt, den er erreichen wollte, das Ziel, das er erreichen wollte. Er hatte sich entschieden. Seine rasende Energie, sein Entschluss, um jeden Preis zu siegen, waren schließlich zu einer Art gezielter Raserei geworden. Der Motor, den er in Gang gesetzt hatte, war nun außerhalb seiner Kontrolle. Er konnte jetzt – ob er nun wollte oder nicht – die Aktion nicht umkehren, es von seinem eisernen Weg abbringen, es von der monströsen Katastrophe, auf die es ihn zusteuerte, zurückrufen.

„Gott steh uns allen bei!" er murmelte.

„Nun", sagte Lloyd erwartungsvoll.

Bennett holte tief Luft und ließ seine Hände hilflos an seinen Seiten herabsinken. In gewisser Weise wirkte er plötzlich gebeugt; Der große Körper aus Knochen und Sehnen schien auf seltsame, undefinierbare Weise zusammenzubrechen und zu taumeln, als er plötzlich eine unerträgliche Last auf sich nahm – eine Last, die niemals zu heben war.

Doch selbst dann glaubte Bennett immer noch an die Weisheit seines Kurses und glaubte immer noch, dass er Recht hatte. Aber ob richtig oder falsch, er muss jetzt weitermachen. War es Schicksal, war es Untergang, war es Schicksal?

Bennetts ganzes Leben hatte er damit verbracht, angesichts großer Hindernisse großartige Ideen auszuarbeiten; Ständig war er aufgefordert, enorme Schwierigkeiten mit enormer Kraft zu überwinden. Lange Zeit war er von der Zivilisation isoliert gewesen und hatte den einfachen, rohen Kräften einer elementaren Welt gegenübergestanden – Kräften, die mit Mitteln bekämpft und besiegt werden mussten, die nicht weniger einfach und grob waren als sie selbst. Er hatte die Fähigkeit verloren, mit komplizierten Situationen umzugehen, die kleinere Geister zweifellos besaßen . Zu Mitteln zu greifen und Zugeständnisse zu machen, war ihm ein Rätsel. Für ihn war etwas absolut richtig oder absolut falsch, und zwischen beiden gab es keinen Unterschied. Er hatte so lange auf die größeren, umfassenderen Situationen des Lebens geschaut, dass seine geistige Sicht völlig deformiert und verwirrt war. Er sah die Dinge ausnahmslos über alle Maßen vergrößert oder zu einer Kleinheit verkleinert, die nicht mehr in Betracht gezogen werden konnte. Normales Sehen blieb ihm verwehrt. Es war, als ob er die Welt durch das eine oder andere Ende eines Teleskops betrachtete, und wenn, wie jetzt, seine Gefühle geweckt wurden, wurde die Sache nur noch schlimmer. Der Gedanke, dass Ferriss sich erholen könnte, obwohl Lloyd ihn in diesem Moment verlassen würde, kam ihm kaum in den Sinn. Er war davon überzeugt, dass Ferriss sterben würde, wenn Lloyd wegginge; Lloyd hatte das selbst gesagt. Die Hoffnung, dass Lloyd ihn doch ohne Gefahr für sich selbst durch seine Krankheit pflegen könnte, war so weit entfernt, dass er keinen Moment darüber nachdachte. Wenn Lloyd bliebe, würde sie, wie die andere Krankenschwester, an der Krankheit erkranken und sterben.

Dies waren die Zwischenmaßnahmen, die Bennett nicht verstand, die Mittel, die er nicht mehr erkennen konnte. Es war entweder Lloyd oder Ferriss. Er muss zwischen ihnen wählen.

Bennett ging zur Zimmertür, schloss sie und lehnte sich dagegen.

„Nein", sagte er.

Lloyd war sprachlos. Einen Moment lang zuckte sie vor ihm zusammen wie vor einem Mörder. Bennett wusste nun genau, in welcher schrecklichen Gefahr er den Mann zurückließ, der sein liebster Freund war. Würde er seinem Tod tatsächlich zustimmen? Es war fast unglaublich, und einen Moment lang zitterte Lloyd selbst vor ihm. Ihre ersten Gedanken galten nicht ihr selbst, sondern Ferriss. Wenn er Bennetts Freund war, war er auch ihr Freund. In diesem Moment könnte er aus Mangel an ihrer Fürsorge sterben. Sie wurde schnell verzweifelt. Für den Moment konnte sie alle Gedanken an sich selbst und an ihre eigene Würde in den Hintergrund rücken.

"Was wollen Sie?" Sie weinte. „Ist es meine Demütigung, die du fragst? Nun, dann hast du es. Es ist für mich genauso schwer, um einen Gefallen zu bitten, wie für dich. Ich bin genauso stolz wie du, aber ich flehe dich an, du hörst mich, genauso demütig wie Ich kann, mich gehen zu lassen. Was willst du mehr als das? Oh, kannst du das nicht verstehen? Während wir hier reden, während du mich hier behältst, könnte er sterben. Ist es eine Zeit für Streit, oder? Zeit für Missverständnisse, ist es eine Zeit, an uns selbst, an unser eigenes Leben, unsere eigenen kleinen Angelegenheiten zu denken?" Sie faltete ihre Hände. „Würden Sie bitte – kann ich, kann ich mehr als das sagen; würden Sie mich bitte gehen lassen?"

"NEIN."

Mit großer Anstrengung versuchte Lloyd, ihre Selbstbeherrschung wiederzugewinnen. Sie hielt einen Moment inne, dann:

"Hören!" Sie sagte. „Sie sagen, dass Sie mich lieben; dass ich mehr für Sie bin als selbst Mr. Ferriss, Ihr treuester Freund. Ich möchte in einer solchen Zeit nicht an mich selbst denken, sondern annehmen, dass Sie mich dazu bringen würden – dass ich es tun sollte Ich willige ein, meine Patientin zu verlassen. Denken Sie danach an mich. Kann ich dorthin in das Haus zurückkehren, das Haus, das ich gebaut habe? Kann ich den Frauen meines Berufsstandes gegenübertreten? Was würden sie von mir denken? Was würden meine Freunde denken? Ich – ich, der ich meinen Kopf so hoch gehalten habe? Du wirst mein Leben ruinieren. Ich müsste meinen Beruf aufgeben. Oh, kannst du nicht sehen, in welche Position du mich bringen würdest?" Plötzlich schossen ihr Tränen in die Augen. "NEIN!" sie weinte heftig. „Nein, nein, nein, das werde ich nicht, ich werde nicht in Ungnade fallen!"

„Ich möchte Sie nicht blamieren", antwortete Bennett. „Es ist seltsam, dass du das zu mir sagst, wenn ich dich so sehr liebe, dass ich Ferriss aufgeben kann für …"

„Dann, wenn du mich so sehr liebst, muss es eine Sache geben, die du sogar über mein Leben stellen würdest. Willst du, dass ich dich hasse?"

„Für mich gibt es auf der Welt nichts Wichtigeres als dein Leben. Das weißt du. Wie kannst du das von mir denken?"

„Weil du es nicht verstehst – weil du das nicht weißt – oh, dass ich dich liebe! Ich – nein – ich meinte nicht – ich meinte nicht –"

Was hatte sie gesagt? Was passiert ist? Wie kam es, dass die Worte, für die sie sich gestern noch geschämt hätte, auch nur vor sich hin zu flüstern, nun fast von selbst auf ihre Lippen kamen? Nach all den Jahren der Unterdrückung war plötzlich der süße, dunkle Gedanke, den sie in ihrem geheimsten Herzen verborgen hatte, ans Licht gekommen und hatte Worte ausgedrückt. Ungefragt und ungebeten hatte sie ihm gesagt, dass sie ihn liebte. Sie, sie hatte das getan, als ihre Wut auf ihn sie nur wenige Augenblicke zuvor bis in die Fingerspitzen erschüttert hatte. Die heiße, unerträgliche Scham schoss ihr wie Feuer ins Gesicht. Ihre Welt brach vor ihren Ohren zusammen; Alles, was ihr das Teuerste war, wurde ihr entrissen, alles, was sie sich am stärksten vorgestellt hatte, wurde gestürzt. War sie, die so stolz und stolz auf sich selbst gewesen war, endlich dazu gekommen?

Rasch wandte sie sich von ihm ab, faltete die Hände vor den Augen und ließ sich in den Stuhl sinken, den sie verlassen hatte, senkte den Kopf auf die Arme, verbarg ihr Gesicht, schloss sich vor dem Tageslicht ab und zitterte und bebte vor Scham und Schmerz mit einer völligen, erbärmlichen Selbstverachtung, die jenseits aller Ausdruckskraft lag. Aber in dem Moment, als sie Bennetts Berührung auf ihrer Schulter spürte, sprang sie auf, als ob ein Messer sie durchbohrt hätte, und wich vor ihm zurück, indem sie den Kopf wegdrehte und die Hand mit der Handfläche nach außen vor die Augen hielt.

"Oh bitte!" Sie bettelte mitleiderregend, fast unartikuliert in der Anspannung ihrer Gefühle: „Nutze mich nicht – wenn du ein Mann bist – nicht aus – bitte, bitte, fass mich nicht an. Lass mich gehen."

Sie sprach mit tauben Ohren. Mit zwei Schritten war Bennett an ihrer Seite angekommen und hatte sie in seine Arme genommen. Lloyd konnte nicht widerstehen. Ihre körperliche und geistige Kraft wurde zerschlagen und gebrochen und niedergeschlagen; Und warum war die bloße Berührung ihrer Wange auf seiner Schulter trotz ihrer Scham, trotz ihrer unaussprechlichen Selbstvorwürfe ein Trost? Warum war es ein Glück, sich vom Ansturm dieser harten, ungestümen, männlichen Macht mitreißen zu lassen? Warum war es ein Jubel und ein Ruhm, zu wissen, dass ihre stolze Standhaftigkeit und ihre bisher unerschütterliche Macht mit einer brutalen, rücksichtslosen Stärke überwältigt und gebrochen wurden? Warum legte sie, die noch einen Moment zuvor vor seiner leichtesten Berührung gezittert hatte, nun ihre

Arme um seinen Hals und klammerte sich an ihn mit einem Gefühl des Schutzes und der Zuflucht, dessen Bedürfnis sie immer und bis zu diesem Moment verachtet hatte?

„Warum sollte es dir leid tun, weil du gesprochen hast?" sagte Bennett. „Ich wusste, dass du mich liebst und du wusstest, dass ich dich liebe. Was spielt es für eine Rolle, ob du es gesagt hast oder nicht? Wir kennen uns, du und ich. Wir verstehen. Du wusstest, dass ich dich liebte. Du denkst dass ich stark und entschlossen war und die Dinge getan habe, die ich mir vorgenommen hatte; was ich bin, ist das, was du aus mir gemacht hast. Was ich getan habe, habe ich getan, weil ich dachte, du würdest es gutheißen. Glaubst du, ich wäre zurückgekommen? wenn ich nicht gewusst hätte, dass ich zu dir zurückkomme?" Plötzlich entfuhr ihm ein ungeduldiger Ausruf, und sein Griff um sie wurde fester. „Oh! Worte – die bloßen Dinge, die man *sagen kann* , scheinen so erbärmlich, so erbärmlich unzureichend. Weißt du nicht, kannst du nicht fühlen, was du für mich bist? Sag mir, glaubst du, ich liebe dich?"

Aber sie konnte es noch nicht ertragen, seinem Blick zu begegnen. Ihre Augen waren geschlossen und sie konnte nur mit dem Kopf nicken.

Aber Bennett nahm ihren Kopf in beide Hände und drehte ihr Gesicht zu seinem. Trotzdem hielt sie die Augen geschlossen.

„Lloyd", sagte er und seine Stimme klang fast wie ein Befehl; „Lloyd, sieh mich an. Liebst du mich?"

Sie holte tief Luft. Dann öffneten sich ihre süßen, mattblauen Augen, und durch die Tränen, die über ihnen standen und ihre Wimpern benetzten, blickte sie ihn an und begegnete seinem Blick furchtlos und fast stolz, und ihre Stimme zitterte und vibrierte mit unendlicher Zärtlichkeit, als sie antwortete:

„Ich liebe dich, Ward; ich liebe dich von ganzem Herzen."

Dann, nach einer Pause, sagte sie, löste sich ein wenig von ihm und legte eine Hand auf eine seiner Schultern:

„Aber hör zu, Liebes; wir dürfen jetzt nicht an uns selbst denken. Wir müssen an ihn denken, so krank und schwach und hilflos. Dies ist ein schrecklicher Moment in unserem Leben. Ich weiß nicht, warum er uns widerfahren ist. Ich weiß nicht Ich weiß nicht, warum das alles so passieren sollte, wie es heute Morgen passiert ist. Noch vor wenigen Augenblicken war ich wütend wie nie zuvor in meinem Leben – und auf dich – und jetzt kommt es mir vor, als wäre ich noch nie so glücklich gewesen; ich Ich kenne mich selbst nicht mehr. Alles ist verwirrt, wir können nur an dem festhalten, von dem wir wissen, dass es richtig ist, und darauf vertrauen, dass am Ende alles gut wird.

Es ist eine Krise, nicht wahr? Und unser ganzes Leben Und all unser Glück hängt davon ab, wie wir ihm begegnen. Ich bin jetzt ganz anders. Ich bin nicht mehr die Frau, die ich vor einer halben Stunde war. Du musst jetzt mutig für mich sein, und du musst stark für mich sein und mir dabei helfen Meine Pflicht. Wir müssen dem Besten, das in uns steckt, gerecht werden und das tun, was wir für richtig halten, ganz gleich, welche Risiken wir eingehen, ganz gleich, welche Konsequenzen dies hat. Ich hätte dich vorher nicht um Hilfe gebeten – vor dem, was geschehen ist ist passiert – aber jetzt brauche ich deine Hilfe. Du hast gesagt, ich hätte dir geholfen, mutig zu sein; Hilf mir, jetzt mutig zu sein und das zu tun, von dem ich weiß, dass es richtig ist.

Aber Bennett war immer noch blind. Wenn sie ihm schon früher lieb gewesen war, wie viel mehr war sie es geworden, seit sie ihm ihre Liebe gestanden hatte! Ferriss wurde vergessen, ignoriert. Er konnte sie nicht gehen lassen, er durfte sie nicht das geringste Risiko eingehen lassen. Sollte er das Risiko eingehen, sie jetzt zu verlieren? Er schüttelte den Kopf.

"Station!" rief sie mit tiefem und ernstem Ernst aus. „Wenn Sie nicht möchten, dass ich mein Leben riskiere, indem ich auf meinen Posten gehe, dann seien Sie vorsichtig, oh, seien Sie sehr vorsichtig, dass Sie nicht etwas riskieren, das uns beiden mehr bedeutet als das Leben selbst, indem Sie mich davon abhalten. Tun Sie das? Glaubst du, ich könnte dich so tief und aufrichtig lieben, wenn ich meine Maßstäbe nicht hoch gehalten hätte; wenn ich nicht an die Dinge geglaubt hätte, die besser sind als das Leben und stärker als der Tod und mir teurer als die Liebe selbst? Es gibt einige Dinge, die ich nicht tun kann: Ich kann nicht falsch sein, ich kann nicht feige sein, ich kann mich meiner Pflicht nicht entziehen. Jetzt bin ich hilflos in deinen Händen. Du hast gesiegt und du kannst mit mir machen, was du willst. Aber wenn du es tust Ich tue, was falsch, was feige und was unehrenhaft ist. Wenn du zwischen mir stehst und weißt, dass es meine Pflicht ist, wie kann ich dich lieben, wie kann ich dich lieben?“

Beharrlich und pervers hielt Bennett bei jeder Überlegung und jedem Argument die Ohren zu. Sie wollte ihr Leben riskieren. Das war alles, was er verstand.

„Nein, Lloyd“, antwortete er, „das darfst du nicht tun.“

„– und ich möchte dich lieben“, fuhr sie fort, als hätte sie es nicht gehört. „Ich möchte, dass du alles für mich bist. Ich habe dir so lange vertraut – so lange an dich geglaubt, ich möchte dich nicht als den Mann betrachten, der mich im Stich gelassen hat, als ich seine Hilfe am meisten brauchte, der mich gezwungen hat, es zu tun.“ das Ding, das verächtlich und unwürdig war. Glauben Sie mir“, fuhr sie mit plötzlicher Energie fort, „Sie werden meine Liebe zu Ihnen töten, wenn Sie darauf bestehen.“

Doch bevor Bennett antworten konnte, ertönte ein Schrei.

„Es ist der Diener", rief Lloyd schnell. „Sie hat zugesehen – dort im Raum mit ihm."

„Schwester – Miss Searight", ertönte der Ruf, „schnell – da stimmt etwas nicht – ich weiß nicht – oh, beeilen Sie sich!"

"Hörst du?" rief Lloyd. „Es ist die Krise – er könnte sterben. Oh, Ward, es ist der Mann, den du liebst! Wir können ihn retten." Sie stampfte vor lauter Emotionen mit dem Fuß auf und verdrehte ihre Hände. „Ich *werde* gehen. Ich verbiete dir, zu behalten – zu behindern – zu – oh, was soll aus uns werden? Wenn du mich liebst, wenn du ihn liebst – *Ward, wirst du mich gehen lassen?* "

Bennett hielt sich mit geschlossenen Augen die Ohren zu. Im Schrecken dieses Augenblicks, als ihm klar wurde, dass er in seinem Entschluss nicht wanken konnte, so sehr er es auch wünschte, kam es ihm so vor, als müsse seine Vernunft nachgeben. Aber er lehnte sich mit dem Rücken zur Tür, seine Hand umklammerte den Türknauf fest, und durch seine zusammengebissenen Zähne kam seine Antwort wie zuvor:

"NEIN."

„Schwester – Miss Searight, wo sind Sie? Beeilen Sie sich, oh, beeilen Sie sich!"

"Wirst du mich gehen lassen?"

"NEIN."

Lloyd packte seine Hand, die so verzweifelt den Türknauf umklammerte, und versuchte, den Verschluss zu lösen. Sie wusste kaum, was sie tat; Sie warf ihre Arme um seinen Hals, flehend, befehlend, bald unterwürfig, bald herrisch, ihre Stimme vibrierte bald vor Zorn, bald zitterte sie vor leidenschaftlicher Bitte.

„Du tötest ihn nicht nur, du tötest auch meine Liebe zu dir. Willst du mich gehen lassen – die Liebe, die mir so lieb ist? Lass mich dich lieben, Ward; hör mir zu; lass mich dich nicht hassen; lass mich dich lieben, Liebling –"

„Beeil dich, oh, beeil dich!"

„Lass mich dich lieben; lass ihn leben. Ich möchte dich lieben. Es ist das größte Glück in meinem Leben. Lass mich glücklich sein. Kannst du nicht erkennen, was dieser Moment für uns bedeuten soll? Es ist unser Glück oder unser Elend für immer." . Wirst du mich gehen lassen?"

"NEIN."

„Zum letzten Mal, Ward, hör zu! Es ist meine Liebe zu dir und seinem Leben. Zerschmettere nicht uns beide – ja, und dich selbst. Du, der du es kannst, der du so mächtig bist, tritt nicht unser ganzes Glück mit Füßen." ."

„Beeilen Sie sich, beeilen Sie sich. Oh, wird niemand kommen, um zu helfen?"

"Wirst du mich gehen lassen?"

"NEIN."

Ihre Kraft schien sie plötzlich zu verlassen. Das gesamte Gefüge ihres Charakters, das so gnadenlos angegriffen wurde, schien in diesem Moment ins Wanken zu geraten, zu stürzen und zusammenzubrechen. Sie war erschüttert, gebrochen, gedemütigt und bis auf den Grund niedergeschlagen. Ihr Stolz war verschwunden, ihr Glaube an sich selbst war verschwunden, ihre feine, starke Energie war verschwunden. Das Mitleid, die Trauer darüber; alles, was ihr am liebsten war; ihre feine und selbstbewusste Standhaftigkeit; die große Liebe, die so viel Glück in ihr Leben gebracht hatte – das war ihre Inspiration gewesen, die ihr ganz entrissen und wie Spreu beiseite geworfen worden war. Und ihr Patient – Ferriss, der Mann, der sie liebte, der so viel Leid, so viel Elend durchgemacht hatte, der ihr vertraute und den es ihre Pflicht war, ihn wieder zum Leben und zur Gesundheit zu erziehen – wenn er aus Mangel an ihrer Fürsorge sterben sollte, was dann? Unendliches Leid, dann welch endlose Reue, dann welch lange Qual vergeblichen Bedauerns! Ihre Welt, ihr Universum wurde ihr dunkel; sie wurde von ihrem festen Standpunkt vertrieben. Sie war verloren, sie wurde weggewirbelt – weg mit dem Sturm, Orientierungspunkte ausgelöscht, Lichter verschwunden; Weg mit dem Sturm; hinaus in die Dunkelheit, hinaus in die Leere, hinaus in die Ödnis und Wildnis und weglose Verwüstung.

„Beeil dich, oh, beeil dich!"

Es war zu spät. Sie hatte versagt; Der Fehler war gemacht, die Frage war entschieden. Diese gefühllose, bestialische Entschlossenheit, die mit eisernem Herzen und eiserner Kraft den Widerstand niedergeschlagen hatte, hatte ihr Ziel durchgesetzt. Leben und Liebe waren ohne Mitleid und ohne Zögern zertrampelt worden. Die Tragödie der Stunde war vorüber; Die Tragödie der kommenden langen Jahre hatte gerade erst begonnen.

Lloyd sank in den Stuhl vor dem Tisch, und der Kopf, den sie so hoch gehalten hatte, beugte sich auf ihre verschränkten Arme. Die Heftigkeit ihrer Trauer erschütterte sie von Kopf bis Fuß wie ein trockenes, leichtes Schilfrohr. Ihr Herz schien buchstäblich zu brechen. Sie muss mit aller Kraft die Zähne zusammenbeißen, um nicht laut zu stöhnen und in ihrem hoffnungslosen Kummer ihre ohnmächtige Scham und Verzweiflung herauszuschreien.

Erneut ertönte der Hilferuf. Dann wurde es still im Haus. Die Minuten vergingen. Aber für Lloyds unterdrückte Trauer war kein Ton zu hören. Bennett – er lehnte schwer an der Tür, seine breiten Schultern waren gebeugt und gebeugt, sein Gesicht war aschfahl, seine Augen waren starr –, rührte sich nicht. Er sprach nicht mit Lloyd. Er konnte kein tröstendes Wort an sie richten – das wäre der letzte Hohn gewesen. Er hatte gesiegt, wie er wusste, dass er es tun sollte, wie er wusste, dass er es tun musste, als sein Entschluss einmal gefasst war. Die Kraft, die, sobald sie entfesselt war, außerhalb seiner Kontrolle lag, hatte ihren Zweck erfüllt. Sein Wille blieb ungebrochen; aber zu welchen Kosten? Dies war jedoch eine spätere Überlegung. Die Kosten? Hatte er nicht sein ganzes Leben vor sich, um sie zu zählen? Der gegenwärtige Moment forderte ihn immer noch zum Handeln. Er schaute auf seine Uhr.

Die nächste Viertelstunde war für ihn völlig durcheinander. Die Vorfälle weigerten sich, sich in seinem Gedächtnis niederzuschreiben, als er später versuchte, sich an sie zu erinnern. Er erinnerte sich jedoch daran, dass Lloyd, als er ihr in die Tragetasche half, die sie zum Depot im Dorf bringen sollte, vor seiner Berührung zurückgeschreckt war und sich von ihm zurückgezogen hatte wie vor einem Verbrecher – einem Mörder. Er legte ihre Tasche auf den Vordersitz des Fahrers und stellte sich neben den Fahrer. Sie hatte ihren Schleier über ihr Gesicht gezogen und saß während der Fahrt still und regungslos da.

"Kannst du es schaffen?" fragte Bennett den Fahrer mit der Uhr in der Hand. Die Zeit war am kürzesten, aber der Kutscher gab seinen Pferden die Peitsche, und im Laufschritt erreichten sie den Bahnhof einige Augenblicke früher als erwartet. Bennett sagte dem Fahrer, er solle warten, und während Lloyd an ihrem Platz blieb, kaufte er ihr eine Fahrkarte für die City. Dann ging er zum Telegrafenamt und schickte eine befehlende Depesche an das Haus am Calumet Square.

Wenige Augenblicke später war der Zug gekommen und gegangen, ein abrupter Ausbruch aus dröhnendem Eisen und kreischendem Dampf. Bennett blieb allein auf dem Bahnsteig zurück und sah zu, wie er dort, wo die Schienen zum Horizont hin zusammenliefen, zu einem rauchigen Schleier verschwand. Einen Moment lang stand er da und beobachtete, wie eine widerstandslose Kraft mit eisernem Herzen sie wegwirbelte, aus seiner Reichweite, aus seinem Leben. Dann schüttelte er sich und drehte sich abrupt um.

„Jetzt zurück zum Haus des Arztes", befahl er dem Fahrer; „Auf der Flucht, verstehen Sie."

Aber der andere protestierte. Seine Pferde waren so gut wie erschöpft. Zweimal hatten sie diese Distanz mit Höchstgeschwindigkeit und unter

Höchstgeschwindigkeit zurückgelegt. Er weigerte sich, zurückzukehren. Bennett nahm den jungen Mann am Arm und hob ihn von seinem Sitz auf den Boden. Dann sprang er zu seinem Platz und trieb die Pferde zum Galopp an.

Als er bei Dr. Pitts' Haus ankam, hielt er nicht an, um die Pferde anzubinden, sondern warf ihnen die Zügel über den Rücken und betrat außer Atem und keuchend die Vorhalle. Aber während Bennetts Abwesenheit war der Arzt zurückgekehrt, und er war es, der ihn auf halber Höhe der Treppe traf.

"Wie geht es ihm?" forderte Bennett. „Ich habe nach einer anderen Krankenschwester geschickt; sie wird mit dem nächsten Zug hier draußen sein. Ich habe vom Bahnhof aus telegrafiert."

„Der einzige Einwand dagegen", antwortete der Arzt und sah ihn starr an, „ist, dass es nicht notwendig ist. Mr. Ferriss ist gerade gestorben."

VII.

Während ihrer Fahrt von Medford in die City war es Lloyd unmöglich, zusammenhängend zu denken, so groß war die Verwirrung in ihrem Kopf. Sie war so erschüttert, so heftig erschüttert und geschwächt gewesen, dass ihr eine Zeit lang die Kraft und nicht einmal der Wunsch fehlte, ihre zerstreuten Gedanken zu sammeln und zu konzentrieren. Im Moment hatte sie, wenn auch nur schwach, das Gefühl, dass ein großer Schlag gefallen war, dass ein großes Unglück sie überrollt hatte, aber der Zustand ihres Geistes war so außergewöhnlich, dass sie mehr als einmal gelassen auf den unvermeidlichen Moment wartete, in dem die Vollendung des Schicksals geschah Das Ausmaß der Katastrophe würde über sie hereinbrechen. Im Moment war sie nur müde. Sie war sogar bereit, diese Reaktion für eine Weile hinauszuzögern, bereit, passiv, benommen und benommen zu bleiben und sich hilflos und hilflos dem raschen Lauf der Ereignisse hinzugeben.

Doch während der Teil ihres Geistes, der die größeren, tieferen und nachhaltigeren Eindrücke registrierte, inaktiv blieb, war der kleinere Teil, der die kleinen, minutengenauen Dinge wahrnahm, so beschäftigt und hell wie eh und je. Es schien, dass der Schlag über diese letztere Fähigkeit geführt worden war und nicht, wie man so oft annimmt, durch sie. Sie schien in dieser Stunde die Vernünftigkeit dieses Phänomens zu verstehen, das zuvor immer so unerklärlich erschienen war, und sah, wie große Trauer und große Freude nur die größeren Mechanismen des Gehirns treffen und die kleinen Rädchen und Zahnräder außer Acht lassen und ignorieren. die bei Sturm oder Windstille so zügig wie eh und je weiterwirken und nur von vorübergehenden und trivialen Gefühlen und Eindrücken bewegt werden.

So saß Lloyd mehr als eine Stunde lang ruhig auf ihrem Platz, während der Zug sie schnell zurück in die Stadt brachte, und beobachtete die Landschaft, die an ihr vorbeiraste und von den Telegrafenmasten in regelmäßige Abschnitte unterteilt wurde wie die wirbelnden Bilder eines Kinetoskops. Sie bemerkte, und zwar mit einiger Besonderheit, die anderen Passagiere – ein junges Mädchen in einem eleganten, maßgeschneiderten Kleid, das ein Buch las und die Blätter mit einer Haarnadel zerhackt schnitt; ein gepflegter Herr mit großem Bauch, der laut durch die Nase atmete; der Buchagent mit seinen ovalen Schachteln mit getrockneten Feigen und seinem endlosen Gesprächsfaden; eine Frau mit einem kleinen Jungen, der eine Brille trug und ständig unsichere Angriffe auf den Wasserkühler machte, und der Bremser und Zugbegleiter, der auf dem Vordersitz lachte und plauderte.

Sie interessierte sich für jedes ungewöhnliche Merkmal des Landes, durch das der Zug raste, und notierte jeden Halt oder jede Geschwindigkeitssteigerung. Eine gewisse Abwechslung fand sie, wie schon oft zuvor, darin, nach den Meilenpfosten Ausschau zu halten und die Meilen zu zählen. Sie fragte sogar den Schaffner, um wie viel Uhr der Zug in der City ankommen würde, und murmelte ein wenig verärgert, als ihr gesagt wurde, dass es eine halbe Stunde Verspätung sei. Im nächsten Moment fragte sie sich, warum ihr diese Verzögerung lästig sein sollte. Dann, gegen Ende des Nachmittags, kam die Stadt selbst. Zuerst ein stumpfer grauer Fleck am Horizont, dann eine Welt aus schmutzigen Straßen, Reihen elender, mit Lumpen geschmückter Mietshäuser, dann ein oder zwei Tunnel und schließlich das hallende Glasbogenterminal des Bahnhofs. Lloyd stieg aus und ging, da ihm bewusst wurde, dass die Entfernung kurz war, stetig auf ihr Ziel zu, bis ihr die Straßen und die Nachbarschaft bekannt vorkamen. Plötzlich kam sie auf den Platz. Direkt gegenüber befand sich die massive Granitfassade der Agentur. Sie hielt abrupt inne. Sie kehrte ins Haus zurück, nachdem sie ihren Posten aufgegeben hatte. Was sollte sie ihnen, den anderen Frauen ihres Berufsstandes, sagen?

Dann kam auf einmal die Reaktion. Sofort nahm die größere Maschinerie des Geistes ihre Arbeit wieder auf, und der Schmerz des Schlages kam zurück. Mit einem heftigen Schmerz öffnete sich die Wunde wieder und das volle Bewusstsein kehrte zurück. Lloyd erinnerte sich damals daran, dass sie ihr Vertrauen in einem Moment der Gefahr missbraucht hatte, dass Ferriss wahrscheinlich wegen dem, was sie getan hatte, sterben würde, dass ihre Willens- und Geistesstärke, auf die sie geruhmt hatte, unwiderruflich gebrochen war; dass Bennett sie im Stich gelassen hatte, dass ihre Liebe zu ihm, das einzige große Glück ihres Lebens, tot und kalt war und nie wiederbelebt werden konnte, und dass sie in den Augen der Welt entehrt und blamiert dastand.

Jetzt muss sie dieses Haus betreten, jetzt muss sie sich seinen Bewohnern, ihren Gefährten, stellen. Was soll ich ihnen sagen? Wie lässt sich ihr Abfall erklären? Wie konnte man ihnen sagen, dass sie ihren Posten nicht freiwillig verlassen hatte? Lloyd stellte sich vor, im Wesentlichen zu sagen, dass der Mann, der sie liebte und den sie liebte, sie dazu gebracht hatte, ihren Patienten zu verlassen. Sie biss die Zähne zusammen. Nein, nicht dieses Eingeständnis elender Schwäche; nicht das ausgerechnet. Und doch die andere Alternative, was war das? Es konnte nur sein, dass sie Angst hatte – sie, Lloyd Searight! Muss sie, die die Mutigste von allen gewesen war, vor dieser kleinen Gruppe hingebungsvoller Frauen im Licht einer bekennenden Feigling bestehen?

Sie erinnerte sich an den Fall der jungen Engländerin Harriet Freeze, die, als sie zur Pflege eines Pockenpatienten aufgefordert wurde, im entscheidenden Moment festgestellt hatte, dass ihr der Mut fehlte, und die einen Vorwand gefunden hatte, ihren Posten zu verlassen. Miss Freeze war aus der Mitte ihrer Gefährten unehrenhaft ausgeschlossen worden. Und jetzt muss sie,

Lloyd, die offenbar wegen derselben Schande verurteilt wurde, vor demselben Tribunal stehen. Es gab kein Entrinnen. Sie musste dieses Haus betreten, sie musste diese Tortur ertragen, und das genau zu dem Zeitpunkt, als ihr Entschluss zerbrochen, ihr Wille gebrochen und ihr Mut entmutigt worden war. Für einen Moment drängte sich ihr die Idee einer Flucht auf – sie würde dem Thema aus dem Weg gehen. Sie würde sich vor Vorwürfen und Verachtung verstecken und ohne weitere Erklärung zu ihrem Platz auf dem Land in Bannister zurückkehren. Aber die kleinen Erfordernisse ihrer Position machten dies unmöglich. Außer ihrer Schwesterntasche war ihr Schulranzen das einzige Gepäck, das sie in diesem Moment hatte, und sie wusste, dass sich in ihrer Handtasche nur wenig Geld befand.

Plötzlich wurde ihr klar, dass sie, während sie über die Frage nachdachte, auf einer der Bänke unter den Bäumen auf dem Platz gesessen hatte. Die Sonne ging unter; Der Abend nahte. Wenn sie bis sechs Uhr warten würde, könnte sie vielleicht das Haus betreten, während die anderen Krankenschwestern beim Abendessen waren, unbemerkt in ihr Zimmer gelangen, sich dann einschließen und sich allen Besuchern verweigern. Aber Lloyd machte eine müde und resignierte Bewegung ihrer Schultern. Früher oder später muss sie ihnen allen auf Augenhöhe begegnen. Es würde die Demütigung nur hinauszögern.

Sie stand auf, wandte sich dem Haus zu und begann langsam darauf zuzugehen. Warum es aufschieben? Es würde zu einer Zeit wie zur anderen genauso schwer sein. Aber ihr Schamgefühl war so groß, dass sie schon beim Gehen meinte, selbst die Passanten, die Liegestühle auf den Bänken rund um den Brunnen, müssten wissen, dass es sich hier um eine in Ungnade gefallene Frau handelte. War es nicht schon in ihrem Gesicht zu sehen, in der Unsicherheit ihres Gangs? Sie sagte sich, dass es nicht klug gewesen wäre, auch nur für einen Moment auf der Bank zu sitzen, die sie gerade verlassen hatte. Sie fragte sich, ob sie beobachtet worden war, und blickte sich verstohlen um. Dort! Hat das Kindermädchen sie nicht zu genau beobachtet? Und der Polizist in ihrer Nähe, beobachtete er sie nicht fragend? Sie beschleunigte ihren Gang und bewegte sich mit dem plötzlichen Drang, außer Sichtweite zu verschwinden und sich hinter Türen zu verstecken – wo? Im Haus? Wo müssen ihre Gefährten, die anderen Krankenschwestern, sobald sie den Fuß hinein gesetzt hat, ihre Schande erfahren? Wohin sollte sie gehen? Wohin wenden? Was sollte aus ihr werden?

Aber sie *muss* zum Haus gehen. Es war unvermeidlich. Sie ging sozusagen Schritt für Schritt vorwärts. Diese kleine Reise über den Platz unter den Ulmen und Pappeln war für sie ein wahrer *chemin de la croix*. Jeder Schritt war eine Qual; Jeder zurückgelegte Meter brachte sie der Zeit und dem Ort der Exposition nur näher. Es war umso demütigender, als sie wusste, dass ihr treibendes Motiv nicht die Pflicht war. Darin lag nichts Erhabenes, nichts

Aufopferungsvolles. Sie ging zurück, weil sie zurück musste. Kleine materielle Notwendigkeiten, die in ihrer Kleinlichkeit fast lächerlich waren, zwangen sie dazu.

Als sie näher kam, blickte sie vorsichtig auf die Fenster der Agentur. Wer würde als erster ihre Heimkehr bemerken? Wäre es Miss Douglass oder Esther Thielman oder Miss Bergyn, die Oberschwester? Was würde man ihr zuerst sagen? Mit welchen Worten würde sie antworten? Wie würde dann die Nachricht vom Verrat ihres Vertrauens von Raum zu Raum huschen! Wie würde darüber diskutiert, wie verurteilt, wie bedauert werden! Sie gehörte nicht zu den Krankenschwestern dieser kleinen Gruppe, würde sich aber durch das, was sie getan hatte – durch das, wozu sie gezwungen worden war, nicht verletzt fühlen. Und die Nachricht von ihrem Scheitern würde sich unter allen ihren Bekannten und Freunden in der ganzen Stadt verbreiten. Dr. Street würde es wissen; Jeder Arzt, dem sie bisher eine so willkommene Hilfe gewesen war, wußte es. In allen Krankenhäusern wäre es ein neuntägiger Klatsch. Campbell und Hattie würden davon erfahren.

Plötzlich, nur zehn Meter vom Haus entfernt, drehte sich Lloyd um und entfernte sich schnell davon. Die Bewegung war alles andere als unfreiwillig; Jeder Instinkt in ihr, jedes Schamgefühl wurde brüsk zurückgewiesen. Es war stärker als sie. Eine für den Moment unwiderstehliche Macht zog sie von dieser Tür zurück. Als sie hier eintrat, ließ sie alle Hoffnung hinter sich. Doch die Schwelle muss überschritten werden, doch die Hoffnung muss aufgegeben werden.

Sie hatte das Gefühl, dass sie tatsächlich Aufmerksamkeit erregen würde, wenn sie dieser Situation ein zweites Mal gegenüberstand. Während ihre Wangen angesichts der Gemeinheit, der erbärmlichen Lächerlichkeit des Betrugs heiß glühten, nahm sie einen flotten, entschlossenen Gang an, als wüsste sie genau, wohin sie wollte, und bog vom Platz in eine Seitenstraße ab und ging um den Block herum, hielt sogar ein- oder zweimal vor einem Geschäft an und täuschte Interesse an der Auslage vor. Es kam ihr so vor, als ob inzwischen jeder auf der Straße gemerkt hätte, dass mit ihr etwas nicht stimmte. Als ein Passant zweimal an ihr vorbeiging, blickte sie zurück, um zu sehen, ob er sie beobachtete. Wie überlebt man die nächsten zehn Minuten? Wenn sie nur in ihrem Zimmer wäre, verriegelt, verschlossen und doppelt verriegelt. Warum gab es keinen Hintereingang, durch den sie in diese Abgeschiedenheit kriechen konnte?

Und so kam Lloyd zu dem Haus zurück, das sie gebaut hatte, zu der kleinen Gemeinschaft, die sie so stolz organisiert hatte, zu der Agentur, die sie gegründet und mit ihrem eigenen Geld ausgestattet und unterstützt hatte.

Schließlich befand sie sich am Fuß der Treppe, ihren Fuß auf der untersten Stufe und ihre Hand umklammerte das schwere Bronzegeländer. Jetzt gab es kein Zurück mehr. Sie ging hinauf und drückte den Knopf der elektrischen Klingel, und dann, der Schritt einmal getan, das Unwiderrufliche einmal gewagt, überkam sie so etwas wie die Ruhe der Resignation. Es gab keine Hilfe dafür. Nun zur Tortur. Rownie öffnete ihr mit einem fröhlichen Willkommensgruß die Tür. Lloyd war sich dunkel bewusst, dass das Mädchen etwas über ihre Post sagte und dass sie gerade rechtzeitig zum Abendessen kam. Aber der Flur und das Treppenhaus waren verlassen und leer, während aus dem Esszimmer ein gedämpftes Gesprächsmurmeln und das Klirren von Geschirr drang. Die Krankenschwestern waren beim Abendessen, wie Lloyd gehofft hatte. Der Moment begünstigte sie, sie streifte Rownie und rannte fast panisch und zitternd die Treppe hinauf.

Sie gelangte in die Halle im zweiten Stock. Die Tür ihres Zimmers stand offen. Mit einem kleinen Seufzer unendlicher Erleichterung eilte sie darauf zu, trat ein, verschloss und verriegelte es hinter sich, warf sich, nachdem sie ihren Ranzen und ihre Handtasche abgelegt hatte, auf das große Sofa und vergrub ihren Kopf tief in den Kissen .

Bei Lloyds plötzlichem Eintreten drehte sich Miss Douglass von den Bücherregalen in einer Ecke des Zimmers um und starrte einen Moment nicht wenig überrascht hin. Dann rief sie:

„Warum, Lloyd, warum, was ist – was ist los?"

Beim Klang ihrer Stimme sprang Lloyd abrupt auf und ließ sich dann auf die Sofakante sinken. Leise sagte sie:

„Oh, bist du es? Ich wusste es nicht – ich hatte erwartet, jemanden zu finden –"

„Es macht dir nichts aus, oder? Ich bin nur reingerannt, um ein Buch zu holen – etwas zum Lesen. Ich hatte den ganzen Tag Kopfschmerzen und bin nicht zum Abendessen gegangen."

Lloyd nickte. „Natürlich – es macht mir nichts aus", sagte sie etwas müde.

„Aber sagen Sie mir", fuhr die Fieberschwester fort, „was ist los? Als Sie gerade hereinkamen – ich habe Sie noch nie so gesehen – oh, ich verstehe, Ihr Fall in Medford –"

Lloyds Hände schlossen sich fest um die Kante der Couch.

„Niemand hätte einen Patienten durchbringen können, als das Fieber so weit fortgeschritten war", fuhr der andere fort. „Das muss die fünfte oder sechste Woche gewesen sein. Das zweite Telegramm kam gerade rechtzeitig, um mich am Gehen zu hindern. Ich wollte gerade aus der Tür gehen, als der Junge damit kam."

„Du? Welches Telegramm?" fragte Lloyd.

„Ja, ich hatte Bereitschaftsdienst. Die erste Absendung mit der Bitte um eine weitere zusätzliche Krankenschwester kam gegen zwei Uhr. Ich hielt nicht in Medford an – und, wie gesagt, ich ging gerade aus der Tür, als Dr. Pitts' zweite Depesche eintraf, in der er die erste widerrief und uns mitteilte, dass der Patient gestorben sei. Es scheint, dass es sich um einen der Beamten handelte die Freja-Expedition. Wir wussten nicht –"

"Gestorben?" unterbrach Lloyd und sah sie fest an.

„Aber Lloyd, du darfst dir das nicht so zu Herzen nehmen. Du hättest ihn nicht durchbringen können. Das konnte damals niemand. Er lag wahrscheinlich im Sterben, als man dich holen ließ. Wir müssen alle hin und wieder einen Fall verlieren." "

"Gestorben?" wiederholte Lloyd; „Dr. Pitts hat telegrafiert, dass Mr. Ferriss gestorben ist?"

„Ja, es sollte verhindern, dass ich nutzlos rauskomme. Er muss das Telegramm eine ganze Stunde vor Ihrer Abreise abgeschickt haben. Es war sehr rücksichtsvoll von ihm."

„Er ist tot", sagte Lloyd mit leiser, ausdrucksloser Stimme und blickte sich geistesabwesend im Raum um. „Mr. Ferriss ist tot." Dann schlug sie plötzlich die Faust an die Schläfen, war entsetzt und für einen Moment von Kopf bis Fuß vor Hysterie geschüttelt, ihre Augen weiteten sich mit einem Ausdruck, der fast voller Angst war. "Tot!" Sie weinte. „Oh, es ist schrecklich! Warum habe ich nicht – warum konnte ich nicht –"

„Ich weiß genau, wie Sie sich fühlen", antwortete Miss Douglass beruhigend. „Ich selbst bin manchmal so. Das ist nicht professionell, ich weiß, aber wenn man in zwei oder drei schlimmen Fällen erfolgreich war, denkt man, dass man immer gewinnen kann; und wenn man dann den nächsten Fall verliert, glaubt man, dass es irgendwie so gewesen sein muss." Ihre Schuld – wenn Sie in diesem Moment etwas vorsichtiger gewesen wären oder in diesem bestimmten Punkt etwas anders gehandelt hätten, hätten Sie Ihren Patienten vielleicht gerettet. Aber ausgerechnet Sie sollten sich nicht so fühlen. Wenn Sie hätte Ihren Fall nicht retten können, niemand hätte es können.

„Nur weil ich den Koffer hatte, ging er verloren."

„Unsinn, Lloyd, rede nicht so. Du hast nicht genug geschlafen, deine Nerven sind überanstrengt. Du bist erschöpft und ein wenig hysterisch und krankhaft. Jetzt leg dich hin und bleib ruhig, und ich' Ich bringe dir dein Abendessen. Du brauchst eine gute Nachtruhe und Bromkalium."

Als sie gegangen war, stand Lloyd auf und fuhr sich müde mit der Hand über die Augen. Die Situation passte sich in ihrem Kopf an. Nach dem ersten Schrecken über Ferriss' Tod konnte sie die falsche Haltung erkennen, in der sie sich befand. Sie war bereits so sicher gewesen, dass Ferriss sterben und ihn in einem so kritischen Moment zurücklassen würde, dass die Schärfe von Miss Douglass' Nachricht nun etwas abgeschwächt war. Sie war lediglich auf die Plötzlichkeit des Schocks unvorbereitet gewesen. Aber jetzt verstand sie deutlich, wie Miss Douglass von den Umständen getäuscht worden war. Die Fieberschwester hatte am frühen Nachmittag von Ferriss' Tod erfahren und nahm natürlich an, dass Lloyd den Fall erst *nach* und nicht vorher aufgegeben hatte. Dies war die Geschichte, die die anderen Krankenschwestern glauben würden. Sofort, in der Flut von Trauer, Reue und Demütigung, die sie überwältigt hatte, ergriff Lloyd diesen Strohhalm der Hoffnung. Nur Dr. Pitts und Bennett kannten die wahren Fakten. Bennett wollte natürlich nichts sagen, und Lloyd wusste, dass die Ärztin die Grausamkeit und Ungerechtigkeit ihrer Situation verstehen und aus diesem Grund ebenfalls schweigen würde. Um dies sicherzustellen, könnte sie ihm einen Brief schreiben oder, noch besser, ihn persönlich sehen. Es wäre schwer, ihm die Wahrheit zu sagen. Aber das war nichts im Vergleich zu der weltweiten Denunziation gegen sie.

Wenn sie ihrer Anschuldigung wirklich untreu gewesen wäre, wenn sie tatsächlich im entscheidenden Moment zusammengezuckt und ins Wanken geraten wäre, wäre sie wirklich der Feigling gewesen, diese Täuschung, die ihr im Moment ihrer Rückkehr ins Haus aufgezwungen worden war, dieser Teil, der es war war so einfach zu spielen, wäre eine abscheuliche und unaussprechliche Heuchelei gewesen. Aber Lloyd hatte nicht nachgegeben, war nicht falsch gewesen. Im Grunde ihres Herzens war sie sich selbst und ihrem Vertrauen treu geblieben. Wie sollte sie dann ihre Gefährten täuschen, indem sie ihnen erlaubte, weiterhin an ihre Beständigkeit, Treue und ihren Mut zu glauben? Was sie vor ihnen verbarg, oder besser gesagt, was sie nicht sehen konnten, war ein Zustand der Dinge, den niemand außer ihr selbst verstehen konnte. Sie konnte sich nicht – keine Frau konnte – dazu durchringen, einer anderen Frau zu gestehen, was an diesem Tag in Medford passiert war. Man geht davon aus, dass sie am Bett ihrer Patientin hätte bleiben können, wenn sie es gewollt hätte. Niemand, der Bennett nicht kannte, konnte die schreckliche, gewaltige Kraft des Mannes verstehen.

So sehr sie sich auch bemühte, Lloyd konnte in diesem Moment nicht anders, als an sich selbst zu denken. Bennett wurde ignoriert, vergessen. Einst hatte sie ihn geliebt, aber das war jetzt vorbei. Der Gedanke an Ferriss' Tod, für den sie in gewisser Weise die Verantwortung tragen musste, kam ihr von Zeit zu Zeit in den Sinn und erfüllte sie mit einem Entsetzen und manchmal sogar einem perversen Gefühl der Reue, das kaum in Worte zu fassen war . Aber Lloyds Stolz, ihr Selbstvertrauen, ihre Charakterstärke und Unabhängigkeit waren ihr teurer gewesen als fast alles andere im Leben. Das sagte sie sich und glaubte in diesem Moment aufrichtig. Und obwohl sie wusste, dass ihr

Stolz gedemütigt worden war, war er nicht verschwunden, und es blieb genug davon übrig, um den Wunsch und den Wunsch zu wecken, diese Tatsache vor der Welt geheim zu halten. Es schien sehr einfach zu sein. Sie müsste nur passiv bleiben. Die Umstände spielten für sie eine Rolle.

Miss Douglass kam zurück, gefolgt von Rownie, der ein Tablett trug. Als der Mulatte gegangen war, stellte die Fieberschwester, nachdem sie Lloyds Abendessen auf einem kleinen Tisch neben dem Sofa angerichtet hatte, einen Stuhl heran.

„Jetzt können wir reden“, sagte sie, „es sei denn, Sie sind zu müde. Dieser Fall in Medford hat mich sehr interessiert. Sagen Sie mir, was die unmittelbare Todesursache war; war es eine Perforation oder nur ein allmählicher Zusammenbruch?“

„Es war weder das eine noch das andere“, sagte Lloyd schnell. „Es war eine Blutung.“

Sie hatte die Worte so unbewusst wie ein Grammophon ausgesprochen, und die Lüge war ihr entgangen, bevor sie es merkte. Woher wusste sie, was die unmittelbare Todesursache gewesen war? Welches Recht hatte sie zu sprechen? Warum war es ihr auf einmal so leichtgefallen, etwas zu lügen, obwohl ihr ganzes Leben bis dahin so aufrichtig und echt gewesen war?

„Eine Blutung?“ wiederholte der andere. „Hatte es vorher schon viele gegeben? Gab es eine Wache im Koma, als das Ende kam? Ich –“

„Oh“, rief Lloyd mit einer schnellen Geste der Ungeduld, „frag mich nicht mehr. Ich bin müde – nervös; ich bin erschöpft.“

„Ja, natürlich müssen Sie das sein“, antwortete die Fieberschwester. „Wir werden nicht mehr darüber reden.“

Diese Nacht und der folgende Tag waren schrecklich. Lloyd aß und schlief weder. Nicht ein einziges Mal verließ sie ihr Zimmer und gab vor, krank zu sein, was nicht weit von der Wahrheit entfernt war, und blieb für sich und die Gesellschaft der Gedanken und Schrecken, die ihren Geist bevölkerten. Bis zu diesem Tag in Medford verlief ihr Leben reibungslos und glücklich und in wohlgeordneten Bahnen. Sie war in ihrem gewählten Beruf und ihrer Arbeit erfolgreich. Sie stellte sich vor, stärker und feiner zu sein als die meisten anderen Frauen, und ihre Liebe zu Bennett hatte ihrem Leben ein Glück und eine Süße verliehen, die ihr unbeschreiblich am Herzen lag. Plötzlich und innerhalb einer Stunde hatte sie alles verloren. Ihr Wille war gebrochen, ihr Geist zerschlagen; Sie war gezwungen gewesen, furchtbar maßgeblich am Tod ihres Patienten mitzuwirken – eines Mannes, der sie liebte und ihr vertraute –, während ihre Liebe zu Bennett, die jahrelang ihre tiefe und bleibende Freude gewesen war, der einzige große Einfluss ihres Lebens war kalt und tot und konnte nie wiederbelebt werden.

Dies war letztendlich Lloyds größter Kummer. Sie konnte vergessen, dass sie selbst gedemütigt und gebrochen worden war. So schrecklich, unsagbar schrecklich der Tod von Ferriss ihr auch vorkam, die Verantwortung dafür musste Bennett und nicht ihr zugeschoben werden. Sie hatte getan, was sie konnte. Davon war sie überzeugt. Aber vor allem war Lloyd eine Frau, und ihre Liebe zu Bennett war eine ganz andere Sache.

Als sie während dieser unvergesslichen Szene im Frühstücksraum des Hauses des Arztes Bennett gewarnt hatte, dass er ihre Zuneigung zu ihm ausmerzen würde, wenn er an seinem wahnsinnigen Vorsatz festhielt, hatte Lloyd nur halb geglaubt, was sie sagte sagte. Aber als ihr schließlich klar wurde, dass sie klüger gesprochen hatte, als sie wusste, dass dies tatsächlich wahr war und dass sie ihn jetzt, egal wie sehr sie es auch wünschte, nicht mehr lieben konnte, schien es, als ob ihr Herz es tun müsste brechen. Es war genau so, als wäre Bennett selbst, der Bennett, den sie gekannt hatte, ausgelöscht worden. Es war viel schlimmer, als wenn Bennett einfach gestorben wäre. Selbst dann hätte er noch irgendwo für sie existiert. So wie es war, hörte der Mann, den sie gekannt hatte, einfach unwiderruflich und endgültig auf zu sein, und die Wärme ihrer Liebe schwand und wurde kalt, weil es nun nichts mehr gab, wovon sie sich hätte nähren können.

Bis dahin hatte Lloyd nie gemerkt, wie sehr er ihr bedeutet hatte; wie er nicht nur eine so große Rolle in ihrem Leben gespielt hatte, sondern wie er zu einem echten Teil ihres Lebens geworden war. Ihre Liebe zu ihm war wie die Luft, wie das Sonnenlicht; war fein verwoben und mit all den unzähligen Feinheiten ihres Lebens und Charakters verflochten. Es war buchstäblich keine Stunde vergangen, in der er ihre Gedanken nicht direkt oder indirekt beschäftigt hätte. Er war ihre Inspiration gewesen; Er hatte in ihr den Wunsch geweckt, mutig, stark und entschlossen zu sein, und durch ihn interessierten sie sich für die größeren Dinge der Welt. Sie hatte sich für eine Aufgabe entschieden, weil er ihr ein Beispiel gegeben hatte. Nur damit sie ihre Weiblichkeit bewahrte, wollte auch sie darauf zählen, weiterhelfen und ihren Platz im Fortschritt der Welt einnehmen. In Wirklichkeit waren alle ihre Ambitionen und Hoffnungen nur auf ein Ziel gerichtet, nämlich darauf, dass sie ihm ebenbürtig sein könnte; dass er in ihr eine Gefährtin und Vertraute finden möge; jemand, der seine Begeisterung teilen und seine umfangreichen Projekte und großen Ziele verstehen konnte.

Und wie hatte er sie behandelt, als ihr endlich Gelegenheit geboten wurde, ihre Rolle zu spielen, mutig und stark zu sein, sich gegen große Widrigkeiten durchzusetzen, während er daneben stand, um zu sehen? Er hatte das, was sie jahrelang aufgebaut hatte, ignoriert und missverstanden und als kindisch und absurd beiseite geworfen. Anstatt ihren Heldenmut zu würdigen, hatte er sie gezwungen, in den Augen der Welt ein Feigling zu werden. Sie hatte gehofft, ihm ebenbürtig zu sein, und er hatte sie wie ein Schulmädchen behandelt. Es war alles ein Fehler gewesen. Sie war und konnte nicht die Frau sein, auf die sie gehofft hatte. Er war und war nie der Mann, den sie sich vorgestellt hatte. Sie hatten nichts gemeinsam.

Aber es war nicht einfach, Bennett aufzugeben und ihn aus ihrem Leben verschwinden zu lassen. Sie wollte ihn trotzdem lieben. Mit ganzem Herzen und ganzer Kraft, trotz allem – Frau, die sie war, war sie dazu gekommen – trotz allem wollte sie ihn lieben. Obwohl er ihren Willen gebrochen, ihre Ambitionen vereitelt, ihre gehegten Hoffnungen ignoriert, sie missverstanden und getäuscht hatte, hätte Lloyd ihn, wenn sie es gekonnt hätte, trotzdem geliebt, sogar weil er stärker als sie gewesen war.

Immer wieder versuchte sie, diese tote Zuneigung zu erwecken, diese verschwundene Liebe zurückzurufen. Sie versuchte sich an den Bennett zu erinnern, den sie gekannt hatte; sie sagte sich, dass er sie liebte; dass er gesagt hatte, dass die großen Dinge, die er getan hatte, nur im Hinblick auf ihre Zustimmung getan worden seien; dass sie seine Inspiration nicht weniger gewesen war als er ihre; dass er sich nicht nur ins Leben, sondern auch zu ihr zurückgekämpft hatte. Sie dachte an alles, was er erlitten hatte, an die Nöte und Entbehrungen, die er durchgemacht hatte, jenseits ihrer Vorstellungskraft. Sie versuchte, sich an die unendliche Freude jener Nacht zu erinnern, als sie die Nachricht von seiner sicheren Rückkehr erreichte; Sie dachte an ihn von seiner besten Seite – wie er ihr immer als der Typ des perfekten Mannes vorgekommen war, meisterhaft, aggressiv, der große Projekte mit einer Energie und Entschlossenheit vollbrachte, die fast übermenschlich war, einer der größten Männer der Welt, dessen Name noch immer die Welt kennt schrie. Sie erinnerte sich daran, wie rau sein Gesicht war; mit seinen massiven Linien und scharfen Winkeln hatte sie angezogen; Wie stolz sie auf die Stärke seines Riesen gewesen war, auf die enorme Spannweite seiner Schultern, auf die stierartige Tiefe seiner Brust, auf das Gefühl enormer körperlicher Kraft, das jede seiner Bewegungen verriet.

Aber es hatte alles keine Wirkung. Dieser Bennett war für sie mehr als tot. Der Bennett, der ihr jetzt in den Sinn kam und sich vorstellte, war der brutale, perverse Mann aus dem Frühstücksraum von Medford, grob, unverschämt, widerspenstig, der alles, was das Schönste in ihr war, ausmerzte und genau die Geschenke, die er ihr inspiriert hatte, brach und wegschleuderte ihm anzubieten. Es störte ihn nicht, dass sie in den Augen der Welt erniedrigt dastand. Er wollte nicht, dass sie mutig und stark war. Sie hatte sich geirrt; Es war nicht die Art von Frau, die er sich gewünscht hatte. Er hatte nicht anerkannt, dass sowohl sie als auch er – eine Frau wie ein Mann – ihre Prinzipien, ihre Ehrenmaßstäbe und ihre Pflichtvorstellungen haben könnten. Es war also nicht ihr Charakter, den er schätzte; der Adel ihrer Natur bedeutete ihm nichts; Er kümmerte sich nicht um das feine Gefüge ihres Geistes. Wie gefiel sie ihm dann? Es war nicht ihr Verstand; es war nicht ihre Seele. Was blieb dann übrig? Nichts als das Physische. Die Schande daran; die Verschlechterung davon! Sich so grausam in dem Mann zu irren, den sie liebte, ihn nur von seiner unteren Seite ansprechen zu können! Lloyd verschränkte die Hände vor den Augen und biss die Zähne zusammen, um einen Schrei voller Kummer, Schmerz und ohnmächtiger Wut zu unterdrücken. Nein, nein, jetzt war es unwiderruflich; Jetzt wurden ihr die Augen geöffnet. Der Bennett, den sie gekannt und geliebt hatte, war lediglich ein Geschöpf ihrer eigenen Fantasie gewesen; der wahre Mann hatte plötzlich sich selbst entdeckt; und diesen Mann hasste sie wider Willen, wie ein Opfer seinen Tyrannen hasst.

Aber ihre Trauer über ihr verschwundenes Glück – das Glück, das diese Liebe, so falsch sie auch sein mochte, in ihr Leben gebracht hatte – war erbärmlich. Lloyd konnte nicht daran denken, ohne dass ihr der Atem stockte und ihr die Tränen in die trüben blauen Augen stiegen, während sie zeitweise von einem regelrechten Anfall von Kummer erfasst wurde und sie der Länge nach mit vergrabenem Gesicht und ganzer Haut auf die Couch warf Der Körper wurde von unterdrücktem Schluchzen geschüttelt. Es war weg, es war weg und konnte nie wieder zurückgerufen werden. Wofür blieb ihr jetzt noch das Leben übrig? Warum ihren Beruf fortsetzen? Warum mit der Arbeit weitermachen? Welche Freude nun am Streben und Überwinden? Wo war jetzt der Reiz des Kampfes mit dem Feind, selbst wenn sie noch die Kraft hätte, den Kampf fortzusetzen? Wer war jetzt da, um zu gefallen, zu billigen, zu ermutigen? Zu welchem Zweck die Tage schwerer Verantwortung, die langen, stillen Nächte der Wachsamkeit?

Sie begann an sich selbst zu zweifeln. Bennett, der Mann, hatte seine Arbeit um ihrer selbst willen geliebt. Aber wie steht es mit ihr selbst, der Frau? In welchem Geist war sie ihrer Arbeit nachgegangen? War sie doch echt gewesen? Hatte sie es nicht eher als Mittel denn als Zweck unternommen – nicht weil es ihr wichtig war, sondern weil sie glaubte, er würde es gutheißen, weil sie gehofft hatte, durch die Arbeit eine engere Freundschaft mit ihm zu entwickeln? Sie fragte sich, ob das immer so sein musste – der Mann liebte die Arbeit um der Arbeit willen; die Frau, komplexer, schwächer und abhängiger, verrichtet die Arbeit nur in Bezug auf den Mann.

Aber oft misstraute sie ihren eigenen Schlussfolgerungen, und das zweifellos zu Recht. Ihr Verstand war noch zu verwirrt, um ruhig, nüchtern und genau zu argumentieren. Ihr Kummer war noch zu heftig, zu ergreifend, als dass sie logisch vorgehen konnte. Einmal war sie fast bereit zuzugeben, dass sie Bennett falsch eingeschätzt hatte; dass er, obwohl er grausam und ungerecht gehandelt hatte, das getan hatte, was er für das Beste hielt. Sein Opfer von

Ferriss war ein ausreichender Garant für seine Aufrichtigkeit. Aber dieses Misstrauen gegenüber sich selbst hatte keinen Einfluss auf ihre Gefühle ihm gegenüber. Es gab Momente, in denen sie sein Vergehen duldete; Es gab keinen Moment, in dem sie ihn nicht hasste.

Und dieses Gefühl des Hasses selbst, unabhängig von und unabhängig von seinem Gegenstand, war ihr widerwärtig und fremd. Noch nie in ihrem Leben hatte Lloyd jemanden gehasst. Freundlich zu sein, sanft zu sein, weiblich zu sein war ihre zweite Natur, und Freundlichkeit, Sanftmut und Weiblichkeit waren Eigenschaften, die ihr Beruf nur intensivierte und vertiefte. Dieser Neuling in ihrem Herzen, dieser wilde, böse Besucher, der sie von Tag zu Tag und in so vielen wachen Nächten anstachelte, stach und quälte, der das ungewöhnliche Aufblitzen in ihren Augen hervorrief und das heiße, wütende Blut in ihre glatte Haut trieb, Sie hatte eine weiße Stirn und zog die Brauen zu einem dunklen, gesenkten Stirnrunzeln zusammen. Sie war unerwünscht und unerwünscht in ihr Leben und Wesen eingedrungen. Es gehörte nicht zu ihrer Welt. Doch dort saß es deformiert und abscheulich auf seinem usurpierten Thron, vertrieb alle Zärtlichkeit und Gewissensbisse, beherrschte sie mit eiserner Rute, verhärtete sie, verbitterte sie und erniedrigte sie, verspottete alle Süße, verspottete Adel und Großmut, Senken der Königin auf das Niveau der Fischfrau.

Als der erste Schrecken der Katastrophe ihre Kraft aufgezehrt hatte und Lloyd sich notgedrungen wieder dem Leben zuwenden musste, das sie führen musste, nach seinen verstreuten, verworrenen Enden suchend und die zerbrochenen Fragmente, so gut sie konnte, wieder zusammensetzen musste, machte sie sich ehrlich ans Fahren dieser Hass aus ihrem Herzen. Wenn sie Bennett nicht lieben konnte, brauchte sie ihn zumindest nicht zu hassen. Sie wurde dazu bewegt, weil sie sich nicht um Bennett kümmerte. Es war keine Gegenleistung, die sie ihm schuldig war, sondern etwas, das eher ihr selbst zu verdanken war. Doch so sehr sie sich auch bemühte, der Hass blieb bestehen. Sie konnte es nicht von sich lassen. Verletze sie und kontaminiere sie, denn trotz all ihrer Bemühungen, trotz ihrer Gebete wohnte das Böse bei ihr, tief verwurzelt, stark, bösartig. Sie sah ein, dass sie am Ende ihrem Beruf nachgehen würde, aber sie glaubte, dass sie ihn nicht konsequent weiterführen konnte, da er auf Mitgefühl, Liebe und Freundlichkeit beruhte, während ihr ein fester, aktiver Hass innewohnte, der sie belästigte Sie in jedem Moment und pervertiert jeden guten Impuls und jedes selbstlose Verlangen. Es war ein Verbündeter genau des Feindes, gegen den sie kämpfen sollte, ein Verräter, der jeden Moment die Tore für seinen triumphalen Einzug öffnen könnte.

Aber war dies sein einziger Verbündeter? War dies der einzige falsche und hässliche Eindringling, der ihre zerschmetterte Verteidigung ausgenutzt hatte? War der unwillkommene Besucher allein in ihr Herz eingedrungen?

Gab es nicht einen noch böseren, perverseren, heimtückischeren, gefährlicheren Gefährten? Zum ersten Mal wusste Lloyd, was es bedeutete, zu täuschen.

Ihre Begleiter vermuteten und akzeptierten es als Selbstverständlichkeit, dass sie das Bett ihres Patienten erst nach seinem Tod verlassen hatte. Zunächst hatte sie diesen Fehler freudig als ihre Erlösung begrüßt, als den einzigen glücklichen Zufall, der ihr das Leben ermöglichen sollte, und eine Zeit lang nicht darüber nachgedacht. Diese Phase des Vorfalls wurde abgeschlossen. Die Dinge würden sich neu ordnen. In ein paar Tagen würde der Vorfall vergessen sein. Aber sie stellte fest, dass sie es selbst nicht vergessen konnte und dass ihr im Laufe der Tage immer häufiger der Gedanke an diese passive, stille Täuschung kam, die sie aufrechterhalten musste. Sie erinnerte sich wieder daran, wie leichtfertig und leichtfertig sie ihre Freundin am Abend ihrer Rückkehr angelogen hatte. Wie kam es, dass die Lüge so sanft über ihre Lippen geflossen war? Soweit sie wusste, hatte sie noch nie vorsätzlich gelogen. Sie hätte geglaubt, dass es ihr aufgrund dieser Tatsache schwer fallen würde, zu lügen, dass sie stümpern, zögern und stottern würde. Aber das Gegenteil war der Fall. Die Leichtigkeit, mit der sie die Lüge ausgesprochen hatte, begann sie nun zu beunruhigen und zu beunruhigen. Es handelte sich um einen plötzlichen Zusammenbruch ihres gesamten Moralsystems, um eine grundlegende Störung der gesamten Maschinerie.

Plötzlich zuckte sie zurück. Wohin tendierte sie? Wenn sie sich dem Strom der Umstände einfach hingab, wohin würde man sie dann tragen? Doch wie sollte sie sich aus der Strömung befreien, wie sollte sie dieser neuen Situation begegnen, die sich plötzlich zu einem Zeitpunkt bot, als sie geglaubt hatte, der wahre Schock des Kampfes und der Auseinandersetzung sei vorbei und vorbei?

Wie sollte sie jetzt zurückgehen? Wie konnte sie ihren Weg zurückverfolgen? Es gab nur einen Weg: den falschen Eindruck korrigieren. Es wäre nicht notwendig anzuerkennen, dass sie gezwungen war, ihren Posten aufzugeben; Das Wesentliche war, dass ihre Begleiter wussten, dass sie sie getäuscht hatte – dass sie das Krankenbett vor dem Tod ihrer Patientin verlassen hatte. Aber bei dem Gedanken, ein solches Geständnis abzulegen, so öffentlich es auch sein musste, empörte sich alles, was von ihrem verletzten Stolz übrig geblieben war. Sie, die so standhaft gewesen war, sie, die so beharrlich an ihren Prinzipien festgehalten hatte, sie, die ihnen als Beispiel für Hingabe und Mut gedient hatte – dazu konnte sie sich nicht durchringen.

„Nein, nein", rief sie, als ihr diese Alternative in den Sinn kam. „Nein, das kann ich nicht. Das ist mir ein Rätsel. Ich kann es einfach nicht tun."

Aber sie konnte es. Ja, sie könnte es tun, wenn sie würde. Tief in ihrem Kopf entstand dieser kleine Gedanke. Sie könnte, wenn sie wollte. So sehr sie es auch verbarg, vertuschte und begrub es mit allen falschen Überlegungen, die sie erfinden konnte, der kleine Gedanke würde nicht erstickt, nicht unterdrückt werden. Nun, dann würde sie es nicht tun. War es nicht ihre Chance? War diese Täuschung, die andere und nicht sie selbst geschaffen hatten, nicht vielmehr ihre Gelegenheit, sich zu erholen, auszuleben, was getan worden war – wozu sie gezwungen worden war? Absolutes Recht konnte nie erreicht werden; War das Leben nicht eher im Lichte eines Kompromisses zwischen Gut und Böse zu betrachten? War das nicht die goldene Mitte, zu tun, was man unter den gegebenen Umständen tun konnte?

Aber sie sollte es tun. Und schnell tauchte in den tieferen Tiefen ihres Geistes ein weiterer kleiner Gedanke auf und nahm seinen Platz neben dem anderen ein. Es war richtig, dass sie wahr sein sollte. Sie sollte das Richtige tun. Argumente, die Einreden der Schwäche, die Forderungen nach Zweckmäßigkeit, die Plausibilität eines Kompromisses waren alle nutzlos . Der Gedanke „Ich sollte" blieb bestehen und blieb bestehen. Sie konnte und sie sollte. Es gab keine Entschuldigung für sie, und kaum hatte sie die zwielichtige Masse an Sophistiken beiseite geschoben, unter der sie sie zu verbergen versucht hatte, kaum hatte sie Licht hereingelassen, als diese beiden Vorstellungen von Pflicht und Wille plötzlich zu wachsen begannen.

Aber was sollte sie gewinnen? Was würde das Ergebnis eines solchen Kurses sein, den ihr Gewissen von ihr verlangte? Es war unvermeidlich, dass sie missverstanden und grausam falsch eingeschätzt wurde. Welche Maßnahmen würde ihr Geständnis nach sich ziehen? Sie konnte es nicht sagen. Aber die Ergebnisse spielten keine Rolle; Was sie gewinnen oder verlieren würde, spielte keine Rolle. Um sie herum und vor ihr war alles dunkel und vage und schrecklich. Wenn sie fliehen sollte, gab es nur eines zu tun. Plötzlich kamen ihr ihre eigenen Worte wieder in den Sinn:

„Alles, was wir tun können, ist, an dem festzuhalten, von dem wir wissen, dass es richtig ist, und darauf zu vertrauen, dass am Ende alles gut wird."

Sie wusste, was richtig war, und sie hatte die Kraft, daran festzuhalten. Dann überkam Lloyd plötzlich ein großartiges, atemloses Gefühl der Erbauung, fast einer Verklärung. Sie fühlte sich hoch über die Sphäre der Kleinigkeiten getragen, über die Region kleinlicher Überlegungen. Was kümmerte sie um Konsequenzen, was lag ihr am Herzen, die ungerechtfertigte Verurteilung ihrer Welt, wenn sie nur sich selbst treu blieb, wenn sie nur das Richtige tat? Was kümmerte sie um das, was sie gewann? Es ging nicht mehr um Gewinn oder Verlust – es ging darum, treu, stark und mutig zu sein. Der Konflikt an jenem Tag in Medford zwischen der Macht des Mannes und dem Widerstand der Frau war grausam gewesen, die Krise war heftig gewesen, und obwohl sie damals besiegt worden war, war sie schließlich unwiderruflich gewesen? Nein, sie wurde nicht besiegt. Nein, sie war nicht unterwürfig. Ihr Wille war nicht gebrochen worden, ihr Mut war nicht entmutigt worden, ihre Kraft war nicht geschwächt worden. Hier war der größere Kampf, hier war die höchste Prüfung. Hier war die ultimative, höchste Krise von allen, und hier kam endlich, was kommen konnte, sie wollte nicht, wollte nicht, würde nicht scheitern.

Sobald Lloyd zu diesem Schluss gekommen war, machte sie sich daran, ihren Entschluss in die Tat umzusetzen.

„Wenn ich es jetzt nicht tue, solange ich stark bin“, sagte sie sich, „wenn ich warte, werde ich es nie tun.“

Vielleicht war schon damals in ihrem Handeln noch ein Anflug von Hysterie. Die klirrenden weiblichen Nerven vibrierten noch weit über ihrer normalen Tonhöhe; Sie war überreizt und überempfindlich, denn so wie ein Fanatiker sich eifrig auf das Feuer und den Stahl stürzt und die exquisitere Folter bevorzugt, so suchte Lloyd nach der schmerzhafteren Situation, der schwierigeren Prüfung, nach der Vorgehensweise, die die größte Stärke erforderte , der unerschütterlichste Mut.

Sie beschloss, ihre wahre Position bekannt zu geben, um den falschen Eindruck zu korrigieren, und zwar zu einem Zeitpunkt, an dem alle Pfleger des Hauses zusammen sein sollten. Das wäre zur Abendessenzeit. Seit ihrer Rückkehr aus Medford hatte sich Lloyd von den anderen Bewohnern des Hauses isoliert und ihre Mahlzeiten in ihrem Zimmer eingenommen. Außer Miss Douglass und der Oberschwester hatte sie niemand gesehen. Sie hatte ihre Zeit damit verbracht, ausgestreckt auf dem Sofa zu liegen, die Hände hinter dem Kopf verschränkt, auf dem Boden auf und ab zu gehen oder lustlos aus dem Fenster zu starren, während ihre Gedanken im Galopp durch ihren Kopf rasten.

Jetzt jedoch regte sie sich. Am frühen Nachmittag des dritten Tages nach ihrer Rückkehr war sie zu ihrer endgültigen Entscheidung gekommen und beschloss sofort, die Tortur noch am selben Abend zu ertragen.

Die dazwischenliegende Zeit verbrachte sie auf merkwürdige Weise damit, ihr Zimmer sehr sorgfältig in Ordnung zu bringen, die wenigen Verzierungen auf dem Kaminsims und an den Wänden zurechtzurücken und wieder in Ordnung zu bringen, die Uhr aufzuziehen, die statt der Stunden die Schiffsglocken schlug, und die Briefe sorgfältig zu sortieren Papiere in ihrem Schreibtisch. Es war, als würde sie eine lange Reise unternehmen oder sich auf eine schwere Krankheit vorbereiten. Gegen vier Uhr schaute Miss Douglass hinein, um zu fragen, wie es ihr ginge, und fand sie vor ihrem Spiegel, wie sie sorgfältig ihre großen dunkelroten Haarbänder und Zöpfe kämmte und ordnete. Die Fieberschwester erklärte, ihr Aussehen habe sich enorm verbessert und fragte sofort, ob es ihr nicht besser gehe.

„Ja", antwortete Lloyd, „sehr viel besser" und fügte hinzu: „Ich werde heute Abend zum Abendessen gehen."

Aus irgendeinem Grund, den sie sich nicht erklären konnte, legte Lloyd ungewöhnlich viel Wert auf ihre Toilette und debattierte lange über jedes Detail der Kleidung und des Schmucks. Endlich, gegen fünf Uhr, war sie bereit und setzte sich mit einem Buch auf dem Schoß an ihr Fenster, um auf die Ankündigung des Abendessens zu warten, wie die Verurteilten auf die Vorladung zur Hinrichtung warten.

Ihr Plan bestand darin, ihr Erscheinen im Speisesaal so lange aufzuschieben, bis sie sicher war, dass alle anwesend waren; Dann ging sie hinab und stand dort vor ihnen allen, sagte, was sie zu sagen hatte, legte ohne Entschuldigung oder Linderung die wenigen nackten Tatsachen des Falles dar und überließ es ihnen, die eine unvermeidliche Schlussfolgerung zu ziehen.

Doch diese letzte Stunde des Wartens war für Lloyd eine lange Qual. Ihre Stimmung änderte sich mit jedem Moment; Die Aktion, über die sie nachdachte, präsentierte sich in einer Vielzahl unterschiedlicher Lichter vor ihrem Geist. Einmal zitterte sie vor Angst, als ob sich langsam heiße Eisen näherten. Zum anderen sah sie keinen Grund, sich über die Angelegenheit große Sorgen zu machen. War die ganze Angelegenheit doch so viel wert? Ihre Begleiter würden sich aus eigenem Antrieb für sie entschuldigen. Im Falle einer bösartigen, ansteckenden Krankheit sein Leben zu riskieren, war keine Kleinigkeit. Es kann niemandem vorgeworfen werden, dass er einen solchen Fall verlassen hat. In einem Moment kam ihr Lloyds Idee einer öffentlichen Beichte kaum weniger als erhaben vor; zum anderen fast lächerlich. Aber sie erinnerte sich an den Fall von Harriet Freeze, die der stillen, unausgesprochenen Meinung ihrer Kollegen nicht widerstehen konnte. Es wäre seltsam, wenn Lloyd aus dem Haus vertrieben würde, das sie gebaut hatte.

Die Stunde vor dem Abendessen schien endlos; Das Viertel verging, dann die Hälfte, dann die Dreiviertel. Lloyd bildete sich ein, einen schwachen Küchengeruch in der Luft wahrzunehmen. Plötzlich begannen die restlichen Minuten der Stunde mit verwirrender Geschwindigkeit vom Zifferblatt ihrer Uhr zu verschwinden. Aus dem Salon direkt darunter drangen die Klänge des Klaviers. Das war zweifellos Esther Thielman, die eine ihrer endlosen polnischen Kompositionen spielte. Plötzlich verstummte das Klavier, und mit einem schnellen Kummer hörte Lloyd, wie die Schiebetüren, die das Wohnzimmer vom Esszimmer trennten, zurückgerollt wurden. Miss Douglass und eine andere Krankenschwester, Miss Truslow, ein junges Mädchen, ein Neuling im Haus, kamen aus dem Zimmer der ersteren und gingen die Treppe hinunter, wobei sie darüber diskutierten, ob Sackleinen besser sei als Tapeten. Lloyd hörte sogar Miss Truslows Bemerkung:

„Ja, das stimmt, aber wenn es nicht dimensioniert ist, knittert es bei feuchtem Wetter."

Rownie kam an Lloyds Tür, klopfte und sagte, ohne eine Antwort abzuwarten:

„Dinneh ist serviert, Miss Searight", und Lloyd hörte, wie sie in Miss Bergyns Zimmer weiter unten im Flur die gleiche Ankündigung machte. Einer nach dem anderen hörte Lloyd, wie die anderen die Treppe hinuntergingen. In den Zimmern und Fluren im zweiten Stock herrschte Stille. Ein leises, gedämpftes Gesprächsmurmeln drang in Richtung Esszimmer an ihre Ohren. Lloyd wartete fünf, zehn, fünfzehn Minuten. Dann erhob sie sich, holte tief Luft und richtete sich zu ihrer vollen Größe auf. Sie ging zur Tür, hielt dann einen Moment inne und blickte zurück auf all die vertrauten Gegenstände – die schlichten, reichen Möbel, die Bücherregale, das große, bequeme Sofa, den altmodischen runden Spiegel, der zwischen den Fenstern hing, und ihr Schreibtisch aus geschwärztem Mahagoni. Es schien ihr, als würde sie diese Dinge irgendwie nie wieder sehen, als würde sie sich von ihnen und dem Leben verabschieden, das sie in diesem Raum und in ihrer Umgebung geführt hatte. Sie würde eine andere Frau sein, wenn sie in dieses Zimmer zurückkäme. Langsam stieg sie die Treppe hinunter und blieb unten im Flur einen Moment stehen. Auch jetzt war es noch nicht zu spät, umzukehren. Sie konnte ihre Begleiter beim Abendessen deutlich hören und Esther Thielmans Lachen hören, als sie ausrief:

„Natürlich ist das genau das, was ich meine."

Es war eine seltsame Überraschung, die Lloyd für sie alle bereithielt. Ihr Herz begann schwer und heftig zu schlagen. Konnte sie überhaupt ihre Stimme zum Sprechen finden, wenn die Zeit gekommen war? Wäre es nicht besser, es aufzuschieben und bis morgen früh noch einmal über die ganze Sache nachzudenken? Aber sie bewegte ungeduldig den Kopf. Nein, sie würde nicht umkehren. Sie stellte fest, dass die Schiebetüren im Wohnzimmer geschlossen waren, und ging zu der Tür, die vom Flur aus in das Esszimmer führte. Es stand angelehnt. Lloyd stieß die Tür auf, trat ein, schloss die Tür hinter sich und lehnte sich dagegen.

Der Tisch war fast voll; nur zwei oder drei Plätze außer ihrem eigenen waren unbesetzt. An der Spitze stand Miss Bergyn; die Fieberschwester, Miss Douglass, zu ihrer Rechten, und weiter unten sah Lloyd Esther Thielman; Delia Craig, gerade zurück von einem chirurgischen Fall bei Dr. Street; Miss Page, die älteste und erfahrenste Krankenschwester von allen; Gilbertson, die jeder bei ihrem Nachnamen nannte; Miss Ives und Eleanor Bogart, die beide einen Doktortitel erworben hatten und hätten praktizieren können, wenn sie es gewollt hätten; Miss Wentworth, die eine Lehre in einem Missionskrankenhaus in Armenien absolviert hatte und Clara Barton gekannt hatte, und zu guter Letzt die Neuankömmling, Miss Truslow, sehr jung und sehr hübsch, die noch nie einen Fall gehabt hatte und gegen wen Diplom war die Tinte kaum trocken.

Zuerst war sie so leise eingetreten, dass niemand Lloyd beachtete, und sie stand einen Moment mit dem Rücken zur Tür und fragte sich, wie sie anfangen sollte. Alle schienen bester Laune zu sein; ein Gerede lag in der Luft; Die Gespräche gingen weiter, wurden über den Tisch hinweg oder über dazwischenliegende Schultern geführt.

„Natürlich, verstehen Sie nicht, das ist genau das, was ich meinte –"

„–Ich denke, Sie können es aber auch schon in der richtigen Größe bekommen, und wenn Sie möchten, mit einer Schablonenfigur –"

„—Wirklich, es ist sehr interessant; der erste Teil ist dumm, aber sie hat einige sehr gute Ideen."

„–Ja, bei Vanoni. Aber wir bekommen eine Ermäßigung, wissen Sie–"

„– und, oh, hör zu; das ist zu lustig; sie drehte sich um und sagte sehr prüde und steif: ‚Nein, in der Tat; ich bin eine zu alte Frau.‘ Komisch! Wenn ich auf meinem Sterbebett daran denke, werde ich lachen –"

„– und damit war die Sache erledigt. Wie könnte ich danach weitermachen – ?"

„—Muss man es anheften? Die Wände sind so hart—"

„Lass Rownie es machen; sie weiß es. Oh, hier ist der Invalide!"

„Oh, warum, es ist Lloyd! Wir sind so froh, dass du herunterkommen kannst!"

Aber als sie mit dem Ausrufen über ihr Wiederauftauchen unter ihnen fertig waren, blieb Lloyd immer noch so, wie sie war, mit dem Rücken zur Tür gelehnt, ganz aufrecht stehend, die Hände an ihrer Seite. Sie antwortete nicht sofort. Köpfe wurden in ihre Richtung gedreht. Das Gespräch verstummte immer mehr, als ihnen die Blässe ihres Gesichts und der seltsame, feste Mundwinkel auffielen.

„Setzen Sie sich, Lloyd", sagte Miss Bergyn; „Steh nicht auf. Dir geht es noch nicht sehr gut; ich lasse dir von Rownie ein Glas Sherry bringen."

Es herrschte Stille. Dann ausführlich:

„Nein", sagte Lloyd leise. „Ich möchte keinen Sherry. Ich möchte kein Abendessen. Ich bin heruntergekommen, um Ihnen zu sagen, dass Sie alle falsch liegen, wenn Sie glauben, dass ich bei meinem Typhusfall in Medford getan habe, was ich konnte. Sie denken, ich bin erst nach dem Patienten gegangen Ich war gestorben. Ich nicht; ich bin vorher gegangen. Es gab eine Art Krise. Ich weiß nicht, was es war, weil ich zu der Zeit nicht im Krankenzimmer war und auch nicht hingegangen bin, als ich gerufen wurde . Der Arzt war auch nicht da; er war hinausgegangen und hatte den Fall mir überlassen. Außer einem Diener war niemand bei dem Patienten. Der Diener rief mich, aber ich ging nicht. Stattdessen ging ich weg und verließ das Haus. Der Patient starb am selben Tag. Das wollte ich Ihnen sagen. Verstehen Sie alle – vollkommen? Ich habe meinen Patienten im Moment einer Krise zurückgelassen, und niemand war bei ihm außer einem Diener. Und er starb noch am selben Tag Nachmittag."

Dann ging sie hinaus, und das Schließen der Tür erschütterte scharf die große Stille, die sich im Raum ausgebreitet hatte.

Lloyd ging zurück in ihr Zimmer, schloss die Tür, ließ sich neben dem Sofa auf den Boden sinken und senkte den Kopf auf die verschränkten Arme. Aber sie hatte keine Lust zu weinen und ihre Augen waren trocken. Sie war sich vor allem bewusst, dass sie einen unwiderruflichen Schritt getan hatte und dass ihr Kopf zu schmerzen begann. Es herrschte keine Hochstimmung mehr in ihrem Kopf; Sie verspürte nichts von der Befriedigung, eine Errungenschaft nach dem anderen zu erreichen, einen Triumph nach dem anderen zu erringen. Mehr als einmal fragte sie sich sogar, ob ihr Geständnis überhaupt nötig gewesen sei. Aber jetzt war sie der ganzen erbärmlichen Angelegenheit zu Tode überdrüssig. Jetzt wusste sie nur, dass ihr Kopf heftig schmerzte; Sie wollte weder in die Vergangenheit noch in die Zukunft blicken. Die Gegenwart beschäftigte sie; Im Moment tat ihr der Kopf weh.

Doch bevor Lloyd an diesem Abend zu Bett ging, erfuhr Miss Bergyn die ganze Wahrheit darüber, was im Haus von Dr. Pitts passiert war. Die Oberschwester war Lloyd fast sofort in ihr Zimmer gefolgt und ließ sich nicht abweisen. Sie wusste sehr gut, dass Lloyd Searight nie freiwillig einen sterbenden Patienten verlassen hatte. Intuitiv erriet sie etwas Verborgenes.

„Lloyd", sagte sie entschieden, „verlangen Sie von mir nicht den Glauben, dass Sie aus freien Stücken gegangen sind. „Ich habe das Wort nicht gesagt. Es gab einen sehr guten Grund, nicht wahr?"

„Ich – ich kann es nicht erklären", antwortete Lloyd. „Du musst darüber nachdenken, was du wählst. Du würdest es nicht verstehen."

Aber glücklicherweise verstand Miss Bergyn, als Lloyds Zurückhaltung endlich aufhörte. Die Oberschwester kannte Bennett nur aus Berichten. Aber sie kannte Lloyd schon seit Jahren und erkannte, dass sie erst nachgegeben hatte, nachdem die letzte Hoffnung auf die Probe gestellt worden war. Am Ende erzählte ihr Lloyd alles, was passiert war. Aber obwohl sie sogar Bennetts Zuneigung zu ihr zugab, sagte sie nichts über sich selbst, und Miss Bergyn fragte nicht danach.

„Ich weiß natürlich", sagte die Oberschwester schließlich, „Sie hassen den Gedanken, dass Sie dazu gezwungen wurden; aber Männer sind stärker als Frauen, Lloyd, und so ein Mann wie dieser muss stärker sein als die meisten Männer. Sie." Wir hatten keine Schuld, weil Sie den Fall aufgegeben haben, und Sie sind sicherlich nicht für den Tod von Mr. Ferriss verantwortlich. Jetzt werde ich hier im Haus bekannt geben, dass Sie einen sehr guten Grund hatten, Ihren Fall aufzugeben, und das solange wir können „Ich erkläre es nicht näher, ich habe mit Ihnen gesprochen und weiß alles darüber und bin vollkommen zufrieden. Dann werde ich nach Medford gehen und Dr. Pitts aufsuchen. Das wäre das Beste", fügte sie für Lloyd hinzu hatte eine Geste des schwachen Widerspruchs gemacht. „Er muss vollkommen verstehen, und wir brauchen überhaupt keine Angst davor zu haben, darüber zu reden. Was passiert ist, ist ‚im Beruf' passiert, und ich glaube nicht, dass es noch weiter gehen wird."

Gegen Ende der Woche kehrte Lloyd nach Bannister zurück. Wie lange sie bleiben würde, wusste sie nicht, aber vorerst war der Umgang mit den anderen Krankenschwestern mehr, als sie ertragen konnte. Später, als die Affäre längst vergessen war, kehrte sie zurück und nahm ihre Arbeit wieder auf, als wäre nichts geschehen.

Hattie traf sie am Bahnhof mit dem Phaeton und den Ponys. Sie strahlte vor Freude über die Aussicht, Lloyd auf unbestimmte Zeit ganz für sich zu haben.

„Und du bist doch nicht krank geworden?" rief sie und faltete ihre Hände. „War Ihr Patient genauso krank wie ich? Waren seine Eltern nicht froh, dass Sie ihn wieder gesund gemacht haben?"

Lloyd legte ihre Hand auf den Mund des kleinen Mädchens.

„Lass uns nicht fachsimpeln, Hattie", sagte sie und versuchte zu lächeln.

Doch am Morgen nach ihrer Ankunft erwachte Lloyd in ihrem eigenen weißen Zimmer des alten Bauernhauses und wurde sich plötzlich einer subtilen Veränderung bewusst, die ihr über Nacht widerfahren war. Zum ersten Mal seit der Szene im Frühstücksraum in Medford war sie sich einer gewissen Ruhe bewusst, die über sie gekommen war. Vielleicht hatte sie endlich begonnen, die positiven Auswirkungen der Feuerprobe zu spüren, der sie sich freiwillig unterzogen hatte – und ein gewisses Glück zu spüren, dass in ihrem Herzen nun keine Täuschung mehr vorhanden war. Diesen hatte sie aus eigener Kraft entwurzelt und vertrieben. Es war weg. Aber jetzt, an diesem Morgen, schien sie das Gefühl zu haben, dass das noch nicht alles war.

Etwas anderes hatte sie verlassen – etwas, das sie in letzter Zeit belästigt und angestachelt und ihr Leben verbittert und sich über ihre Sanftmut und Freundlichkeit lustig gemacht hatte, war verschwunden. Dieser wilde, aufsässige Hass, den sie so sehr von sich zu nehmen versucht hatte, ist jetzt da! Es schien, als hätte es sie von selbst verlassen. Wie war es passiert? Bevor sie die Tortur des Geständnisses gewagt hatte, schien dieses Gefühl des Hasses, dieser perverse und hässliche Wandel, der in ihrem Herzen gebrütet hatte, zu stark, zu tief sitzend, um bewegt zu werden. Jetzt war es plötzlich verschwunden, ungebeten und ohne ihr Zutun.

Lloyd wunderte sich vage über diese Sache. Indem sie ihr die Täuschung vertrieb, schien es, als hätte sie auch den Hass vertrieben, so dass die eine nicht bleiben konnte, sobald die andere gegangen war. Könnte das eine getrennt vom anderen existieren? Gab es also eine seltsame Verwandtschaft in allem Bösen, wie vielleicht auch in allem Guten, so dass ein Sieg über einen schlechten Impuls einen Sieg über viele bedeutete? Ohne an Gewinn oder Belohnung zu denken, hatte sie trotz der Verwirrung, des Sturms und der Dunkelheit an dem festgehalten, was richtig war. Sollte dies schließlich ihre Belohnung, ihr Gewinn sein? Möglicherweise; aber sie konnte es nicht sagen, sie konnte nicht sehen. Die Verwirrung ließ nach, der Sturm war vorüber, aber ein Großteil der Dunkelheit blieb noch bestehen. Die Täuschung, die sie aus tiefstem Herzen bekämpft hatte; Stillschweigend hatte sich der Hass hinterhergeschlichen. Die Liebe war nicht an ihren alten Platz zurückgekehrt und würde es auch nie tun, aber der Wechselbalg war verschwunden, und das Haus war gefegt und geschmückt.

VIII.

Am Tag nach der Beerdigung kehrte Bennett allein zu Dr. Pitts' Haus in Medford zurück, und am selben Abend folgten ihm seine Koffer und sein Gepäck mit seinen Papieren – den Aufzeichnungen, Beobachtungen, Tagebüchern und Logbüchern der Expedition.

Als Bennett das Tor des Ortes betrat, den er für das nächste Jahr als sein Zuhause ausgewählt hatte, wurde ihm bewusst, dass die Fenster eines der Vorderzimmer im zweiten Stock weit geöffnet waren und die Vorhänge zu losen Knoten zusammengebunden waren; Drinnen kam und ging ein Diener, der das Zimmer wieder in Ordnung brachte, es lüftete und die Möbel wechselte. Auf der Straße vor dem Haus hatte er die Spuren der Räder des Bestatterwagens gesehen, wo dieser am Pferdeblock gestaut war. Als er die Haustür hinter sich schloss und einen Moment mit seinem Koffer in der Hand im Flur stehen blieb, sah er an einem der Haken der Hutablage den Hut hängen, den Ferriss zuletzt getragen hatte. Bennett stellte seinen Koffer schnell ab, stützte sich an der Wand ab, lehnte sich schwer dagegen, holte tief Luft und schloss die Augen.

Das Haus war leer und bis auf die gelegentlichen gedämpften Geräusche, die aus dem Vorderzimmer am Ende des Flurs drangen, still. Bennett nahm seinen Koffer wieder und ging nach oben zu den Zimmern, die für ihn reserviert waren. Er hängte seinen Hut nicht an die Hutablage, sondern trug ihn bei sich.

Die Haushälterin, die ihn oben an der Treppe traf und ihm den Weg zu seinen Gemächern zeigte, erkundigte sich bei ihm nach den Stunden, zu denen er seine Mahlzeiten serviert bekommen wollte. Bennett sagte es ihr und fügte dann hinzu:

„Ich werde alle meine Mahlzeiten im Frühstücksraum einnehmen, den du, glaube ich, den Glasraum nennst. Und sobald das Vorderzimmer fertig ist, werde ich dort schlafen. Das wird danach mein Zimmer sein."

Die Haushälterin starrte. „Es wird für einige Zeit nicht ganz sicher sein, Sir. Der Arzt hat sehr strenge Anweisungen gegeben, es zu lüften und die Möbel auszutauschen."

Bennett nickte lediglich, als wollte er sagen, dass er es verstanden hatte, und die Haushälterin ließ ihn bald darauf sich selbst überlassen. Der Nachmittag verging, dann der Abend. Das Abendessen, das Bennett zu sich nehmen konnte, wurde nach seinen Anweisungen im Frühstücksraum serviert. Danach rief er Kamiska an und machte einen langen Spaziergang über die Landstraßen in eine Richtung weg von der Stadt, langsam voranschreitend, die Hände auf dem Rücken verschränkt. Später, gegen zehn Uhr, kam er zurück. Er ging nach oben in Richtung seines Zimmers mit der halbherzigen Idee, vor dem Zubettgehen einen Blick darauf zu werfen und seine Papiere zu ordnen. Er konnte nicht schlafen; das hat er klar vorausgesehen.

Aber Bennett war mit der Einrichtung des Hauses noch nicht vertraut. Sein Geist war mit anderen Dingen beschäftigt; Er war nachdenklich, zerstreut, und als er den Treppenabsatz im zweiten Stock erreichte, wandte er sich der Vorderseite des Hauses zu, obwohl er sich nach hinten hätte wenden sollen. Er betrat sein angebliches Zimmer, zündete das Gas an und blickte sich dann verwirrt um.

Der Raum, in dem er sich befand, war fast leer. Sogar ein Teil des Teppichs war aufgefressen. Die Fenster waren weit geöffnet; Ein abgestandener Drogengeruch hing in der Luft, während auf dem Bett nichts außer der Matratze und dem Polster übrig blieb. Bennett sah sich einen Moment verwirrt um, dann zuckte er abrupt zusammen. Das war – war – das Krankenzimmer. Hier, auf diesem Bett, war Ferriss gestorben; Hier war eine Szene in dem schrecklichen Drama gespielt worden, in der er, Bennett, eine so herausragende Rolle gespielt hatte.

Als Bennett dort stand und sich umsah, eine Hand auf dem Fußbrett des Bettes, lastete eine seltsame, formlose Unterdrückung des Geistes schwer auf ihm. Es schien ihm, als sähe er auf diesem nackten Bett den abgemagerten, vom Fieber geplagten Körper des liebsten Freundes, den er je gekannt hatte. Es war, als ob Ferriss dort aufgebahrt läge, mit schwarzen Vorhängen um die Bahre gehängt und an Kopf- und Fußende brennende Kerzen. Der Tod war in diesem Raum gewesen. Obwohl es leer war, schien eine gewisse religiöse Feierlichkeit, fast eine gewisse Ehrfurcht auf die Sinne einzuwirken. Bevor er sich versah, kniete Bennett mit vergrabenem Gesicht vor dem leeren Bett und breitete die Arme über die Stelle aus, an der Ferriss zuletzt gelegen hatte.

Er konnte nicht sagen, wie lange er so blieb – vielleicht zehn Minuten, vielleicht eine Stunde. Er schien wieder zu sich selbst zu kommen, als er wieder in den Flur trat und die Tür des Sterbezimmers hinter sich schloss und abschloss. Aber jetzt hatte ihn jeder Gedanke an die Arbeit verlassen. Am Morgen würde er seine Papiere ordnen. An Schlaf war nicht zu denken. Er stieg noch einmal in die untere Etage des stillen Hauses hinab und trat wieder ins Freie.

Auf der Veranda, dicht neben ihm, stand ein tief sitzender Korbsessel. Bennett sank hinein und fuhr sich müde mit den Händen über die Stirn. Die Stille einer Sommernacht hatte sich weit über die weite, düstere Landschaft gelegt. Es gab keinen Mond; Alle Sterne waren draußen. Ganz in der Ferne rief ununterbrochen ein Whippoorwill. Ein- oder zweimal fiel aus dem kleinen Obstgarten in der Nähe ein Apfel mit einem leisen Rascheln der Blätter und einem gedämpften, samtigen Aufprall auf den Rasen. Kamiska, hellwach, saß regungslos auf den Stufen, blickte in die Nacht und spitzte jedes leiseste Geräusch.

Nun, Ferriss war tot und er, Bennett, war dafür verantwortlich. Sein Freund, der Mann, den er am meisten liebte, war tot. Der großartige Kampf, den er während dieses erbitterten Kampfes mit dem Eis um sein Leben geführt hatte, war völlig wirkungslos geblieben. Ohne zu murren, ohne sich zu beschweren, hatte er den Hunger, die bittere arktische Kälte, die unbeschreibliche Entbehrung, die Folter des Frosts, der seine Hände zernagt hatte, die blendende Wut des Schnees und des Windes, die unaufhörliche und unglaubliche Mühe mit Schlitten und anderen Dingen ertragen Rudel – all die schrecklichen Strapazen eines erfolglosen Versuchs, den Pol zu erreichen, nur um elend in seinem Bett zu sterben, allein, verlassen von dem Mann und der Frau, die er von allen Menschen auf der Welt am meisten geliebt und denen er am meisten vertraut hatte. Und er, Bennett, war schuld.

War Ferriss in diesem letzten Moment bei Bewusstsein? Wusste er es? würde er es irgendwann, irgendwo wissen? Das konnte man nicht sagen. Für immer muss das ein Rätsel bleiben. Und hatte Bennett schließlich richtig gehandelt, als er Lloyd vom Krankenzimmer fernhielt? Jetzt, wo alles vorüber war, jetzt, da die ganze furchtbare Tragödie einigermaßen ruhig und im Lichte der Vernunft beurteilt werden konnte, begann sich der kleine heimliche Zweifel einzuschleichen.

Zuerst hatte er sich wütend und wütend davon abgewandt und darauf herumgetrampelt wie auf ein eindringendes Reptil. Der grobschlächtige, einfältige Mann mit seinem arroganten und großen Selbstvertrauen, seinem blinden, unerschütterlichen Glauben an die Weisheit seiner eigenen Entscheidungen, war noch nie in seinem Leben bereit zuzugeben, dass er sich irren könnte, dass es so war war es ihm möglich, sich zu einer falschen Vorgehensweise zu entschließen. Er hatte immer Recht gehabt. Aber jetzt war eine Veränderung gekommen. Eine Frau hatte sich in die Abläufe seiner Welt verstrickt, der Welt, die für ihn bisher nur eine Männerwelt gewesen war – und bald geriet er ins Wanken, bald stellte er sich selbst in Frage, bald hinterfragte er seine Beweggründe, bald wurde das Einfache kompliziert, das Geradlinige krumm, richtig mit falsch vermischt, bitter mit süß, Falschheit mit Wahrheit.

Er, der darauf vertraute, Berge zu versetzen, er, der seine Mitmenschen treiben konnte, wie ein Hirte seine Schafe treibt, er, der den gewaltigen Griff des Eises erzwungen hatte, hatte sich mit der Kraft eines Sturmbocks seinen Weg durch diese schrecklichen Orte gebahnt Mauern, zertrümmert und durchbrochen und die Barrieren niedergerissen, jetzt in dieser Situation, in der es um eine Frau ging – hatte er versagt? War er geschwächt? Und größere, stärkere und beharrlichere Zweifel drangen in seinen Geist ein.

Bisher war Bennetts einzige Rettung aus der absoluten Verzweiflung das feste Bewusstsein seiner eigenen Rechtschaffenheit gewesen. Darin lag sein einziger Trost, seine einzige Hoffnung, sein einziges, starkes Verteidigungsgefüge. Wenn das untergraben wurde, wenn es weggefressen wurde, was blieb ihm dann übrig? Sorgfältig, mühsam und mit der Genauigkeit, die ihm möglich war, ging er die ganze Angelegenheit von Anfang bis Ende durch und zwang seinen unwilligen Verstand – der an solche Arbeit so ungewohnt war –, jede Chance abzuwägen, jede Gelegenheit abzuwägen. Wenn *das* so wäre, wenn *das* geschehen wäre, wären dann *solche* Ergebnisse eingetreten? Angenommen, er hätte sich nicht eingemischt, angenommen, er wäre abseits geblieben, wäre Lloyd dann doch in eine solche Gefahr geraten, und wäre Ferriss zu diesem Zeitpunkt noch am Leben gewesen und hätte sich vielleicht erholt? Wäre er, Bennett, absolut verrückt gewesen? war er gegenüber der Vernunft blind und taub gewesen? Hätte er die Rolle eines Rohlings gespielt – eines halbblinden, dummen und unbeschreiblich selbstsüchtigen Rohlings –, der schließlich hauptsächlich an sich selbst dachte, die Frau, die ihm so lieb war, vernichtet, das Leben des Mannes geopfert, den er liebte, und da reingestolpert wäre, besessen und ignorant, spielte die Rolle des Tyrannen, unnötig verängstigt, feige, wo er sich tapfer vorstellte; schwach, verächtlich schwach, wo er sich stark eingebildet hatte? Hätte es nicht vermieden werden können, wenn er auch nur vernünftig gewesen wäre, wie es in einem solchen Fall ein gewöhnlicher Mensch gewesen wäre? Er, der in großen Krisen stolz auf die Schnelligkeit und Richtigkeit seines Urteils war, hatte in dieser größten aller Krisen seinen Kopf und jegliche Fähigkeit zur Selbstbeherrschung verloren.

Der Zweifel kam ihm immer wieder in den Sinn. Zertrampeln Sie es, ersticken Sie es, schleudern Sie es von ihm weg, wie er es tun würde, jedes Mal kam es ein wenig stärker, ein wenig größer, ein wenig eindringlicher zurück. Vielleicht hatte er doch einen Fehler gemacht; vielleicht lief Lloyd schließlich keiner großen Gefahr aus; vielleicht wäre Ferriss jetzt doch noch am Leben gewesen. Plötzlich schien Bennett sich dessen sicher zu sein.

Dann wurde es schrecklich. Allein dort, in der Dunkelheit und in der Nacht, stieg Bennett in die Grube hinab. Plötzlich schien er zu sich selbst zu kommen – zu begreifen, was er getan hatte, als würde er aus einem Albtraum erwachen. Reue, Entsetzen, Selbstvorwürfe, die Qual des Verlusts, das unendliche Bedauern über Dinge, die nie wieder passieren sollten, die Bitterkeit einer verschwundenen Liebe, Selbstverachtung, die zu erbärmlich ist, um sie auszudrücken, die herzzerreißende Trauer über die schreckliche Macht – Er kannte sie alle, einen nach dem anderen. Eines nach dem anderen, wie die langsame Anhäufung gigantischer Lasten, stürzten sich die Folgen seiner Torheit auf ihn, mit jedem Augenblick schwerer, unerträglicher und unaufhaltsamer, während das Licht der Wahrheit und der Vernunft jeden Winkel seines und seines Geistes durchforschte Der Zweifel wuchs und verhärtete sich zur Gewissheit.

Wenn Bennett nur geglaubt hätte, dass Lloyd ihn trotz allem liebte, hätte er in der Dunkelheit, in der er tappte, einen Lichtstrahl finden können, eine rettende Kraft, um die Last seiner Reue und seines Kummers zu ertragen. Aber jetzt, je klarer und wahrer er sah, erkannte er, dass er in dieser Richtung keine Hilfe suchen durfte. Da sie Lloyd war, war es für sie unmöglich, ihn jetzt zu lieben, auch wenn sie es wünschte – den Mann zu lieben, der sie gebrochen hatte! Der Gedanke war absurd. Er erinnerte sich deutlich daran, dass sie ihn genau davor gewarnt hatte. Nein, auch das, die einzige Süße seines rauen Lebens, musste er von ihm nehmen – hatte er bereits und aus eigenem Antrieb von ihm genommen.

Wie geht es weiter? Welchen Nutzen hatten jetzt Ehrgeiz, Bemühung und das Streben nach großen Zielen? Der Faden seines Lebens war gerissen; sein Freund war tot und die Liebe der einzigen Frau seiner Welt. An beidem war er schuld. Welchen Nutzen hatte es nun, seine Arbeit fortzusetzen?

Ferriss war tot. Wer würde jetzt an seiner Seite stehen, wenn die Dunkelheit vor ihm immer dichter wurde, Hindernisse den Weg versperrten und der Tod bedrohlich über ihm schwebte?

Lloyds Liebe zu ihm war tot. Wer sollte ihm nun Glück wünschen, während der Bug seines Schiffes nach Norden schwang und das Wasser in seinem Kielwasser weiß wurde? Wer sollte nun zurückwarten, wenn der große Kampf erneut gewagt wurde, zurückbleiben und auf seine Heimkehr warten? und als die mächtige Hoffnung verwirklicht war, das Ziel aller Jahrhunderte erreicht, der ihm nun diesen ersten und liebsten Willkommensgruß senden sollte, als das zurückkehrende Schiff über dem Rand des Horizonts auftauchte, von seinen Decks bis zu seinen Kreuzbäumen in aller königlichen Flagge geflaggt Wappen eines unsterblichen Triumphs?

Nun sollte dieser Triumph nie für ihn gelten. Auch der Ehrgeiz war tot; ein anderer sollte gewinnen, wo er jetzt nur verlieren konnte, gewinnen, wo er jetzt nur scheitern konnte; jemand anderes, stärker als er, entschlossener, entschlossener. Endlich war Bennett dazu gekommen, er, der einst im Bewusstsein seiner Macht so imperial, so arrogant, so kompromisslos gewesen war. Geschlagen, endlich geschlagen; besiegt, entmutigt, von seinen größten Hoffnungen vertrieben und seine liebsten Ambitionen aufgegeben. Und wie und warum? Nicht durch den Feind, dem er sich so oft gestellt hatte und den er so oft gewagt hatte, nicht durch irgendeine Macht außerhalb seiner selbst; sondern von sich selbst, zermalmt von der Maschine, die er selbst in Gang gesetzt hatte, zerschmettert vom Rückstoß der Kraft, die so lange in ihm gelebt hatte. Nichts auf der Welt hätte ihn brechen können, außer das. Die Gefahr, so groß sie auch sein mochte, hätte ihn nicht einschüchtern können; Die Umstände hätten ihn, so hoffnungslos sie auch sein mochten, nicht zur Verzweiflung bringen können; Auch wenn die Hindernisse noch so groß waren, hätten sie ihn nicht abwenden können. Er selbst war der einzige Feind, der hätte siegen können; seine eigene Macht war die einzige, der er nachgegeben hätte. Und das Schicksal hatte es so angeordnet, dass sich dieser eine Feind aller anderen, diese eine Macht aller anderen, gegen ihn gewandt und ihn zerrissen hatte. Das Geheimnis daran! Der Schrecken davon! Warum hatte er es nie erfahren? Wie kam es, dass er es nie geahnt hatte? Was war dieses rücksichtslose Monster, dieses andere Selbst, das so lange in seinem Fleisch geschlafen hatte, stark durch seine bessere Kraft, das sich von dem ernährte und groß wurde, von dem er glaubte, es sei das Beste in ihm, das ihn mit seinem edelsten Gefühl – der Liebe – betrog einer guten Frau – ihn in einen Moment der Schwäche gelockt hat, dann plötzlich und ohne Vorwarnung an seine Kehle gesprungen ist und ihn zu Boden geschlagen hat?

Er hatte eine jener Straftaten begangen, die das Gesetz nicht trifft, deren Strafe aber größer ist, als jedes Gesetz verhängen kann. Die Vergeltung war erschreckend schnell erfolgt. Seine Karriere, Ferriss und Lloyd – Ehrgeiz, Freundschaft und die Liebe einer Frau – waren eine Dreieinigkeit dominanter Impulse in seinem Leben gewesen. Plötzlich, fast in einem einzigen Augenblick, hatte er sie alle verloren, hatte sie weggeworfen. Er konnte sie nie zurückbekommen. Bennett begann scharf. Was war das auf seiner Wange; Was war es, das ihm plötzlich die Augen verdunkelte? War es tatsächlich so weit gekommen? Und das war er – Bennett – derselbe Mann, der die Freja-Expedition kommandiert hatte. Nein, es war nicht derselbe Mann. Dieser Mann war tot. Er biss die Zähne zusammen, erschüttert von der Heftigkeit der Gefühle, die sein Herz in Stücke zu reißen schienen. Verloren, für immer für ihn verloren! Bennett senkte den Kopf auf seinen verschränkten Armen. Durch seine zusammengebissenen Zähne schienen ihm seine Worte fast entrissen zu sein, jedes Wort war eine Qual.

„Dick – Dick, alter Mann, du bist weg, von mir gegangen, und ich war es, der es getan hat; und Lloyd, sie auch – sie – Gott steh mir bei!"

Dann brach die Spannung ab. Der große, massige Körper zitterte vor Kummer vom Kopf bis zu den Fersen, und das raue, eckige Gesicht mit dem hervorstehenden Kinn und den harten, unhöflichen Linien war nass von den ersten Tränen, die er je gekannt hatte.

Er wurde schließlich durch eine plötzliche Bewegung des Hundes geweckt. Kamiska war mit einem leisen Knurren aufgestanden, dann, als der Torriegel klirrte, warf sie den Kopf hoch und gab der Nacht mit aller Kraft ihrer Lunge ihre Zunge. Bennett richtete sich auf, dankte dem Glück, dass die Nacht dunkel war, und sah sich um. Eine Gestalt kam den Vorderweg herauf, der

Kies knirschte unter ihren Füßen. Es war die Gestalt eines Mannes. Am Fuß der Verandastufen blieb er stehen, und als Bennett eine Bewegung machte, drehte er sich in seine Richtung und sagte:

„Ist das das Haus von Dr. Pitts?"

Bennetts Antwort ging im Geschrei des Hundes unter, aber der andere schien es zu verstehen, denn er antwortete:

„Ich suche Mr. Ferriss – Richard Ferriss von der Freja; sie sagten mir, er sei hierher gebracht worden."

Kamiska hörte auf zu bellen und schnüffelte ein- oder zweimal an den Hosenbeinen des Mannes; dann sprang er in brüschem Rausch der Freude gegen ihn, leckte seine Hände, tanzte auf zwei Beinen um ihn herum, jammerte und jaulte.

Bennett trat vor und der Mann veränderte seine Position, sodass das Licht der halboffenen Haustür auf sein Gesicht schien.

„Warum, Adler!" rief Bennett aus; „Na, wo kommst du her?"

„Mr. Bennett!" schrie der andere fast und riss ihm die Mütze vom Kopf. „Das sind nicht wirklich Sie, Sir!" Sein Gesicht strahlte und strahlte eine Freude aus, die kaum an Glückseligkeit grenzte. Der Mann zitterte tatsächlich vor Glück. Ihm fehlten die Worte, und als er mit einer gewissen unbeholfenen Zärtlichkeit Bennetts Hand mit beiden umklammerte, sah sein alter Chef die Tränen in seinen Augen.

„Oh! Vielleicht freue ich mich nicht, Sie zu sehen, Sir – ich dachte, Sie wären weggegangen – ich wusste nicht wohin – ich – ich wusste es nicht, da ich Sie jemals wiedersehen würde."

Kamiska selbst war nicht weniger zitternd froh gewesen, Adler zu sehen, als Adler, Bennett zu sehen. Er stammelte, er verwirrte sich, er verlagerte sein Gewicht von einem Fuß auf den anderen, seine Augen tanzten, er lachte und würgte, er ließ seine Mütze fallen. Seine Freude war die eines Kindes, ungezügelt, ungekünstelt, so echt wie Gold. Als sie sich wieder der Veranda zuwandten, zog er eifrig Bennetts Stuhl für ihn heran, ohne den Blick von seinem Gesicht abzuwenden. Es war die zitternde, unartikulierte Zuneigung eines Hundes zu seinem Herrchen, treu, unterwürfig, fraglos, stundenlang glücklich über einen zufälligen Blick, ein freundliches Wort, eine Berührung der Hand. Für Adler wäre es ein Privileg und eine Ehre gewesen, für Bennett gestorben zu sein. Er war sein Häuptling, sein König, sein Gott, sein Herr, der nichts Unrechtes tun konnte. Bennett hätte ihn dort töten können, wo er stand, und Adler hätte ihm trotzdem vertraut.

Adler setzte sich erst, als Bennett es ihm zweimal befohlen hatte, und ließ sich dann auf einem Stuhl in der Nähe nieder, in der unbequemsten Position, die er sich vorstellen konnte, wobei er nur den kleinsten Teil seines Körpers zum Zeichen stützte Ehrerbietung. Er blieb unbedeckt und salutierte von Zeit zu Zeit nervös. Doch plötzlich erinnerte er sich an den Zweck seines Besuchs.

„Oh, aber ich habe es vergessen – Sie so zu sehen, unerwartet, Sir, sauber, hat Mr. Ferriss in meinen Gedanken verblüfft. Wie geht es ihm? Ich habe in den Zeitungen gesehen, dass er schwer krank war.“

„Er ist tot“, sagte Bennett leise.

Adler war im Moment sprachlos. Ihm fiel die Kinnlade herunter; Er starrte und hielt den Atem an.

„Mr. Ferriss tot!“ rief er schließlich aus. „Ich – ich kann es nicht glauben.“ Er bekreuzigte sich schnell. Bennett antwortete nicht, und mehr als fünf Minuten lang saßen die beiden Männer regungslos auf den Stühlen und blickten in die Nacht. Nach einer Weile brach Adler das Schweigen und stellte ein paar Fragen zu Ferriss‘ Krankheit und der Art und dem Zeitpunkt seines Todes – Fragen, die Bennett so gut er konnte beantwortete. Aber es war offensichtlich, dass Bennett, lebendig und leibhaftig anwesend, für Adler mehr bedeutete als der tote Ferriss.

„Aber *Ihnen geht es* doch gut, Sir, nicht wahr?“ fragte er ausführlich. „Ist bei dir nichts los?“

„Nein“, sagte Bennett; sah ihn fest an; dann fügte er plötzlich hinzu:

„Adler, ich war schuld an Mr. Ferriss‘ Tod. Wenn ich nicht gewesen wäre, wäre er heute Nacht wahrscheinlich noch am Leben gewesen. Es war meine Schuld. Ich habe getan, was ich für richtig hielt, obwohl ich es die ganze Zeit wusste.“ , so wie ich jetzt weiß, dass ich falsch lag. Wenn Sie also jemand nach Mr. Ferriss' Tod fragt, müssen Sie ihm genau sagen, was Sie darüber wissen – verstehen Sie? Durch einen Fehler war ich für seinen Tod verantwortlich. Das werde ich tun Mehr verrate ich dir nicht, aber so viel solltest du wissen.“

Adler sah Bennett neugierig und mit unendlichem Erstaunen an. Die Ordnung seines Universums brach um seine Ohren herum zusammen. Bennett, der Unergründliche, der seine Wunder in einem für gewöhnliche Augen undurchdringlichen Geheimnis vollbrachte, der sich mit dem Kopf in den Wolken bewegte, siehe! er legte ihm Rechenschaft ab, Adler, dem gemeinsten seiner Untertanen – der König ließ sich gegenüber dem Vasallen herablassen, ließ ihn in sein Vertrauen eintreten. Und was wollte er damit sagen, dass er für Ferriss‘ Tod verantwortlich sei? Adler verstand es nicht;

sein Verstand konnte sich an solche Informationen nicht gewöhnen. Ferriss war tot, aber welche Schuld trug Bennett? Der König konnte nichts falsch machen. Adler verstand es nicht. Zweifellos bezog sich Bennett auf etwas, das während des Rückzugs über das Eis passiert war – etwas, das getan werden musste und das am Ende und nach all dieser Zeit zum Tod von Mr. Ferriss geführt hatte. Auf jeden Fall hatte Bennett getan, was richtig war. Im Übrigen war er für McPhersons Tod verantwortlich; aber was hatte man sonst noch tun können?

Bennett hatte so gesprochen, wie er es nach kurzem Überlegen getan hatte. Auf Adlers Fragen nach der Todesursache des Chefingenieurs hatte Bennett zunächst ausweichend geantwortet. Aber ein plötzliches Schamgefühl, gezwungen zu sein, sich zu verstellen, bevor ein Untergebener ihn ins Gesicht schlug. Gewiss, er hatte einen Fehler gemacht – einen schrecklichen, unaussprechlichen Fehler –, aber er sollte wenigstens Manns genug sein, sich den Konsequenzen zu stellen und sie zu akzeptieren. Es war vielleicht nicht notwendig oder auch nur zweckdienlich, seine Torheit von allen Seiten anzuerkennen, aber in diesem Moment kam es ihm so vor, als hätten seine Männer – zumindest einer von ihnen –, die unter dem Kommando von ihm und seinem Freund gestanden hatten, eine Recht darauf, die Wahrheit gesagt zu bekommen. Es war nur einen Grad weniger geschmacklos gewesen, Adler zu enttäuschen, als es überhaupt gewesen war, ihn zu täuschen. Bennett war nicht der General, der seinen Männern seine Taten erklären konnte. Aber er hatte keinen Moment gezögert.

Allerdings beschäftigte sich Adler mit einem anderen Thema und brach bald aus mit:

„Wissen Sie, Sir, es bereitet sich gerade auf eine weitere Expedition vor; ich nehme an, Sie haben davon gehört – eine englische. Sie nennen sie die Duane-Parsons-Expedition. Sie werden die alte Route über den Smith Sound ausprobieren. Sie werden in Tasiusak überwintern, und versuchen, durch den Sund zu kommen, sobald das Eis im Frühjahr aufbricht. Aber Duanes Ideen sind alle falsch. Er wird keinen sehr hohen Nordgrad erreichen, nicht über fünfundachtzig. Ich wette eine Wette. Wenn wir gehen Wieder aufstehen, Herr, werden Sie – werden Sie mich lassen – werden Sie mich mitnehmen? Habe ich das letzte Mal Genugtuung gegeben –"

„Ich gehe nie wieder hoch, Adler", antwortete Bennett.

„Scho!" sagte Adler etwas ausdruckslos. „Ich dachte sicher – ich hätte nie gedacht, dass Sie – nun ja, es gibt niemanden außer Ihnen, der es schaffen *kann* , Kapitän."

„Oh ja, das gibt es", sagte Bennett lustlos. „Duane kann – wenn er Glück hat. Ich kenne ihn. Er ist ein guter Mann. Nein, ich bin raus, Adler; ich hatte meine Chance. Jetzt ist jemand anderes an der Reihe. Willst du mit Duane gehen? Ich." Ich kann dir Briefe an ihn geben. Er würde sich freuen, dich zu haben, das weiß ich."

Adler startete von seinem Platz.

„Warum, glauben Sie –" rief er vehement – „glauben Sie, ich würde mit jemand anderem als Ihnen gehen, Sir? Oh, Sie werden eines Tages gehen, da bin ich mir sicher. Wir – wir" „Ich werde es noch einmal versuchen, Sir, bevor wir sterben. Wir sind noch nicht besiegt."

„Ja, das sind wir, Adler", erwiderte Bennett und lächelte ruhig; „Wir bleiben jetzt zu Hause und schreiben unser Buch. Aber wir lassen jemand anderen den Pol erreichen. Das ist nicht für uns – wird es niemals sein, Adler."

Am Ende ihres Vortrags, etwa eine halbe Stunde später, stand Adler auf und bemerkte:

„Ich schätze, ich stehe besser bereit, wenn ich heute Abend den letzten Zug zurück in die Stadt nehmen soll. Am Bahnhof sagten sie mir, dass sie gegen Mitternacht freimachen würde." Plötzlich zeigte er Anzeichen von Unruhe, drehte seine Mütze zwischen den Fingern hin und her und verlagerte sein Gewicht von einem Fuß auf den anderen. Dann ausführlich:

„Sie würden doch keinen Mann in der Gegend haben wollen, oder, Sir?" Und bevor Bennett antworten konnte, fuhr er eifrig fort: „Ich habe in meiner Zeit die meisten Berufe ausgeübt und weiß, wie man einen Garten wie Ihren hier pflegt. Ich bin ein echter Händchen für Pflanzen und Blumen." Dinge, und ich könnte im Allgemeinen helfen. Dann, ernst: „Lassen Sie mich bleiben, Sir – es wird nichts kosten – ich würde nicht auf die Idee kommen, Ihnen auch nur einen Cent abzunehmen, Kapitän. Lassen Sie mich einfach eine Zeit lang als Ihr Ordonnanz fungieren, Sir. Ich würde Ihnen auf jeden Fall Genugtuung geben." ; werden Sie, Sir – werden Sie?"

„Unsinn, Adler", erwiderte Bennett; „Bleiben Sie, wenn Sie möchten. Ich gehe davon aus, dass ich eine Verwendung für Sie finden kann. Aber Sie müssen natürlich bezahlt werden."

„Kein Soomarkee", protestierte der andere fast empört.

Am nächsten Tag verließ Adler die Stadt und bezog sein Quartier bei Bennett in Medford. Obwohl Dr. Pitts längst aufgehört hatte, Pferde zu halten, grenzte der Stall immer noch an das Haus, und Adler schwang seine Hängematte im alten Zimmer des Kutschers. Bennett konnte ihn nicht dazu bewegen, im Haus selbst ein Zimmer zu beziehen. Adler war stolz darauf, dass er seinen Platz kannte. Nach dem Gespräch am ersten Abend sprach er nie mehr mit Bennett, bis er ihn selbst angesprochen hatte, und die wieder aufgenommene Beziehung zwischen Kommandant und Untergebenem lag ihm unsagbar am Herzen. Es war etwas Besonderes zu sehen, wie Adler in seinem blauen Trikot auf dem Tisch im „Glasraum" wartete, stramm an der Tür stand und sich über den bloßen Anblick von Bennett beim Essen freute. Morgens, sobald das Frühstück fertig war, war es Adlers Privileg, dies Bennett mitzuteilen, den er normalerweise bereits bei der Arbeit mit dem Schreiben antraf. Von dort kehrte Adler ins Speisezimmer zurück und wartete auf das Erscheinen seines Herrn. Sobald er Bennetts Schritte im Flur hörte, überkam ihn ein leichtes Zittern der Aufregung. Er rannte zu Bennetts Stuhl, zog ihn für ihn zurück, und sobald Bennett Platz genommen hatte, umkreiste er ihn mit dem ganzen Stolz und der Fürsorge einer Hühnermutter. Er öffnete seine Serviette für ihn, reichte ihm seine Zeitung und schob seine Kaffeetasse einen halben Zoll näher an seine Hand heran. Während der gesamten Mahlzeit ließ er Bennetts Gesicht kaum aus den Augen und beobachtete jede seiner Bewegungen mit einem Glanz des Stolzes, während seine Hände einander sanft streichelten, in einem Übermaß an Befriedigung und stillem Vergnügen.

Die Tage vergingen; Bald waren vierzehn Tage vergangen. Traurig und mechanisch hatte Bennett mit der Arbeit an seinem Buch, der Erzählung der Expedition, begonnen. Es war ihm zuwider. Längst hatte er jegliches Interesse an der Polarforschung verloren. Wie er Adler gesagt hatte, war er endgültig und unwiderruflich raus. Sein Bolzen wurde abgeschossen; seine Rolle auf der Bühne der Welt war beendet. Er wollte jetzt nur so schnell wie möglich vergessen werden und so leicht und leise wie möglich in die Mittelmäßigkeit verfallen. Ruhm bedeutete ihm jetzt nichts mehr. Der donnernde Applaus einer ganzen Welt, die einst ihm gehört hatte, war bloßer Lärm, leer und bedeutungslos. Er wollte es nicht wieder erwecken. Er wusste, dass das Erscheinen seines Buches in jeder zivilisierten Nation der Welt erwartet und erwartet wurde. Es würde in Sprachen gedruckt werden, die er nicht kannte, aber jetzt war alles eins mit ihm.

Die Aufgabe des Schreibens war ihm unaussprechlich zu verabscheuen, aber mit der Entschlossenheit, die er noch aufbringen konnte, hielt Bennett daran fest, acht, zehn und manchmal vierzehn Stunden am Tag. In gewisser Weise war seine Erzählung eine Sühne. Ferriss war sein Held. Fast instinktiv hielt Bennett die Figur seiner selbst, seine eigenen Erfolge, seine eigenen Pläne und Ideen im Hintergrund. Auf mehr als einer Seite schrieb er Ferriss bewusst Triumphe zu, die niemand außer ihm selbst erreicht hatte. Es war Ferriss, der der Anführer war, der Sieger, dem alle Lorbeeren gebührten. Es war Ferriss, dessen Beispiel die Expedition in den dunkelsten Stunden zu Höchstleistungen angespornt hatte; es war praktisch Ferriss, der die Gruppe nach der Zerstörung des Schiffes gerettet hatte; dessen Entschlossenheit, ungebrochener Mut, Ausdauer und Intelligenz während des Rückzugs in die Kolyuchin-Bucht alle Gedanken und Herzen durchdrungen hatten.

„Obwohl ich nominell das Kommando hatte", schrieb Bennett, „gab ich ihm ständig nach. Ohne seine Führung wären wir zweifellos alle umgekommen, bevor wir überhaupt Land erreicht hätten. Sein Entschluss, um jeden Preis zu erobern, war eine Inspiration für uns alle." Wo er den Weg zeigte, dem wir folgen mussten; sein Mut ließ sich nie entmutigen, seine Hoffnung wurde nie geschmälert, seine Weitsicht, seine Intelligenz, sein Einfallsreichtum bei der Bewältigung und Bewältigung scheinbar unlösbarer Probleme waren geradezu wunderbar. Er besaß das Genie der Führung . Er war der Entdecker, geboren zu seiner Arbeit."

Eines Tages, kurz nach dem Mittagessen, als Bennett, wie es seine Gewohnheit war, im Garten neben dem Haus spazieren ging und eine Zigarre rauchte, bevor er zu seiner Arbeit zurückkehrte, stellte er zu seiner Überraschung fest, dass er aus der Nase blutete. Es war nur eine Kleinigkeit und verging in wenigen Augenblicken, aber die Tatsache, dass es geschah, lenkte seine Aufmerksamkeit auf seinen Gesundheitszustand, und er sagte sich, dass er in den letzten Tagen überhaupt nicht mehr sein gewohntes Ich gewesen war . Er hatte dumpfe Schmerzen im Rücken und in den Beinen; Mehr als einmal hatte ihm der Kopf geschmerzt, und in letzter Zeit war ihm die Fortsetzung seiner Arbeit immer widerwärtiger geworden, die körperliche Anstrengung, die Feder von Zeile zu Zeile zu treiben, war eine Belastung.

"Summen!" Er sagte sich später am Tag, als das Bluten aus der Nase wiederkehrte: „Ich glaube, wir brauchen ein wenig Chinin."

Aber am nächsten Tag stellte er fest, dass er nicht essen konnte, und den ganzen Nachmittag über litt er unter Übelkeit, obwohl er hartnäckig an seiner Arbeit festhielt. Manchmal überkam ihn eine große Schwäche, eine Erschlaffung aller Muskeln. Am Abend schickte er eine Nachricht an Dr. Pitts' Adresse in der Stadt und bat ihn, am nächsten Tag nach Medford zu kommen.

Am Montagmorgen der folgenden Woche, etwa zwei Stunden nach dem Frühstück, traf Lloyd Miss Douglass auf der Treppe, gekleidet für die Straße und mit ihrer Schwesterntasche in der Hand.

„Gehst du aus?" fragte sie erstaunt die Fieberschwester. "Wo gehst du hin?" denn Lloyd war wieder im Dienst, und ihr Name stand jetzt ganz oben auf der Liste; „Ich dachte, ich wäre an der Reihe, rauszugehen", fügte sie hinzu.

Miss Douglass war offensichtlich sehr verwirrt.

Ihr Treffen mit Lloyd war offenbar unerwartet gekommen. Auf der Treppe blieb sie voller Verlegenheit stehen und stammelte:

„Nein – nein, ich bin auf Abruf. Ich – ich wurde aus meinem Zug gerufen – speziell gerufen – das war's."

"Warst du?" forderte Lloyd scharf, denn die andere Krankenschwester war außerordentlich verstört.

„Na ja, nein, das war ich nicht, aber die Kommissarin – Miss Bergyn – dachte – sie riet – Sie sollten besser zu ihr gehen."

„Ich werde sie sehen", erklärte Lloyd, „aber gehen Sie nicht, bis ich herausgefunden habe, warum ich übersprungen wurde."

Lloyd eilte sofort in Miss Bergyns Zimmer, empört über diese Kränkung. Nach dem, was passiert war, hatte sie sicherlich Anspruch auf mehr Rücksichtnahme als diese. Von allen Angestellten im Haus hätte man ihr den Vorzug geben sollen.

Miss Bergyn erhob sich, als Lloyd plötzlich ihr Zimmer betrat, und antwortete auf ihre Frage:

„Nur weil ich Ihnen weiteren Ärger und – und Peinlichkeiten ersparen wollte, Lloyd, habe ich Miss Douglass gebeten, Ihren Platz einzunehmen. Dieser Anruf kommt aus Medford. Dr. Pitts war heute Morgen selbst hier und dachte genauso wie ich." ."

„Was gedacht? Ich verstehe es nicht."

„Mir schien es", antwortete die Oberschwester, „dass dieser eine Fall von allen anderen für Sie der schwerste und unangenehmste wäre. Es scheint, dass Mr. Bennett das Haus von Dr. Pitts von ihm gepachtet hat. Das ist er." Jetzt ist er dort. Zu der Zeit, als Mr. Ferriss anfing, krank zu werden, war Mr. Bennett viel bei ihm und verpflichtete sich, ihn zu pflegen, bis Dr. Pitts eingriff und eine professionelle Krankenschwester mit dem Fall betraute. Seitdem auch der Arzt hat herausgefunden, dass Mr. Bennett sich unklugerweise bloßgestellt hat. Auf jeden Fall hat er sich auf irgendeine Weise die gleiche Krankheit zugezogen und ist ziemlich schwer daran erkrankt. Dr. Pitts möchte, dass wir ihm sofort eine Krankenschwester schicken. Das ist einfach so passiert Sie waren an der Reihe, und ich dachte, ich sollte Ihren Namen besser weglassen und Louise Douglass schicken.

Lloyd sank auf einen Stuhl und ihre Hände fielen schlaff in ihren Schoß. Ein verwirrtes Stirnrunzeln bildete sich auf ihrer Stirn. Doch plötzlich rief sie:

„Ich weiß – das ist alles, wie es sein mag; aber das ganze Personal weiß, dass ich an der Reihe bin; jeder im Haus weiß, wer auf Abruf ist. Wie wird es sein – was wird man denken, wenn man weiß, dass ich an der Reihe bin." „Ich bin nicht weg – und nach – nach meinem einmaligen Versagen – nach dieser

– dieser anderen Angelegenheit? Nein, ich muss gehen. Ausgerechnet ich muss gehen – und nur weil es ein Typhusfall ist, wie der andere."

„Aber, Lloyd, wie *kannst* du?"

Stimmt, wie konnte sie? Ihr Patient würde derselbe Mann sein, der sie gedemütigt und gebrochen hatte, der sie so grausam missverstanden und ihr Unrecht getan hatte, für den all ihre Liebe tot war. Wie konnte sie ihm noch einmal gegenübertreten? Doch wie kann man sich weigern, den Fall anzunehmen? Wie kann man ihren Gefährten einen zweiten Misserfolg erklären? Lloyd machte eine kleine, verzweifelte Bewegung und faltete ihre Hände. Wie schnell folgten die Komplikationen aufeinander! Kaum war eine schwierige Situation gemeistert und gelöst, bot sich schon eine andere an. Bennett bedeutete ihr jetzt nichts mehr, dennoch schreckte sie instinktiv davor zurück, ihn wiederzusehen. Sie musste ihn nicht nur treffen, sondern sie musste Tag für Tag, Stunde für Stunde bei ihm sein, an seiner Seite, in all der Intimität, die das Krankenzimmer mit sich brachte. Wie könnte sie andererseits diesen Fall ablehnen? Das Personal könnte einen offensichtlichen und unerklärlichen Abfall dulden; ein anderer würde sicherlich nicht übersehen werden. Aber war diese neue Situation nicht eine glückliche und unerwartete Gelegenheit, ihr beeinträchtigtes Ansehen in den Augen ihrer Gefährten zu rechtfertigen? Lloyd entschied sich sofort. Sie erhob sich.

„Ich werde den Fall übernehmen", sagte sie.

Sie war nicht wenig überrascht über sich selbst. Sie hatte kaum einen Augenblick gezögert. Bei dieser anderen Gelegenheit, als sie es für richtig gehalten hatte, vor ihren Gefährten ein Geständnis abzulegen, war es für sie schwierig – manchmal fast unmöglich – gewesen, ihre Pflicht so zu erfüllen, wie sie sie sah und verstand. Diese neue Komplikation war kaum weniger schwierig, aber nachdem sie erst einmal die gute moralische Strenge erlangt hatte, die sie durch ihre früheren Strapazen getragen hatte, wurde es nun einfach, unter allen oder allen Umständen das Richtige zu tun, wie widrig sie auch sein mochten. Wenn sie damals gescheitert wäre, wäre sie sicherlich auch heute gescheitert. Dass es ihr damals gelungen war, machte es jetzt umso einfacher, erfolgreich zu sein. Dimly Lloyd begann zu verstehen, dass die Beherrschung des Selbst, die stetige, feste Kontrolle natürlicher, intuitiver Impulse, egoistisch, weil natürlich, ein Fortschritt war. Jeder Sieg brachte nicht nur das unmittelbare Ziel ins Auge, sondern stärkte auch den Geist und stärkte die Willenskraft für den nächsten Schock, den nächsten Kampf. Sie hatte sich eingebildet und sich gesagt, dass Bennett ihre Kräfte endgültig gebrochen hatte. Aber war es wirklich so? War die Niederlage in diesem Fall nicht nur vorübergehend gewesen? Kam sie nicht langsam durch ihr unerschütterliches Festhalten an den einfachen Grundprinzipien von Recht,

Pflicht und Wahrheit wieder zu Kräften? War der Kampf mit sich selbst nicht der größte Kampf von allen, größer, weitaus größer als der Konflikt zwischen Bennetts Willen und ihrem eigenen?

Innerhalb einer Stunde befand sie sich wieder auf dem Weg nach Medford. Wie viel war passiert, welche Veränderungen hatte sie seit ihrer ersten Reise durchgemacht; und Bennett, wie auch er sich verändert hat; wie ganz anders war er in ihrer Wertschätzung geworden! Einst war der Gedanke, dass er in Gefahr war, ein ständiger Schrecken für sie gewesen, er verfolgte sie Tage und lauerte an ihrer Seite durch viele wache Nächte. War es möglich, dass sein Leben oder Tod ihr jetzt nicht mehr bedeutete als das eines ihrer früheren Patienten? Sie konnte es nicht sagen; Sie vermied es, die Frage zu beantworten. Sicherlich schlug ihr Herz in diesem Moment nicht schneller, als sie wusste, dass er von einer gefährlichen Krankheit heimgesucht wurde. Sie sagte sich, dass ihr Bennett bereits tot war; dass sie nicht nach Medford zurückkehrte, um sich um die Person zu kümmern und auf sie aufzupassen, sondern um die Krankheit zu bekämpfen.

Als sie im Haus des Arztes in Medford ankam, öffnete ihr ein seltsam aussehender Mann die Tür und fragte sofort, ob sie die Krankenschwester sei.

„Ja", sagte Lloyd, „das bin ich. Ist Dr. Pitts hier?"

„Oben in seinem Zimmer", antwortete der andere flüsternd und schloss die Haustür mit unendlicher Sanftheit. „Er lässt mich nicht rein, der Arzt auch nicht; ich – ich habe ihn seit vier Tagen nicht gesehen. Fragen Sie den Arzt, ob ich ihn nicht nur kurz anblinzeln kann – nur ein kleines Blinzeln durch den Spalt." von der Tür. Denken Sie nur, Fräulein, ich habe ihn seit vier Tagen nicht gesehen! Denken Sie nur daran! Und sehen Sie, sie geben ihm nicht genug zu essen – nichts als Milch und Hühnersuppe mit Reis darin. Er Ich habe Reis nie gemocht; das ist keine Ration für einen kranken Mann. Ich habe ihm gestern ein bisschen Duff zubereitet, was ihm an Bord eines Schiffes früher so gut geschmeckt hat, und Pitts hat es ihm nicht erlaubt. Er hat regelmäßig in meine Lache gelacht Gesicht."

Lloyd teilte dem Arzt durch die Haushälterin mit, dass sie angekommen sei, und als er hinaufging, wartete Pitts an der Tür des Krankenzimmers auf sie, nicht an der Tür, in der Ferriss gewohnt hatte, sondern an einer anderen – dem Gästezimmer des Krankenzimmers Haus, auf der Rückseite des Gebäudes gelegen.

„Na ja, ich habe Miss Douglass erwartet!" rief der Arzt mit leiser Stimme, sobald sein Blick auf Lloyd fiel. „Jeder von ihnen außer dir!"

„Ich musste kommen", antwortete Lloyd leise und errötete deswegen heiß. „Ich war an der Reihe und es war nicht richtig, dass ich wegblieb."

Der Arzt zögerte einen Moment, dann verwarf er das Thema und reckte das Kinn in die Luft, als wollte er sagen, dass es schließlich nicht seine Angelegenheit sei.

„Nun", sagte er, „es ist seltsam zu sehen, wie sich die Dinge manchmal verheddern. Ich weiß nicht, ob er Ferriss dieses Ding abgenommen hat oder nicht. Beide waren den gleichen Bedingungen ausgesetzt, als ihre Expedition scheiterte und." Sie wurden von den Walfangschiffen mitgenommen – schlechtes Wasser, geschwächte Konstitution, wenig Widerstandskraft; in bester Verfassung für den Bazillus, und die gleiche Ursache hätte die gleiche Wirkung hervorrufen können; auf jeden Fall geht es ihm schlecht."

„Ist er – sehr schlecht?" fragte Lloyd.

„Nun, er ist nicht der Typ von Hang-on, der Mr. Ferriss war; nichts Unentschlossenes über Captain Ward Bennett; wenn er krank ist, ist er krank; er stürzt sich direkt auf die Sache wie ein blinder Bulle. Er ist jetzt genauso schlimm wie Mr. Ferriss in seinem dritte Woche."

„Glaubst du, er wird mich erkennen?"

Der Arzt schüttelte den Kopf. „Nein, die meiste Zeit ist er im Delirium – natürlich – eine Sache mit der Regulierung. Wenn wir das Fieber nicht niedrig halten, wird er sicher rausgehen. Das ist die Gefahr in seinem Fall. Schauen Sie ihn sich selbst an; hier ist er. Der Teufel! Das Tier setzt sich wieder auf."

Als Lloyd das Zimmer betrat, sah sie, wie Bennett kerzengerade in seinem Bett saß und direkt vor sich hinstarrte, seine kleinen Augen mit ihrem verformten Abdruck waren weit geöffnet, und die Finger seiner geschrumpften, knochigen Hände tanzten nervös auf der Bettdecke. Eine Woche lang gewachsene Stoppeln verfärbten den unteren Teil seines Gesichts. Ohne eine Sekunde innezuhalten, murmelte und murmelte er mit erstaunlicher Geschwindigkeit, aber die Worte waren größtenteils nicht zu verstehen. Es war tatsächlich nicht derselbe Bennett, den Lloyd zuletzt gesehen hatte. Der große Körper brach in sich zusammen; Die Gesichtshaut war wie trockenes, braunes Pergament, und dahinter ragten die großen, massiven Knochen in großen Erhebungen und Graten hervor. Es genügte ein Blick, um zu wissen, dass es sich hier um einen Mann handelte, der seinem Tod gefährlich nahe war. Während Lloyd ihren Hut abnahm und sich auf ihre Arbeit vorbereitete, nahm die Ärztin Bennett wieder auf den Rücken und füllte den Eisbeutel um seinen Kopf wieder auf.

„Unser Freund hat jetzt nicht mehr viel Kraft", murmelte er.

„Wie lange ist er schon so?" fragte Lloyd, während sie den Inhalt ihrer Schwesterntasche auf einem Tisch neben dem Fenster arrangierte.

„Mittlerweile sind es fast acht Stunden. Gestern Morgen war er jedoch für kurze Zeit bei Bewusstsein und wollte wissen, wie hoch seine Chancen sind."

Sie waren weder gut noch viele; Die Kraft, die einst so gewaltig gewesen war, verebbte wie eine Flut, und das mit bedrohlicher Geschwindigkeit. Das Leben ankurbeln, wie der Arzt es tun würde, sich gegen den Vormarsch des Feindes wehren, so wie Lloyd es tun würde, Bennett sank weiter.

„Das Schlimme daran ist", murmelte der Arzt, „dass es ihm scheinbar egal ist. Er hätte so schnell aufgeben müssen wie nicht. Es ist schwer, einen Patienten zu retten, der sich nicht selbst retten will. Wenn er es tun würde."
„Wenn wir um sein Leben kämpfen, wie er es in der Arktis getan hat, könnten wir ihn noch durchziehen. Sonst ..." Er zuckte fast hilflos mit den Schultern.

Am nächsten Abend gegen neun Uhr nahm Lloyd den Platz des Arztes am Bett des Patienten ein, und Pitts streckte sich, ohne sich auszuziehen, auf dem Sofa in einem der Zimmer im Untergeschoss des Hauses aus, mit der Absicht, das zu tun Die Krankenschwester sollte ihn anrufen, falls sich etwas änderte.

Doch als der Arzt die dunkle Treppe hinuntertastete, stolperte er gegen Adler und Kamiska. Adler saß auf einer der Stufen, und der Hund hockte dicht neben ihm; Die beiden saßen dort im Dunkeln zusammengekauert, hellwach, Schulter an Schulter, warteten, beobachteten und lauschten auf die schwachen Geräusche, die in langen Abständen aus der Richtung des Raumes kamen, in dem Bennett lag.

Als der Arzt an ihm vorbeikam, stand Adler auf und salutierte:

„Geht es ihm jetzt besser, Sir?" er flüsterte.

„Nichts Neues", erwiderte der andere schroff. „Vielleicht wird er in drei Wochen gesund oder er stirbt noch vor Mitternacht. Da wissen Sie also. Sie wissen genauso viel darüber wie ich. Verdammter Hund!"

Er trat auf Kamiska, die sich heldenhaft weigerte zu jaulen, und machte sich auf den Weg. Adler nahm seinen Platz auf der Treppe wieder ein und setzte sich vorsichtig hin, damit die Bretter nicht unter seinem Gewicht knarrten. Er nahm Kamiskas Kopf zwischen seine Hände und wiegte sich sanft hin und her.

„Was machen wir, kleiner Hund?" er flüsterte. „Was werden wir tun, wenn – wenn unser Kapitän sollte – wenn er nicht sollte –", ihm fielen keine Worte mehr ein. Kamiska nahm wieder ihren Platz an seiner Seite ein und die beiden setzten ihre Wache fort.

Währenddessen ließ eine leise, monotone und schnelle Stimme, keine fünfzig Fuß entfernt, ununterbrochen Worte murmeln.

„Das ist nun mal Ihr Schlitten Nummer zwei. Alle Mann sind jetzt an der McClintock. Ihr müsst es tun, Männer. Vorwärts, vorwärts, vorwärts; weiter nach Süden, immer nach Süden – Süden, Süden, Süden!" ... Da ist wieder das Eis. Das ist der bisher größte Grat. Jetzt dran! Schlagt durch; ich werde euch noch brechen; glaubt mir, das werde ich! Da haben wir es gebrochen! Ich wusste, dass ihr es könnt, Männer. Ich Ich ziehe dich durch. Also, schnapp dir deinen anderen Schlitten. Vorwärts! Heute Abend wird es überall doppelte Rationen geben – nein – halbe Rationen, Viertelrationen ... Nein, drei Fünftel Eine Unze Hundefleisch und ein Löffel Alkohol – das ist alles; das ist alles, Männer. Ziemlich kalte Nacht heute – minus achtunddreißig. Nur eine Viertelmeile heute zurückgelegt. Alle haben Schmerzen in den Füßen und sind so schwach – und hungern – und frieren." Plötzlich wurde die Stimme zu einem Jammern. „Mein Gott! Wird es niemals enden? ... Pssst, ruhig, was war das? Wer hat gewimmert? War das Ward Bennett? wir fallen, aber kein Wimmern ... Wer hat gesagt, dass es vor der Scholle Dampfwalfänger gab? Das ist eine Lüge! Vorwärts, vorwärts, vorwärts nach Süden – nein, nicht nach Süden; nach Norden , nach Norden! Wir' Wir werden es schaffen, wir werden es schaffen; wir haben es fast geschafft, Männer; komm schon, komm schon! Ich sage euch, dieses Mal werden wir es erreichen; noch eine Anstrengung, Männer! Wir sind am meisten da! Wie groß ist der Spielraum? Fünfundachtzig-zwanzig – sechsundachtzig." Die Stimme wurde lauter: „Kommt schon, Männer, wir haben es fast geschafft! Siebenundachtzig – achtundachtzig – neunundachtzig – fünfundzwanzig!" Er erhob sich in eine sitzende Position. „Neunundachtzig-dreißig – neunundachtzig-fünfundvierzig." Plötzlich steigerte sich die Stimme zu einem Schrei. „Neunzig Grad! *Bei Gott, es ist der Pol!* "

Die Stimme verstummte in einem undeutlichen Gemurmel.

Lloyd war inzwischen am Bett und drückte Bennett leise auf seinen Rücken. Doch während sie das tat, durchströmte sie ein Schauer unendlichen Mitleids und Mitgefühls. Sie hatte ihn so leicht niedergedrückt. Er war so erbärmlich schwach. Obwohl sie eine Frau war, konnte sie mit einer kleinen Hand auf seiner Brust diesen Mann kontrollieren, der einst so kolossale Kraft – so enorme physische Kraft – gehabt hatte.

Plötzlich begann Bennett erneut. „Wo ist Ferriss? Wo ist Richard Ferriss? Wo ist der Chefingenieur der Freja Arctic Exploring Expedition?"

Er verstummte erneut, und bis auf die zuckenden, tanzenden Hände lag er still da. Dann rief er:

„Achtung, Appell!"

Rasch und mit leiser Stimme begann er, die Aufstellung der Männer und Offiziere der Freja abzusagen, wobei er selbst die Antworten gab.

„Adler – hier; Blair – hier; Dahl – hier; Fishbaugh – hier; Hawes – hier; McPherson – hier; Muck Tu – hier; Woodward – hier; Captain Ward Bennett – hier; Dr. Sheridan Dennison – hier; Chefingenieur Richard Ferriss-" keine Antwort. Bennett wartete einen Moment und wiederholte dann den Namen: „Chefingenieur Richard Ferriss ..." Wieder schwieg er; aber nach ein paar Sekunden rief er voller Angst laut: „Chefingenieur Richard Ferriss, antworten Sie auf den Appell!"

Dann begann er noch einmal; sein verwirrter Verstand erinnerte an eine andere Ordnung der Dinge:

„Adler – hier; Blair – starb an Erschöpfung am Point Kane; Dahl – hier; Fishbaugh – verhungerte auf dem Marsch zur Kolyuchin-Bucht; Hawes – starb am Kap Kammeni an arktischem Fieber; McPherson – konnte nicht mithalten und wurde am verlassen neuntes Lager; Muck Tu – hier; Woodward – starb im zwölften Lager an Hunger; Dr. Sheridan Dennison – erfroren in der Kolyuchin-Bucht; Chefingenieur Richard Ferriss – starb durch die Tat seines besten Freundes, Kapitän Ward Bennett!" Immer wieder wiederholte Bennett diesen Satz und rief: „Richard Ferriss! Richard Ferriss!" und fügte sofort mit gebrochener Stimme hinzu: „Gestorben durch die Tat seines besten Freundes, Captain Ward Bennett." Oder manchmal war es nur die Abwesenheit von Ferriss, die ihn zu quälen schien. Er würde die Liste aufrufen und auf jeden Namen mit „hier" antworten, bis er Ferriss erreichte; dann antwortete er nicht mehr, sondern schrie immer wieder laut, mit Akzenten der bittersten Trauer: „Richard Ferriss, antworten Sie auf den Appell; Richard Ferriss, antworten Sie auf den Appell ..." Dann plötzlich, mit einem schwacher, zitternder Schrei: „Um Gottes willen, Dick, antworten Sie auf den Appell!"

Die Stunden vergingen. Es schlug zehn Uhr, dann elf. Um Mitternacht maß Lloyd die Temperatur (die erheblich gesunken war) und den Puls und füllte den Eisbeutel wieder um den Kopf. Bennett murmelte immer noch im Delirium, rief immer noch nach Ferriss und flehte ihn an, auf den Appell zu antworten. oder indem sie die Worte wiederholte: „Dick Ferriss, Chefingenieur – starb durch die Hand seines besten Freundes Ward Bennett", in einem Tonfall, der so mitleiderregend und untröstlich war, dass Lloyd mehr als einmal spürte, wie ihr die Tränen über die Wangen liefen.

„Richard Ferriss, Richard Ferriss, antworte auf den Appell; Dick, alter Mann, willst du nicht antworten, willst du nicht antworten, alter Junge, wenn ich dich rufe? Willst du nicht zurückkommen und sagen: ‚Das ist alles.' Rechts?' Ferriss, Ferriss, antworten Sie auf meinen Appell. ... Durch die Hand seines besten Freundes gestorben. ... In der Kolyuchin-Bucht. ... Getötet, und ich habe es getan . ... Vorwärts, Männer; ihr habt es getan Ich muss es tun; heute hat es geschneit und das ganze Eis ist in Bewegung „Mach weiter mit deiner Nummer vier! ... Lloyd Searight, was machst du in diesem Raum?"

In diesem Moment hatte sich die Stimme von verwirrtem Gemurmel zu deutlichen, klaren Worten verändert. Der Übergang erfolgte so plötzlich, dass Lloyd, die gerade mit dem Rücken zum Bett an ihrer Schwesterntasche beschäftigt war, sich abrupt umdrehte und Bennett kerzengerade sitzen sah, der sie mit intelligenten, weit geöffneten Augen direkt ansah. Lloyds Herz blieb für einen Moment stehen, fast vor Angst. Dieser plötzliche Sprung zurück aus der Dunkelheit des Deliriums ins Tageslicht des Bewusstseins war fast wie eine Auferstehung von den Toten, geisterhaft, entsetzlich. Sie hielt den Atem an, zitterte trotz aller Bemühungen und stützte einen Moment lang eine Hand auf den Tisch hinter sich.

Aber auf Bennetts gespenstischem, von der Krankheit gezeichnetem Gesicht mit dem riesigen, hervorstehenden Kiefer, der schmalen, zusammengezogenen Stirn und dem ungepflegten Bartwuchs wich die aufkeimende Intelligenz und Überraschung schnell einem Ausdruck schrecklicher Angst und Besorgnis.

„Was machst du hier, Lloyd?" er weinte.

"Stille!" sie antwortete schnell, als sie vortrat; „Vor allem darfst du nicht aufsitzen, dich wieder hinlegen und nicht reden. Du bist sehr krank."

„Ich weiß, ich weiß", antwortete er schwach. „Ich weiß, was es ist. Aber Sie müssen hier weg. Es ist ein schreckliches Risiko, wenn Sie sich in diesem Zimmer aufhalten. Ich möchte, dass Sie gehen. Sie verstehen – sofort! Rufen Sie den Arzt. Kommen Sie nicht in die Nähe des Bettes." Er fuhr aufgeregt fort und kämpfte darum, nicht wieder in die Kissen zu sinken. Sein Atem ging schnell; seine Augen blitzten. Alle armen, zerstörten Sinne waren geweckt und zitterten vor Aufregung und Angst.

„Es wird dich umbringen, hier zu bleiben", fuhr er fast atemlos fort. „Raus aus diesem Raum!" er befahl. „Raus aus diesem Haus! Es gehört jetzt mir; ich bin hier der Herr – verstehst du? Nicht!" rief er, als Lloyd ihre Hände auf seine Schultern legte, um ihn zu zwingen, sich wieder hinzulegen.

„Fass mich nicht an, fass mich nicht an! Halte dich von mir fern!"

Er versuchte, sich im Bett von ihr zurückzuziehen. Dann unternahm er plötzlich große Anstrengungen aufzustehen und widerstand ihren Bemühungen.

„Dann werde ich dich rausschmeißen", erklärte er, kämpfte gegen Lloyds Umklammerung seiner Schultern und packte ihre Handgelenke. Seine

Erregung war so groß, sein Eifer so groß, dass man fast sagen könnte, er stünde wieder am Rande seines Deliriums.

„Hörst du, hörst du? Raus aus diesem Raum!"

„Nein", sagte Lloyd ruhig; „Du musst ruhig sein; du musst versuchen einzuschlafen. Diesmal kannst du mich nicht dazu bringen, zu gehen."

Er packte sie an einem Arm, stützte sich mit dem anderen am Kopfteil des Bettes ab und stieß sie mit aller Kraft von sich weg.

„Halten Sie sich von mir fern, sage ich Ihnen; halten Sie sich zurück! Sie sollen tun, was ich sage! Ich habe immer meinen Standpunkt vertreten, und ich werde auch jetzt nicht scheitern. Glauben Sie mir, das werde ich nicht kämpfte mit ihr, schämte sich für seine Schwäche und war unbeschreiblich gedemütigt, dass sie es wusste. „Ich – du sollst – du wirst mich zwingen, Gewalt anzuwenden. Lass es nicht dazu kommen."

Ruhig umfasste Lloyd beide Handgelenke mit der starken, ruhigen Umklammerung einer Handfläche, und während sie mit dem anderen Arm seine Schultern stützte, legte er ihn wieder zwischen die Kissen, als wäre er ein Kind gewesen.

„Ich bin – ich bin gerade ein bisschen schwach und zitterig", gab er zu und keuchte vor Anstrengung; „Aber, Lloyd, hör zu. Ich weiß, dass du mich jetzt nicht leiden kannst, aber würdest du bitte gehen – geh, geh sofort!"

"NEIN."

Was für eine seltsame Drehung des Rades des Schicksals war hier! In so kurzer Zeit hatten sich ihre gegenseitigen Positionen umgekehrt. Jetzt war sie die Starke und er der Schwache. Sie war es, die siegte, und er, die unterworfen wurde. Sie war es, die triumphierte und er, die gedemütigt wurde. Er war es, der flehte, und sie, die ablehnte. Es war ihr Wille und nicht mehr seiner, der aus dem Kampf als Sieger hervorgehen musste.

Und wie vollkommen war nun Bennetts Niederlage! Der Notfall, den er so verzweifelt abwenden wollte und für den er Ferriss geopfert hatte – Lloyds Sorge um eine so gefährliche Krankheit – siehe! Die geheimnisvolle Drehung des Rades hatte es herbeigeführt, und jetzt konnte er nicht mehr widerstehen.

"Oh!" rief er, „habe ich nicht schon genug über Ferriss und seinen Tod nachgedacht? Wirst du mich auch dazu bringen, dein Leben aufs Spiel zu setzen, und nachdem ich mich so sehr bemüht habe? Du darfst nicht hier bleiben."

„Ich werde bleiben", antwortete sie.

„Ich befehle dir zu gehen. Das ist mein Haus. Schicken Sie den Arzt hierher. Wo ist Adler?" Plötzlich wurde er ohnmächtig.

Ein oder zwei Stunden später, im Grau des Morgens, zu einer Zeit, als Bennett unter dem Einfluss von Opiaten ruhig schlief, saß Lloyd nachdenklich am Fenster vor dem kleinen Tisch, den Kopf auf die Hand gestützt , vertieft und beobachtete mit halbsichtigen Augen die Morgenröte, die über den Wipfeln der Apfelbäume im Obstgarten in der Nähe rosa wurde.

Das Fenster war gerade weit genug geöffnet, um eine ausreichende Belüftung des Raumes zu gewährleisten. Lange Zeit saß sie regungslos da und strich nur von Zeit zu Zeit das schwere, bronzerote Haar aus ihren Schläfen und Ohren zurück. Nach und nach ließen die Denkfähigkeiten ihres Gehirns, sozusagen eine Vielzahl zarter, ineinandergreifender Räder, langsam an Geschwindigkeit und Intensität ihrer Funktionen nach. Sie begann zu fühlen statt zu denken. Als die Aktivität ihres Geistes zu einer gewissen angenehmen Taubheit verfiel, schien ein vages, formloses, namenloses Gefühl an die Oberfläche zu steigen. Es war keine Frage mehr des Gehirns. Was dann? War es das Herz? Sie gab diesem neuen Gefühl keinen Namen; es war noch zu verwirrend, zu undefinierbar. Eine gewisse große Süße schien sie zu überkommen, aber sie konnte nicht sagen, ob sie unendlich traurig oder überaus glücklich war; ein Lächeln lag auf ihren Lippen und doch begannen sich Tränen in ihren mattblauen Augen zu füllen.

Es kam ihr so vor, als ob ein langer, erbitterter Kampf oder eine Reihe von Kämpfen endlich beendet wäre; als wäre sie schon lange in das Labyrinth und die gewundenen Gänge einer düsteren Höhle verwickelt gewesen, hätte aber schließlich, als sie von dort herauskam, wieder die Sterne erblickt. Eine große Zärtlichkeit, eine gewisse zitternde Freude an allem, was wahr, gut und richtig war, wuchs in ihr groß und stark; die Freude am Leben kehrte zu ihr zurück. Die Morgendämmerung erhellte sich und errötete über der ganzen Welt, und Farbe, Licht und Wärme kehrten in ihr Leben zurück. Die Nacht war still und mild gewesen, aber jetzt wehte der erste Hauch der Morgenbrise in den Bäumen, im Gras, in den Blumen und den dichten, taugetränkten Büschen am Straßenrand und ein köstlicher Duft von Feldern und Wäldern und Gärten kamen zu ihr. Die Süße des Lebens und die Süße dieser Dinge, die besser als das Leben und dauerhafter sind, die Dinge, die nicht vergehen, nicht aufhören, noch verschwinden, drangen plötzlich in diesen Raum ein und kamen fast im Sinne eines Segens, einer Heimsuchung auf sie herab , etwas Mystisches und Wunderbares. Es war ein Moment, alles zu hoffen, alles zu glauben, alles zu ertragen.

Sie hielt den Atem an und lauschte – auf das, was sie nicht wusste. Wieder einmal, genau wie in jenem anderen Morgengrauen, in diesem anderen Raum, in dem der Feind besiegt worden war, überkam sie schnell das Gefühl eines großen Glücks in der Luft. Aber nun war der größere Feind besiegt, der Morgen eines größeren Tages brach an und breitete sich aus, und das größte Glück der Welt bereitete sich auf sie vor. Wie es passiert war, wusste sie nicht. Jetzt war nicht der Moment zum Nachdenken, zum Nachdenken, zum Nachdenken. Es schien, als ob das Rauschen der Flügel sie umgab, als ob ein Licht, das heller als der Tag war, gerade dabei war, sich vor ihren Augen zu erhellen, als ob eine Musik von göttlicher Schönheit gerade dabei war, an ihrem Ohr zu erklingen. Aber das Licht war nicht für ihr Auge; Die Musik war nichts für ihr Ohr. Der Glanz und die Harmonie kamen von ihr selbst, aus ihrem Inneren. Der Intellekt war taub. An diesem wunderbaren Mittsommermorgen lebte nur das Herz, und in ihrem Herzen strahlte der Glanz und die Harmonie vibrierte. Zurück an seinem Platz, hoch oben auf seinem Thron, saß die Liebe, von der sie glaubte, dass sie für immer von ihr gewichen war, erhaben und triumphierend und sang zum Rhythmus dieser ungehörten Musik, leuchtend und großartig in der Herrlichkeit dieses neu aufgedämmerten Lichts.

Würde Bennett überleben? Plötzlich tauchte diese Frage in ihrem Kopf auf und stand im Auge ihrer Fantasie, schrecklich, bedrohlich – ein abscheuliches, grimmiges Gespenst, vor dem Lloyd mit versagendem Herzen und Atem zitterte. Das Licht, der fast göttliche Glanz, der auf sie hereingebrochen war, warf dennoch einen schrecklichen Schatten vor sich her. Unter der Musik hörte sie das Grollen des Donners. Ihr neu entdecktes Glück war nicht ohne Betroffenheit. Die Liebe war nicht allein in ihr Herz zurückgekehrt. Damit war der alte Feind zurückgekehrt, von dem sie einst geglaubt hatte, er hätte sie für immer verlassen. Nun war es zurückgekommen. Wie zuvor lauerte es und starrte sie aus dunklen Ecken an. Es kroch an ihre Seite, an ihren Rücken, bereit zu springen, bereit zuzuschlagen, sich mit kalten Fingern an ihre Kehle zu klammern und sie auf die Erde zu tragen, wobei ihr Herz mit einem Kummer zerriss, den sie, wie sie sich selbst sagte, nicht ertragen und überleben konnte. Sie liebte ihn jetzt mit all ihrem Verstand und ihrer ganzen Kraft; Wie hätte es jemals anders sein können? Er gehörte ihr – und sie? Sie lebte nur mit seinem Leben; sie schien so an ihn gebunden zu sein, dass sie ein Teil von ihm selbst war. Im wahrsten Sinne des Wortes konnte sie nicht verstehen, wie es ihr möglich sein sollte, zu leben, wenn er sterben sollte. Es kam ihr so vor, als würde mit seinem Tod ein geheimnisvoller Teil ihres Lebens, etwas Lebenswichtiges und Grundlegendes, für das es keinen Namen gab, augenblicklich zerfallen und sie ohne die nötige Kraft für eine weitere Existenz zurücklassen. Dies wäre jedoch eine Erleichterung. Die Aussicht auf die Jahre nach seinem Tod, die schreckliche Einsamkeit eines Lebens ohne ihn, war ein Schrecken, vor dem sie wirklich glaubte, ihr Verstand müsse zusammenbrechen.

„Lloyd.“

Bennett war wieder wach und beobachtete sie mit fieberhafter Angst von seinem Platz zwischen den Kissen aus. „Lloyd“, wiederholte er, wobei die Stimme, die einst so tief und kraftvoll war, mitleiderregend zitterte. „Ich habe mich geirrt. Ich möchte nicht, dass du gehst. Verlass mich nicht.“

Im Nu war Lloyd an seiner Seite und kniete neben dem Bett. Sie erwischte eine der großen, knorrigen Hände, die voller Nähte und Schnüre waren und vor Fieber brannten. „Niemals, niemals, Liebste; niemals, solange ich lebe.“

IX.

Als Adler Bennetts unsichere Schritte auf der Treppe und den Klang von Lloyds Stimme hörte, die zu ihm sprach und ihn drängte, dass es keine Eile gebe und dass er nur einen Schritt nach dem anderen machen dürfe, drehte er sich schnell von den Fenstern der Glasfront um. Er hatte zugesehen, wie die Oktoberbrise die purpurnen und gelben Blätter im Obstgarten bewegte, und zog den Stuhl seines Herrn vom Frühstückstisch zurück, blieb erwartungsvoll dahinter stehen und blickte auf die Tür.

Lloyd hielt die Tür auf, und Bennett kam herein, schwer auf Dr. Pitts' Schulter gestützt. Adler versteifte sich in diesem Moment, als ob er auf einen ungehörten Signalhornruf antworten würde, und als Bennett seinen Platz eingenommen hatte, schob er seinen Stuhl sanft an den Tisch und entfaltete seine Serviette mit einer geschwungenen Bewegung, als würde er dem Wind ein Banner geben. Pitts verließ fast sofort den Raum, aber Lloyd beaufsichtigte weiterhin Bennetts Frühstück, goss ihm Milch ein, bestrich seinen Toast mit Butter und öffnete seine Eier.

"Kaffee?" fragte Bennett plötzlich. Lloyd schüttelte den Kopf.

„Erst in einer weiteren Woche.“

Bennett blickte mit grimmigem Missfallen auf das Glas Milch, das Lloyd ihm neben den Ellenbogen gestellt hatte.

„So ein Mist!“ er knurrte. „Warum nicht ein bisschen Zucker und warmes Wasser und fertig? Lloyd, ich kann das Zeug nicht mehr trinken. Naja, es ist schon warm!“ rief er gekränkt und mit tiefem Ekel aus und stellte das Glas abrupt ab.

„Natürlich ist es so“, antwortete sie; „Wir haben die Kuh speziell für dich hierher gebracht, und der Junge hat sie gerade gemolken – und es ist kein Mist.“

„Slop! Slop!“ erklärte Bennett. Er hob das Glas erneut auf und blickte sie über den Rand hinweg an.

„Ich werde dieses Zeug noch einmal trinken, um dir eine Freude zu machen“, sagte er. „Aber ich verspreche Ihnen, dass dies das letzte Mal sein wird. Sie brauchen mich nicht noch einmal zu fragen. Ich habe in den letzten drei Wochen genug Milch getrunken, um ein Jahr lang ein Findelkrankenhaus zu ernähren.“

Seit Beginn seiner Rekonvaleszenz machte Bennett diese Szene ausnahmslos bei seinem stündlichen Glas Milch, und sie endete ausnahmslos damit, dass er es fast in einem einzigen Schluck hinuntertrank.

Adler brachte die Post und die Morgenzeitung. Für Lloyd waren drei Briefe eingetroffen, für Bennett ein kleiner Band über „Recent Arctic Research and Exploration", den ihm sein Verleger mit dem Hinweis geschickt hatte, dass Bennett ihn als neueste Autorität auf diesem Gebiet sicherlich großartig fände Interesse. In einem Anhang, der nach der Zusammenstellung des Buches eingefügt wurde, wurden die Freja-Expedition und seine eigene Arbeit kurz beschrieben. Lloyd legte ihre Briefe beiseite, faltete das Papier auseinander und sagte: „Ich werde es lesen, während du frühstückst. Hast du alles, was du willst? Hast du deine Milch getrunken – alles?" Doch aus dem Augenwinkel bemerkte sie, dass Adler hinter dem Tablett, das er sich vors Gesicht hielt, kicherte, und mit wachsendem Misstrauen beugte sie sich vor und spähte zwischen den Frühstücksspeisen umher. Bennett hatte sein Glas hinter dem Toastständer versteckt.

„Und es ist erst zu zwei Dritteln leer", erklärte sie. „Ward, warum wirst du so ein Junge sein?"

„Na ja", grummelte er und trank ohne weitere Umschweife den Rest aus.

„Jetzt lese ich dir vor, ob du alles hast, was du willst. Adler, ich denke, du kannst eines dieser Fenster öffnen; draußen ist es so warm."

Während er sein Frühstück aus Toast, Milch und Eiern aß, blätterte Lloyd durch die Zeitung und las laut alles vor, was ihrer Meinung nach für ihn von Interesse sein könnte. Dann, nach einem Moment, wurde ihr Blick von einem halbspaltigen, erweiterten Artikel aus einer Sendung der Associated Press gefangen und festgehalten.

"Oh!" Sie schrie: „Hör dir das an!" und fuhr fort: „An diesem Ort ist die Nachricht eingegangen, dass das arktische Dampfschiff Curlew in Tasiusak an der grönländischen Küste sicher angekommen ist und achtzehn Mitglieder der Duane-Parsons-Expedition an Bord hat. Kapitän Duane berichtet, dass alles gut und eine ereignislose Reise verlaufen sei. Es ist seine Absicht, den Winter in Tasiusak zu verbringen, Hunde und auch Esquimau-Schlitten zu sammeln, die seiner Meinung nach der europäischen Herstellung für Arbeiten im Trümmereis überlegen sind, und im Frühjahr mit dem Brachvogel weiterzumachen, sobald Smith Sound schiffbar sein soll. Dies könnte später sein, als Kapitän Duane annimmt, da die Walfänger, die in den letzten Monaten im Sund gearbeitet haben, Nachrichten über einen ungewöhnlich frühen Winter und außerordentliche Mengen an Packeis sowohl im Sund selbst als auch im Kane-Becken zurückbringen. Das heißt Nächstes Jahr wird die offene Saison verhältnismäßig spät sein, und der Abflug des Brachvogels aus Tasiusak könnte erheblich später erfolgen als erwartet. Die besten Arktisexperten halten es für einen unglücklichen Umstand, dass Kapitän Duane sich entschieden hat, südlich von Cape Sabine zu überwintern, da der Zustand des Eises in Man kann sich weder auf den

Smith Sound verlassen noch ihn vorhersagen. Sollte der Eingang zum Sund noch im Juli mit Eis bedeckt sein, was keineswegs unmöglich ist, wird Kapitän Duane gezwungen sein, einen weiteren Winter in Tasiusak oder Upernvick zu verbringen, was sowohl seinen Proviantvorrat als auch die Geduld seiner Männer aufzehrt. '"

Als Lloyd mit der Lektüre fertig war, herrschte Stille. Bennett splitterte am Ende seines zweiten Eies.

"Also?" sagte sie schließlich.

„Nun", erwiderte Bennett, „was geht mich das alles an?"

„Es ist deine Arbeit", antwortete sie fast vehement.

„Nein, in der Tat. Es ist Duanes Werk."

"Wie meinst du das?"

„Lass ihn es jetzt versuchen."

"Und du?" rief Lloyd und sah ihn aufmerksam an.

„Mein liebes Mädchen, ich hatte meine Chance und bin gescheitert. Jetzt –" er hob gleichgültig die Schulter – „jetzt ist es mir egal. Ich habe das Interesse verloren."

„Ich glaube dir nicht", rief sie energisch; „Du ausgerechnet du." Hinter Bennetts Stuhl erhaschte sie einen kurzen Blick auf Adler, der sein Tablett unter den Arm geklemmt hatte und schweigend in aufwändiger Pantomime applaudierte. Sie sah, wie seine Lippen die Worte formten: „Das ist es; das ist richtig. Machen Sie weiter."

„Außerdem muss ich mein Buch schreiben, und außerdem bin ich ein Invalide – ein Invalide, der Alkohol trinkt."

„Und Sie haben vor, alles aufzugeben – Ihre Karriere?"

„Nun – wenn ich sollte, was dann?" Plötzlich drehte er sich abrupt zu ihr um. „Ich glaube nicht, dass *du* willst, dass ich noch einmal gehe. Drängst *du* mich, zu gehen?"

Lloyd schnappte plötzlich nach Luft und ihre Hand schloss sich unwillkürlich um seine, als sie neben ihr auf dem Tisch ruhte.

"Ach nein!" Sie weinte. „Oh nein, das tue ich nicht! Du hast recht. Es ist jetzt nicht deine Aufgabe."

„Na dann", murmelte Bennett, als wäre die Frage für immer geklärt.

Lloyd wandte sich ihrer Post zu und schlitzte die Umschläge einen nach dem anderen auf, Frauenart, mit einer Muschelhaarnadel. Doch während sie den

Inhalt ihrer Briefe überflog, begann sich Bennett unruhig zu bewegen. Von Zeit zu Zeit hörte er auf zu essen und warf unter seinem Stirnrunzeln einen Blick auf Lloyd, wobei ihm die frische, weiße Textur ihres Kleides und ihrer Taille, der weiße Schal mit seinen hohen, engen Bändern um den Hals und die winzigen goldenen Knöpfe an ihr auffielen Manschetten, das düstere, rötliche Leuchten ihrer Wangen, ihre mattblauen Augen und die Büschel und Locken ihres bronzeroten Haares. Dann sagte er plötzlich:

„Adler, du kannst gehen."

Adler salutierte und zog sich zurück.

„Von wem sind deine Briefe?" Bennett forderte zunächst einmal.

Lloyd steckte ihr die Haarnadel wieder ins Haar und antwortete:

„Von Dr. Street, von Louise Douglass und von – Mr. Campbell."

„Hm! Nun, was sagen sie? Dr. Street und – Louise Douglass?"

„Dr. Street bittet mich, einen sehr wichtigen chirurgischen Fall zu übernehmen, sobald ich hier angekommen bin, ‚eine der wichtigsten und heikelsten sowie eine der interessantesten Operationen in seiner Berufserfahrung'." Das sind seine Worte. Louise schreibt vier Seiten, aber sie sagt nichts, sie plappert nur."

„Und Campbell?" Bennett deutete mit dem Kinn auf den dritten, recht voluminösen Buchstaben neben Lloyds Ellbogen. „Er scheint etwas mehr als vier Seiten geschrieben zu haben. Was sagt er? ‚Quatscht' er auch?"

Lloyd strich ihr Haar an einer Schläfe zurück.

„Hm – nein. Er sagt – etwas. Aber egal, was er sagt. Ward, ich muss zurück in die Stadt. Du brauchst keine Krankenschwester mehr."

"Was ist das?" Bennetts Stirn runzelte sich augenblicklich, und mit einer scharfen Kopfbewegung, die für ihn üblich war, richtete er sein einziges gesundes Auge auf sie.

Lloyd wiederholte ihre Aussage und antwortete auf seine Proteste und Bemerkungen mit:

„Es geht Ihnen fast vollkommen gut, und es wäre überhaupt nicht diskret, wenn ich eine Stunde länger hier bleiben würde, als unbedingt nötig. Ich werde morgen oder übernächsten Tag wiederkommen."

„Aber ich sage Ihnen, ich bin immer noch sehr krank. Ich bin ein armes, elendes, zerschmettertes Wrack."

Er hustete demonstrativ mit hohler, beklagenswerter Stimme.

„Hören Sie sich das an, und letzte Nacht hatte ich hohes Fieber, und heute Morgen hatte ich hier seltsame Schmerzen …" Er deutete vage auf die Region seiner Brust. „Ich glaube, ich stehe kurz vor einem Rückfall."

„Unsinn! Du kannst mir überhaupt keine Angst machen."

„Na ja", antwortete er leichthin, „ich werde mit dir gehen – das ist alles. Ich nehme an, du willst sehen, wie ich mich in so raues, trostloses Wetter wie dieses hinausgehe – mit meiner schwachen Lunge."

„Deine schwachen Lungen? Wie lange ist das her?"

„Nun, ich – ich habe manchmal gedacht, meine Lungen wären nicht sehr stark."

„Warum, mein Lieber, du armes Ding; ich schätze, das Klima in der Koljutschin-Bucht *war* ein bisschen zu erfrischend –"

„Was sagt Campbell?"

„– und die Ernährung ist zu reichhaltig für Ihr Blut –"

„Was sagt Campbell?"

„– und vielleicht hast du dich überanstrengt –"

„Lloyd Searight, was sagt Mr. Campbell dazu –"

„Er bittet mich, ihn zu heiraten."

„Um Mama – ihn – zu heiraten? Na ja, verdammt noch mal, seine Unverschämtheit!"

„Mr. Campbell ist ein überaus respektabler und würdiger Herr."

„Na ja, das ist mir egal. Gehen Sie! Gehen Sie, heiraten Sie Mr. Campbell. Seien Sie glücklich. Ich verzeihe Ihnen beiden. Gehen Sie, lassen Sie mich in Ruhe sterben."

„Sir, ich werde gehen. Vergessen Sie, dass Sie jemals eine unglückliche Frau gekannt haben – eine Frau, deren einziger Fehler darin bestand, dass sie Sie liebte."

„Geh! Und manchmal denke ich an mich weit weg auf der Woge und vergieße eine stille Träne – ich sage: Wie willst du auf Campbells Brief antworten?"

„Nur ein Wort – , *Komm* ."

„Lloyd, seien Sie ernst. Das ist kein Scherz."

"Witz!" wiederholte sie hohl. „Es ist in der Tat ein trauriger Witz. Ach! Hätte ich nur mit mädchenhafter Liebe geliebt, wäre es besser für mich gewesen."

Dann packte sie ihn plötzlich mit beiden Armen um den Hals und küsste ihn auf die Wange und auf die Lippen, ein kleines Zittern lief durch sie bis zu ihren Fingerspitzen, und ihre Stimmung änderte sich abrupt zu einem tiefen, süßen Ernst.

„Oh, Ward, Ward!" Sie rief: „All unser Unglück und all unser Kummer und unsere Prüfungen und Ängste und grausame Spannungen sind jetzt vorbei, und jetzt haben wir uns wirklich und lieben uns, mein Lieber, und all die kommenden Jahre werden uns nur Glück bringen." und bringt uns einander immer näher."

„Aber hier ist ein Punkt, Lloyd", sagte Bennett nach ein paar Augenblicken und als sie wieder zu einer zusammenhängenden Sprache zurückgekehrt waren; „Wie wäre es mit Ihrer Arbeit? Sie sprechen über meine Karriere; was ist mit Ihrer? Wir wollen heiraten, aber ich weiß, wie sehr Sie Ihre Arbeit geliebt haben. Es wird Ihnen schwer fallen, wenn Sie das aufgeben. Das tue ich nicht." Ich bin sicher, dass ich Sie darum bitten sollte. Dieser Brief von Street jetzt. Ich weiß, wie eifrig Sie sein müssen, solche Operationen zu übernehmen – so wichtige Fälle, wie er erwähnt. Es wäre sehr egoistisch von mir, Sie darum zu bitten Steigern Sie Ihre Arbeit. Es ist Ihr Lebenswerk, Ihr Beruf, Ihre Karriere.

Lloyd nahm den Brief von Dr. Street, hielt ihn vorsichtig auf Armeslänge von sich, riss ihn in zwei Teile und ließ die Stücke zu Boden fallen.

„Das für mein Lebenswerk", sagte Lloyd Searight.

Als sie sich einen Augenblick später von ihm zurückzog, forderte Bennett plötzlich und sehr eindringlich:

„Lloyd, liebst du mich?"

„Von ganzem Herzen, Ward."

„Und du wirst meine Frau sein?"

„Du weißt, dass ich es tun werde."

„Dann" – Bennett nahm den kleinen Band „Arctic Research", den er am Morgen erhalten hatte, und warf ihn auf den Boden – „das für meine Karriere", antwortete er.

Einen Moment lang schwiegen sie und blickten einander freudig in die Augen. Dann zog Bennett sie wieder zu sich und drückte sie fest an sich, und noch einmal legte sie ihre Arme um seinen Hals und schmiegte ihren Kopf an seine Schulter, mit einem kleinen, angenehmen Seufzer der Zufriedenheit, Erleichterung und stillen Freude, denn das lange, der harte Prozess war vorbei; dass es keine Kämpfe mehr zu schlagen gab, keine düsteren, schwierigen Situationen mehr, keine unerbittlichen Pflichten mehr zu erfüllen. Sie hatte durchgehalten und gesiegt; Jetzt war ihre Belohnung gekommen. Nun zu den langen, ruhigen Jahren des Glücks.

Später am Tag, etwa eine Stunde nach Mittag, machte Bennett sein tägliches Nickerchen, sorgfältig in Schals gehüllt und ausgestreckt in einem Korbsessel im Glasraum. Währenddessen war Lloyd im Garten neben dem Haus beschäftigt und sammelte Blumen, die sie in eine riesige Porzellanschale in Bennetts Zimmer stellen wollte. Während sie damit beschäftigt war, näherte sich Adler, gefolgt von Kamiska. Adler nahm seine Mütze ab.

„Ich bitte um Verzeihung, Miss", begann er und drehte seine Mütze zwischen den Fingern hin und her. „Ich möchte nicht den Eindruck erwecken, dass ich aufdringlich bin, und wenn doch, dann sagen Sie es mir wohl besser gleich als Erstes. Aber was hat er – oder hat er etwas gesagt – der Kapitän, meine ich – heute Morgen über die Abreise gesagt? Wieder wach? Ich habe gehört, wie du beim Frühstück mit ihm gesprochen hast. Das ist es, das ist die Art von Gespräch, die er braucht. Ich kann dieses Gespräch nicht mit ihm führen. Ich habe solche Angst vor ihm. Ich hätte es nicht geglaubt Der Kapitän würde jemals sagen, er würde aufgeben, würde jemals sagen, dass er geschlagen wurde. Aber, Miss, ich denke, weil mit dem Kapitän heutzutage etwas nicht stimmt, außer dem Fieber. Er wird weich – das ist, was er ist. Wenn Sie nur den Mann kennen würden, der er war – früher – als wir dort oben im Eis waren! Das ist seine Arbeit, dafür ist er geschaffen. Es gibt niemanden, der das kann, außer ihm, und ihn aufgeben zu sehen Zu sehen, wie er seine Chance auf einen drittklassigen Eispiloten wie Duane – einen College-Professor an der Küste, der nicht mehr über Eis weiß als – Sie – verpasst, macht mich regelmäßig krank. Warum, was wird daraus? Wenn der Kapitän jetzt kündigt? Er wird sich einfach zu einem gewöhnlichen, zu Hause bleibenden, in Büchern schreibenden Professor niederlassen und Artikel für die Zeitungen und Zeitschriften schreiben, und auf Wiedersehen, vielleicht, er Ich mache mich an die Vorlesung! Stellen Sie sich vor, Miss, er, der Kapitän, hält einen Vortrag! Und während er zu Hause bleibt und schreibt und – oh Gott! – Vorträge hält, wird jemand anderes, ohne ein Fünftel seiner Fähigkeiten, die *Arbeit erledigen* . Es wird mir ganz natürlich das Herz brechen!", rief Adler, „wenn der Kapitän schmeißt. Es würde mir nicht so sehr leidtun, dass er den Pol nicht erreichen wird, sondern dass er aufgegeben hat, es zu versuchen – als dass ein Mann wie der Kapitän – oder wie der, für den ich ihn gehalten habe – aufgegeben und gekniffen hat, als er gewinnen konnte."

„Aber, Adler", erwiderte Lloyd, „der Kapitän – Mr. Bennett hat, wie mir scheint, seinen Teil dazu beigetragen. Überlegen Sie, was er durchgemacht hat. Sie können den Marsch zur Koljutschin-Bucht nicht vergessen haben?"

Aber Adler machte eine ungeduldige Geste mit der Hand, die die Mütze hielt. „Die Gefahr spielt keine Rolle; was er durchmachen müsste, spielt keine Rolle; die Chancen auf Leben oder Tod spielen keine Rolle; nichts auf der Welt spielt keine Rolle. *Es ist seine Arbeit*; Gott, der Allmächtige." Schneiden Sie ihn dafür aus, und er muss es tun. Haben Sie keinen Einfluss auf ihn, Fräulein? Wollen Sie nicht gut mit ihm reden? Lassen Sie ihn nicht schimpfen, lassen Sie ihn nicht weich werden. Machen Sie ihn zu einem Mann und nicht zu einem Professor.

Als Adler sie verlassen hatte, ließ sich Lloyd auf einem kleinen Sitz am Rande des Gartenwegs nieder, ließ die Blumen auf ihren Schoß fallen und lehnte sich auf ihrem Platz zurück, mit großen Augen und nachdenklich, während sie in ihrer Fantasie die Ereignisse der Vergangenheit Revue passieren ließ ein paar Monate. Was für eine Veränderung hatte dieser Sommer für sie beide mit sich gebracht; Wie waren sie den Umständen entsprechend neu geformt worden!

Plötzlich und ohne Vorwarnung waren die beiden, übermütig, stark, entschlossen, aufeinandergeprallt, die Kraft des Mannes gegen die Kraft der Frau; und die Frau, die von Natur aus schwächer war, war niedergeschlagen und gedemütigt worden. Eine Zeit lang kam es ihr so vor, als wäre sie hoffnungslos gebrochen; so demütig, dass sie nie wieder aufstehen konnte; Als ob sich in ihrem Leben eine große Krise entwickelt hätte und dass sie, nachdem sie einmal gescheitert war, immer wieder scheitern musste – als ob ihr gesamtes weiteres Leben ein einziger langer Misserfolg sein müsste. Doch direkt auf die erste folgte eine noch größere Krise – der Kampf mit sich selbst, der größte Kampf überhaupt. Gegen das abstrakte Prinzip des Bösen hatte die Frau, die im materiellen Konflikt mit einem männlichen, herrschaftlichen Willen versagt hatte, Erfolg gehabt, sich selbst besiegt, war wahr gewesen, als es leicht war, falsch zu sein, hatte das Urteil ihrer Altersgenossen nur so gewagt sie könnte nicht täuschen.

Ihr vorübergehender, vielleicht eingebildeter Hass auf Bennett, der sie so grausam missverstanden und gedemütigt hatte, war offenbar von selbst aus ihrem Herzen gewichen. Dann war die Stunde gekommen, in der der seltsame Zufall ihre früheren Positionen umgekehrt hatte, in der sie meisterhaft sein konnte, während er schwach war; als der Mann an der Reihe war, gebrochen zu werden und besiegt zu werden. Ihr eigenes Unbehagen war durch seines ausgeglichen worden. Sie muss ihn nicht länger als ihren Eroberer, ihren Herrn betrachten. Und als sie ihn so schwach gesehen hatte, so erbärmlich unfähig, dem leichtesten Druck ihrer Hand zu widerstehen; Als es ihr gegeben wurde, nicht nur Zeuge zu sein, sondern auch, um sein Leiden zu lindern, war die große Liebe zu ihm, die nicht sterben konnte, zurückgekehrt. Mit der Selbstbeherrschung war die Selbstvergessenheit einhergegangen; und ihr Beruf, ihr Lebenswerk, auf das sie so stolz gewesen war, schien ihr unbedeutend vorgekommen zu sein. Jetzt gehörte sie ihm und sein Leben gehörte ihr. Sie sollte – so sagte sie sich – von nun an über sein Glück glücklich sein, und ihr einziger Stolz würde der Stolz auf seine Leistungen sein.

Doch nun geschah das Unerwartete und Bennett hatte seine Karriere aufgegeben. Während der Zeit von Bennetts Genesung hatte Lloyd oft lange und ernsthaft mit ihm gesprochen, und teils aus dem, was er ihr erzählt hatte, teils aus vielem, was sie schlussfolgerte, war sie endlich in der Lage, die mentalen Prozesse und Veränderungen aufzuspüren und zu verfolgen, durch die Bennett ging war vergangen. Auch er hatte sich durch Feuer bewährt; Auch er hatte seine Tortur, seine Prüfung hinter sich.

Von Natur aus, aufgrund seiner Ausbildung und aufgrund seines Lebens war Bennett ein Mann gewesen, hart, etwas brutal, übermäßig egoistisch und zu jeder Zeit großartig arrogant. Er hatte weder Geduld noch Toleranz gegenüber natürlichen menschlichen Schwächen. Er war zwar egoistisch, aber nicht selbstbewusst, und es kam ihm nie in den Sinn, es war ihm unmöglich zu erkennen, dass er ein Riese unter den Menschen war. Sein Herz war gefühllos; Sein ganzes Wesen und sein Charakter waren hart und steinhart, weil er mehr Schläge austeilte als erhielt.

Dann kam das Unglück. Ferriss war gestorben, und Bennetts Erkenntnis und Anerkennung der Tatsache, dass er, Ward Bennett, der nie versagte, der nie Fehler machte, zuletzt den großen und schrecklichen Fehler seines Lebens begangen hatte, hatte seinen Charakter bis in seine Grundfesten erschüttert. Dies war nur der Anfang; Nachdem die Bresche einmal geschlagen war, betrat die Menschheit die düsteren, verlassenen Orte ihrer Seele. Reue lastete hart auf seiner gewohnten Arroganz; Großzügigkeit und der Drang, Wiedergutmachung zu leisten, traten an die Stelle von Egoismus; Freundlichkeit verdrängte die einheimische Brutalität; Die Härte und Herrschsucht der alten Zeit wich einem gewissen Geist der Toleranz.

Es war der Einfluss dieser neuen Emotionen, der Bennett dazu bewegt hatte, gegenüber Adler die Aussage zu machen, die seinen alten Untergebenen so erstaunt und verwirrt hatte. Auch er, Bennett, versuchte zu dieser Zeit, wie Lloyd, sich von einer falschen Position zu befreien und durch das Medium des Geständnisses in den Augen seiner Mitarbeiter sein wahres Gesicht zu zeigen. Unbewusst arbeiteten beide an ihrer Erlösung in derselben Richtung.

Dann kam Bennetts Entschluss, Ferriss einen prominenten und prominenten Platz in seinem Buch, dem Bericht über die Expedition, einzuräumen. Je mehr Bennett sich mit Ferriss' Heldentum, Intelligenz und Können beschäftigte, desto mehr wurde seine Aufgabe zu einer Liebesarbeit und desto mehr verschwand die Idee des Selbst aus seinem Denken und seiner Vorstellungskraft. Dann – und das war vielleicht nicht der unwichtigste Faktor bei Bennetts Verwandlung – war eine Krankheit hereingebrochen; Der starke und selbstbewusste Mann war zur Schwäche eines Kindes gebracht worden, das der Druck eines Fingers kontrollieren konnte. Plötzlich wechselte er den Platz mit der Frau, von der er glaubte, dass er sie zu einem so schrecklichen Preis gebrochen und unterworfen hatte. Seine einst so enorme Körperkraft war wie ein Rohr in der Hand der Frau; Sein Wille, so unbezwingbar, war so machtlos wie der eines Säuglings vor der ruhigen Entschlossenheit der Frau, erhob sich vor ihm und überwältigte ihn zu einem Zeitpunkt, zu dem er glaubte, er sei für immer geschwächt.

Bennett war aus der Tortur gezüchtigt, besänftigt und gedemütigt hervorgegangen. Aber er war erschüttert, gebrochen, mit Kummer und der Last vergeblichen Bedauerns auf die Erde gebracht. Der Ehrgeiz war in ihm taub und leblos. Die Reaktion auf seine frühere Haltung der Aggression und des Trotzes hatte ihn weit über das Normale hinaus gebracht.

Hier vergrößerte sich der Unterschied zwischen Mann und Frau. Lloyds Abbruch ihres Lebenswerks hatte den Charakter einer heroischen Unterwerfung ihrer selbst. Bennetts Abbruch seiner Karriere war kaum besser als Schwäche. Bei dem einen war es Verzicht gewesen; in der anderen Kapitulation. Am Ende, und nachdem alles vorbei war, blieb die Frau die Stärkere.

Aber stimmte es für sie, die Frau, dass alles vorbei war? War der letzte Konflikt ausgefochten? War es nicht eher zu glauben, dass das Leben ein einziger langer Konflikt sei? War es nicht ihre Aufgabe, Lloyd, diesen trägen Ehrgeiz zu wecken? War es nicht schließlich ihre Aufgabe, ihn zu inspirieren, ihn anzuspornen, ein großes Werk zu vollbringen? Nun war sie von beiden die Stärkere. Was war unter diesen neuen Bedingungen ihre Pflicht? Adlers unbeholfene Phrasen blieben ihr im Gedächtnis hängen. „Das ist seine Arbeit“, hatte Adler gesagt. „Gott, der Allmächtige, hat ihn dafür ausgeschlossen, und er muss es tun. Lass ihn nicht schimpfen, lass ihn nicht weich werden; mach ihn zu einem Mann und nicht zu einem Professor.“

Hatte sie so großen Einfluss auf Bennett? Konnte sie den ruhelosen, wagemutigen Geist wieder wecken? Vielleicht; Aber was würde es für sie bedeuten – für sie, die zurückgelassen werden muss, um zu warten und zu warten und zu warten – drei Jahre, fünf Jahre, zehn Jahre – vielleicht für immer? Und jetzt, in diesem Moment, als sie glaubte, endlich sei das Glück zu ihr gekommen; als die Pflicht erfüllt war, waren die düsteren Probleme gelöst; als die Krankheit überwunden war; Als die Liebe zurückgekehrt war und die ruhigen, sorglosen Tage vor ihr immer länger zu werden schienen, erinnerte sie sich an die schreckliche Zeitspanne, die zwischen der Abreise der Freja und der Rückkehr der Expedition verstrichen war; Was für schlaflose Nächte, was für Tage unaussprechlicher Spannung, was für schreckliche Wechsel zwischen Hoffnung und Verzweiflung, was für ein stilles, unterdrücktes Leiden, was für eine eindringliche, allgegenwärtige Angst vor etwas, das sie nicht zu benennen wagte! War die Angst, wieder in ihr Leben zu kommen? Der Feind, der lauerte und grinsend blickte und sich weigerte, zuzuschlagen, der ihr zu jeder Stunde des Tages auf den Fersen blieb, der ihr bei jeder Beschäftigung zur Seite stand, der folgte, wenn sie sich im Ausland bewegte, der ihr in den stillen Wachen nahe kam der Nacht, kriechend, an ihr Bett herankriechend, in der Dunkelheit über ihr aufragend; Die kalten Finger griffen immer näher, das schreckliche Gesicht wurde immer deutlicher, bis die Spannung, darauf zu warten, dass der Schlag nachließ, dass die Finger zupacken konnten, zu groß wurde, als sie ertragen konnte, und sie mit einem unterdrückten Schluchzen aus ihrem Bett sprang voller Angst, mit zitternden Lippen und tränenden Augen aus ihrer Ruhe vertrieben?

Plötzlich stand Lloyd auf, die Blumen fielen unbeachtet von ihrem Schoß, ihre Arme steif an ihrer Seite, ihre Hände fest geschlossen.

„Nein", murmelte sie, „das kann ich nicht. Das ist schließlich mehr, als ich tun kann."

Sofort gingen ihr Adlers zögernde Worte durch den Kopf: „Die Gefahr kommt nicht vor; nichts auf der Welt kommt nicht vor. Es ist sein Werk."

Adlers Worte waren die Worte der Welt. Sie war die Einzige der Tausenden, deren Blick auf Bennett gerichtet war, und war geblendet. Sie lag falsch. Sie gehörte ihm, aber er gehörte nicht ihr. Die Welt verlangte nach ihm; Die Welt rief ihn von ihrer Seite, um die schreckliche Arbeit zu tun, für die Gott ihn geschaffen hatte. Sollte sie, weil sie ihn liebte, wegen ihrer eigenen Qual, zwischen ihm und dem Lärm der Welt, zwischen ihm und seinem Werk, zwischen ihm und Gott stehen?

Dort lag eine Aufgabe für ihn. Er muss die Rolle des Mannes spielen. Der Kampf muss erneut ausgetragen werden. Dieser schreckliche, grausige Feind dort oben im Norden, auf der hohen Krümmung des Globus, der Schulter der Welt, riesig, unbarmherzig, schrecklich in seiner gewaltigen, titanischen Stärke, der sein Geheimnis durch alle Jahrhunderte im Innersten eines Planeten hütet Tausend glänzende Windungen müssen erneut getrotzt werden. Das Monster, das den großen Preis verteidigte, das Ziel so vieler erfolgloser Quests, muss erneut angegriffen werden.

Ihm gehörte die Arbeit, für ihn der Schock des Kampfes, die Härte des Kampfes, der wilde Angriff, der unaufhörliche Angriff, der unerschütterliche und unerschütterliche Mut.

Ihre Rolle war die der Frau. Sie hatte es bereits angenommen; unerschütterliche Selbstlosigkeit, Entsagung, Geduld, der Heldentum, der größer ist als alle anderen, der mit gefalteten Händen, still, unerschütterlich und unter furchtbarem Stress dasitzt und aushält und aushält und ausharrt. Die Inspiration für große Taten, große Hoffnungen und feste Entschlüsse zu sein und dann, während der Kampf gewagt wurde, in Ruhe auf seinen Ausgang zu warten – das war ihre Pflicht, das war der Anteil der Frau am großen Werk der Welt.

Lloyd war sich eines gewissen süßen und subtilen Elements in ihrer Liebe zu Bennett schwach bewusst, das sie erst in letzter Zeit zu erkennen und zu bemerken begann. Das war ein gewisser vager Beschützerinstinkt, fast mütterlich. Vielleicht lag es an seiner gegenwärtigen körperlichen und charakterlichen Schwäche, oder vielleicht war es ein Element, das immer in der tiefen und ernsthaften Liebe einer edlen Frau zu finden war. Sie hatte das Gefühl, dass sie nicht nur als einzelne Person, sondern als Frau nicht nur stärker als Bennett, sondern in gewisser Weise auch älter und reifer war. Sie war sich der Tiefen ihrer Natur bewusst, die viel größer waren als die seiner, und auch, dass sie in der Lage war, Höhen des Heldentums, der Hingabe und der Opferbereitschaft zu erreichen, die er trotz all seiner männlichen Kraft nicht nur nie erreichen, sondern sich nicht einmal vorstellen konnte von. Es war dieses Bewusstsein ihrer größeren, besseren Natur, das ihr Gefühle für Bennett einflößte, so wie eine Mutter für ihren Sohn empfindet, eine Schwester für ihren jüngeren Bruder. Mit ihrer Zuneigung vermischte sich eine große Zärtlichkeit, eine große und fast göttliche Großmut, ein breites, weibliches Mitleid mit seinen Unzulänglichkeiten, seinen Fehlern, seinen Fehlern. Er musste bei ihr nach Ermutigung suchen. Ihre Aufgabe war es, die große Energie, die so unsanft unterdrückt worden war, zu bündeln und neu zu formen und nicht nur seine Kraft zurückzurufen, sondern sie zu lenken und in die dafür vorgesehenen Kanäle zu lenken.

Lloyd kehrte zur verglasten Veranda zurück und fand Bennett vor, der gerade aus seinem Nickerchen erwachte. Sie zog die Schals fester um ihn herum, ordnete die Kissen unter seinem Kopf neu und setzte sich dann auf die Stufen in der Nähe.

„Erzählen Sie mir davon, Captain Duane", begann sie. "Wo ist er jetzt?"

Bennett gähnte, fuhr sich mit der Hand übers Gesicht und rieb sich den Schlaf aus den Augen.

„Wie spät ist es? Ich muss über eine Stunde geschlafen haben. Duane? Du hast gesehen, was in der Zeitung stand. Ich nehme an, er ist in Tasiusak."

„Glauben Sie, dass er Erfolg haben wird? Glauben Sie, dass er den Pol erreichen wird? Adler glaubt, dass er es nicht schaffen wird."

„Oh, vielleicht, wenn er Glück hat und eine offene Saison hat."

„Aber sagen Sie mir, warum nimmt er so viele Männer mit? Ist das nicht gegen den Brauch? Ich weiß viel über die Arbeit in der Arktis. Während Ihrer Abwesenheit habe ich jedes Buch zu diesem Thema gelesen, das ich bekommen konnte. Die beste Arbeit hat Es wurde mit kleinen Expeditionen durchgeführt. Wenn Sie noch einmal gehen sollten – wenn Sie wieder gehen, werden Sie dann so viele mitnehmen? Ich habe gesehen, dass Sie irgendwo zitiert wurden, dass Sie nur sechs oder acht Männer befürworteten.

„Zehn sollte die Grenze sein – aber jemand anders wird es jetzt versuchen. Ich bin raus. Ich habe es versucht und bin gescheitert.“

„Gescheitert – du! Die Vorstellung, dass du jemals scheiterst, dass du jemals aufgibst! Natürlich war es schön und gut, heute Morgen darüber zu scherzen, dass du deine Karriere aufgibst; aber ich weiß, dass du nur zu schnell wieder aufstehen wirst. Ich Ich versuche mir selbst beizubringen, das zu erwarten.“

„Lloyd, ich sage Ihnen, dass ich raus bin. Ich glaube nicht, dass der Pol jemals erreicht werden kann, und es ist mir egal, ob er erreicht wird oder nicht.“

Plötzlich drehte sich Lloyd zu ihm um, und das ungewöhnliche Leuchten blitzte in ihren Augen. „ Das tue *ich* aber“, rief sie vehement. „Es ist machbar, und wir – Amerika – sollten es tun.“

Bennett starrte sie an, erschrocken über ihren Ausbruch.

„Diese englische Expedition“, fuhr Lloyd fort, während ihre Wangen rot wurden, „diese Duane-Parsons-Expedition, sie werden nächstes Jahr den Startschuss für alle haben. Fast jeder Versuch, der jetzt unternommen wird, stellt einen neuen Rekord für einen hohen Breitengrad auf. Eins.“ Fast jedes Jahr rückt eine Nation nach der anderen näher und näher, und jede Expedition profitiert von den Erfahrungen und Beobachtungen der vorangegangenen. Eines Tages und nicht mehr lange wird es einer Nation gelingen und dort ihre Flagge hissen Endlich. Warum sollten es nicht wir sein? Warum sollte *unsere* Flagge nicht an erster Stelle am Pol stehen? Wir, die wir so viele Helden hatten, so große Seeleute, so großartige Anführer, solche Entdecker – unsere Stanleys, unsere Farraguts, unsere Decaturs, unsere De Longs, unsere Lockwoods – wie würden wir uns vor der Welt schämen, wenn eine andere Nation dort erfolgreich sein würde, wo wir fast erfolgreich waren – Norwegen, oder Frankreich, oder Russland oder England – und von unseren Erfahrungen profitieren würden, indem wir dem folgen, was wir gemacht haben Weg!"

„Das ist sehr gut“, gab Bennett zu. „Es wäre eine große Ehre, vielleicht die größte; und einst – ich – nun, ich hatte auch meine Ambitionen. Aber jetzt ist alles anders. Etwas in mir starb, als – Dick – als – ich – oh, lass Duane es versuchen. Lassen Sie ihn sein Bestes geben. Ich weiß, dass das nicht möglich ist, und wenn er gewinnen sollte, wäre ich der Erste, der Glückwünsche schickt. Lloyd, das ist mir egal. Ich habe das Interesse verloren. Ich nehme an, das ist meine Strafe . Ich bin aus dem Rennen. Ich bin eine Rückennummer. Ich bin am Boden."

Lloyd schüttelte den Kopf.

„Ich glaube nicht – ich kann dir nicht glauben."

„Wollen Sie mich gehen sehen", forderte Bennett, „nach dieser letzten Erfahrung? Wollen Sie mich dazu drängen?"

Lloyd wandte ihren Kopf ab und lehnte ihn gegen eine der Verandasäulen. Plötzlich wurde es trübe in ihren Augen, der erstickende Schmerz, den sie so gut kannte, schoss ihr in die Kehle. Ah, das Leben war hart für sie. Die Größe ihres Wesens vertrieb ihr das Glück, das kleine Geister und gewöhnliche Seelen so ständig erreichen. Wann sollte es ein Ende haben, dieses ständige Opfer der Neigung zur Pflicht, dieser ewige Verzicht, diese Hingabe ihrer selbst, ihrer liebsten, am meisten geschätzten Wünsche an die Anforderungen der Pflicht und der großen Welt?

„Ich weiß nicht, was ich will", sagte sie schwach. „Es scheint nicht so, als ob man glücklich sein *könnte* – sehr lange."

Plötzlich trat sie näher an ihn heran, legte ihre Wange auf die Armlehne seines Stuhls, ergriff seine Hand mit ihren beiden und murmelte: „Aber ich habe dich jetzt, ich habe dich jetzt, egal, was auf uns zukommt."

Ein Gefühl der Schwäche überkam sie. Was kümmerte es sie, dass Bennett sein Schicksal erfüllte, seine Karriere abrundete und weiterhin der große Mann war? Sie liebte ihn, Bennett – nicht seine Größe, nicht seine Karriere. Lassen Sie alles hinter sich, lassen Sie den Ehrgeiz sterben, lassen Sie andere, die weniger würdig sind, bei der gewaltigen Aufgabe erfolgreich sein. Was bedeuteten Ruhm, Ehre und Herrlichkeit und das Gefühl einer göttlich festgelegten Pflicht, die schließlich mit der Berührung seiner Hand und dem Klang seiner Stimme erfüllt wurde?

Im November dieses Jahres heirateten Lloyd und Bennett. Zwei Gäste waren lediglich bei der Zeremonie anwesend. Das waren Campbell und seine kleine Tochter Hattie.

X.

Die Monate vergingen; Weihnachten kam und ging. Bis dahin war der Winter ungewöhnlich mild gewesen, doch der Januar begann mit einer Reihe heftiger Kälteeinbrüche und heftiger, stürmischer Winde aus Nordost. Lloyd und Bennett hatten beschlossen, ruhig in ihrem neuen Zuhause in Medford zu bleiben. Sie hatten keine Lust zu reisen und Bennetts bevorstehendes Buch forderte seine Aufmerksamkeit. Adler blieb beim Haus. Er und die Hündin Kamiska waren unzertrennliche Gefährten. In großen Abständen stellten sich Besucher vor – Dr. Street oder Pitts oder bestimmte Freunde von Bennett. Aber der große Ansturm an Interviewern, Redakteuren und Projektoren wunderbarer Intrigen, der Bennetts Vorräume im Frühling und Frühsommer überfüllt hatte, ließ deutlich nach. Die Presse hörte auf, über ihn zu sprechen; sogar seine Post war abgefallen. Wenn sich die damaligen Fachzeitschriften nun mit der Erkundung der Arktis befassten, bezog sich dies stets auf die englische Expedition, die an der Küste Grönlands überwinterte. Diese Welt, die so laut nach Bennetts Rückkehr geschrieen hatte, obwohl sie ihn vielleicht noch nicht vergaß, ignorierte ihn bereits und blickte in andere Richtungen. Ein anderer Mann stand im Fokus der Öffentlichkeit.

Aber in jeder Hinsicht waren diese beiden – Lloyd und Bennett – nicht von dieser Welt. Sie hatten sich vom Strom der Dinge befreit. Sie standen beiseite, während die große Flut schnell und turbulent vorbeizog, und zumindest einer von ihnen hatte nicht einmal das Interesse, zuzusehen und das Fortschreiten zu beobachten.

Eine Zeit lang war Lloyd überaus glücklich. Ihr Leben verlief ungebrochen und ereignislos. Die ruhigen, eintönigen Tage ungestörten Glücks, auf die sie sich gefreut hatte, waren endlich gekommen. So sollte es immer sein. Isoliert und isoliert konnte sie ihre Ohren vor dem Donner der großen Flut der Welt verschließen, die irgendwo hinter den Hügeln in Richtung Stadt durch ihre Kanäle wirbelte. Es verging kaum eine Stunde, in der sie und Bennett nicht zusammen waren. Lloyd hatte ihren Stall in ihr neues Zuhause verlegt; Lewis wurde zur Zahl ihrer Bediensteten hinzugefügt, und bis Bennetts alte Lebenskraft vollständig zu ihm zurückgekehrt war, fuhr sie fast täglich mit ihrem Mann aus und durchstreifte das Land kilometerweit.

Einen Großteil ihrer Zeit verbrachten sie jedoch in Bennetts Arbeitszimmer. Es handelte sich um eine große Wohnung im hinteren Teil des Hauses, spärlich, fast dürftig möbliert. Papiere lagen auf dem Boden; Auf Bennetts Schreibtisch stapelten sich Bündel von Manuskripten, Listen, Diagrammen und Beobachtungen, die abgenutzte und abgenutzte Blechschachtel mit Aufzeichnungen, Notizbüchern, Tagebüchern und Logarithmentabellen.

Zwischen den Fenstern stand ein Bücherregal voller Nachschlagewerke, statistischer Broschüren und dergleichen, während eine der Wände fast vollständig von einer riesigen Karte des Polarkreises eingenommen wurde, auf der der Verlauf der Freja und ihre Strömung im Rudel abgebildet waren und die Route des südlichen Marschs der Expedition wurden genau aufgezeichnet.

Der Raum war bar jeglicher Verzierung; Der Schreibtisch und ein paar Stühle waren die einzigen Möbel. Bilder gab es keine. An ihre Stelle traten Fotos und ein toller Bauplan der Pläne und Spezifikationen des Schiffbauers für die Freja.

Bei den Fotos handelte es sich um einige von denen, die Dennison von der Expedition gemacht hatte – die im Eis eingeklemmte Freja, eine Gruppe von Offizieren und Besatzungsmitgliedern auf dem Vorderdeck, die Küste von Wrangel Island, Kap Kammeni, eigenartige Eisformationen, Ansichten des Rudels unter verschiedenen Bedingungen und Temperaturen, Druckkämme und Szenen aus dem täglichen Leben der Expedition in der Arktis, Bärenjagden, die Herstellung von Schlitten, Hundegespanne, Bennett, der Sondierungen durchführt und den Windmesser abliest, und eine, die letzte Ansicht von Die Freja wurde gerade eingenommen, als das Schiff – sein eisbedeckter, tropfender Bug hob sich hoch in die Luft, die Flagge noch immer an der Spitze – außer Sichtweite versank.

An der Wand über den Bauplänen der Freja hing jedoch eine der Flaggen des Bootes, die von der Expedition während ihres gesamten Aufenthalts im Eis verwendet worden war – ein verblasstes, zerfetztes Quadrat aus Sternen und Riegel.

Als sich das neue Leben ruhig und gleichmäßig in seine Bahnen einfügte, begann sich eine Routine zu entwickeln. Ungefähr eine Stunde nach dem Frühstück schlossen sich Lloyd und Bennett in Bennetts „Arbeitszimmer", wie er es nannte, ein und Lloyd nahm ihren Platz am Schreibtisch ein. Sie war zu seiner Amanuensis geworden und hatte darauf bestanden, nach seinem Diktat zu schreiben.

„Sehen Sie sich dieses Manuskript an", hatte sie eines Tages gerufen und die Blätter umgedreht, die Bennett geschrieben hatte; „Im wahrsten Sinne des Wortes die schlechteste Handschrift, die ich je gesehen habe. Was glaubst du, würde ein Drucker aus deinen ‚Thes' und ‚Unds' machen? Es sind Hieroglyphen, wissen Sie", informierte sie ihn ernst und nickte ihm zu.

Es stimmte völlig. Bennett schrieb mit erstaunlicher Geschwindigkeit und mit unregelmäßigen, kräftigen Federstrichen, wobei er die Spitze nicht selten durch das Papier selbst trieb; Seine Schrift war abgedroschen, ungeschickt, in alle Richtungen verzerrt, fast unleserlich. Am Ende hätte Lloyd ihn beinahe von seinem Platz am Schreibtisch geschubst, indem er ihm den Stift zwischen den Fingern nahm und ausrief:

„Steh auf! Gib mir deinen Stuhl – und diesen Stift. Eine solche Handschrift ist nichts anderes als eine Sünde."

Bennett erlaubte ihr, ihn zu schikanieren, und protestierte lediglich aus Spaß daran, mit ihr zu streiten.

„Kommen Sie, mir gefällt das. Was machen Sie überhaupt in meinem Arbeitszimmer, Mrs. Bennett? Ich denke, Sie sollten besser Ihrer Hausarbeit nachgehen."

„Sprich nicht", antwortete sie. „Hier sind deine Notizen und dein Tagebuch. Jetzt sag mir, was ich schreiben soll."

Am Ende haben sich die Dinge von selbst geregelt. Daily Lloyd nahm ihren Platz am Schreibtisch ein, den Stift in der Hand, den Ärmel ihres rechten Arms bis zum Ellenbogen nach hinten gerollt (eine Angewohnheit von ihr beim Schreiben, und die Bennett unbeschreiblich bezaubernd fand), während ihr Stift stetig von Zeile zu Zeile wanderte Linie. Er seinerseits ging auf und ab, eine Zigarre zwischen den Zähnen, seine Notizen und Notizbücher in der Hand, diktierte eigene Kommentare oder zitierte aus den Seiten, die fleckig, ausgefranst und zerknittert waren und im Licht der Polarlichter geschrieben waren , die Mitternachtssonnen oder das unstete Flackern von Zugöllaternen und Specklampen.

Was für lange, köstliche Stunden verbrachten sie so, als der Winter näher rückte, in der absoluten Stille dieses Landhauses, ignoriert und verloren in den braunen, kahlen Feldern und blattlosen Obstgärten des offenen Landes! Niemand störte sie. Niemand kam in ihre Nähe. Sie verlangten nichts Besseres, als dass die Welt, in der sie einst gelebt hatten und deren rasantes Treiben und fieberhafte Unruhe sie beide so gut gekannt hatten, sie in Ruhe lassen sollte.

Nur ein einziger irritierender Ton, und dieser war nicht allzu resonant, unterbrach die lange Harmonie von Lloyds Glück in diesen Tagen. Bennett war dafür taub; aber für Lloyd vibrierte es ununterbrochen und mit der Zeit immer eindringlicher und deutlicher. Ohne einen einzigen Menschen auf der Welt hätte Lloyd sich selbst sagen können, dass ihr Leben kein einziges Element der Unzufriedenheit verlief.

Das war Adler. Es war nicht so, dass seine Anwesenheit im Haus ein Vorwurf für Bennetts Frau war, denn der Mann war äußerst unauffällig. Er verfügte über die instinktive Zartheit, die man manchmal bei einfachen, unentwickelten Naturen entdeckt – insbesondere bei Seefahrern –, und obwohl er sich nicht dazu durchringen konnte, seinen früheren Häuptling zu verlassen, hatte er sich seit Bennetts Heirat mehr denn je aus der Aufmerksamkeit zurückgezogen. Heutzutage bediente er kaum noch den Tisch, denn Lloyd und Bennett frühstückten und aßen oft ganz für sich allein.

Trotzdem sah Lloyd von Zeit zu Zeit Adler, immer Kamiska auf den Fersen. Sie traf ihn dabei, wie er die Messingbeschläge an der Haustür polierte, Sackleinenstreifen band und die Rosensträucher im Garten mit Säcken umwickelte oder mit der Post vom Postamt des Dorfes zurückkehrte, immer mit der gleichen Wollmütze, dem … alte Erbsjacke und das Trikot mit dem Namen „Freja" auf der Brust. Er sprach selten mit ihr, es sei denn, sie sprach ihn zuerst an, und dann grüßte er immer präzise, schlug die Fersen scharf zusammen und stand steif in Haltung.

Aber der Mann strahlte, wenn auch unwissentlich, Trübsinn aus. Lloyd erkannte sofort, dass Adler unter einer gewissen Wolke der Enttäuschung litt und die Hoffnung zurückschob. Natürlich verstand sie die Ursache. Lloyd war zu großherzig, um beim Anblick Adlers irgendeine Verärgerung zu empfinden. Aber sie konnte ihn nicht gleichgültig betrachten. Ihrer Meinung nach stand er für alles, was Bennett aufgegeben hatte, für die großartige Karriere, die auf halbem Weg stehen geblieben war, für die halb erledigte Arbeit, die erst halb abgeschlossene Aufgabe. War Adler jetzt nicht in gewisser Weise Bennett überlegen? Sein einziger Gedanke, sein einziges Ziel und seine einzige Hoffnung waren, es „noch einmal zu versuchen". Sein Ehrgeiz war noch lebendig und entflammt; Der Soldat war bereit, wo der Häuptling den Mut verlor. Nie wieder hatte Adler Lloyd wegen Bennetts Untätigkeit angesprochen. Jetzt schien er zu verstehen – zu erkennen, dass er, sobald er verheiratet war – und mit Lloyd – nicht mehr damit rechnen durfte, dass Bennett die Arbeit fortsetzte. All dies deutete Lloyd aus Adlers Haltung und sagte sich immer wieder, dass sie die Gedanken des Mannes richtig lesen konnte. Sie bildete sich sogar ein, bei den seltenen Gelegenheiten, bei denen sie sich trafen, einen stummen Appell in seinen Augen zu bemerken, als ob er sie als die einzige Hoffnung betrachtete, als die einzige Möglichkeit, Bennett aus seiner Lethargie zu wecken. Sie stellte sich vor, ihn sagen zu hören:

„Haben Sie keinen Einfluss auf ihn, Miss? Wollen Sie nicht gut mit ihm reden? Lassen Sie ihn nicht schimpfen. Machen Sie ihn zu einem Mann und nicht zu einem Professor. Nichts anderes auf der Welt kommt mir nicht in den Sinn." . Es ist seine Arbeit. Gott, der Allmächtige, hat ihn dafür ausgesperrt, und er muss es tun."

Seine Arbeit, seine Arbeit, dafür hat Gott ihn geschaffen; stellte die Aufgabe, machte den Mann, und nun kam sie dazwischen. Gott, der Mensch und das Werk – die drei riesigen Elemente eines gesamten Systems, des gesamten

Universums, verkörpert in der gewaltigen Dreieinigkeit. Immer wieder überfielen sie solche Gedanken. Die Pflicht regte sich noch einmal und erwachte. Es kam ihr so vor, als ob eine große Maschine, die der Himmel dazu bestimmt hatte, ihren vorgegebenen Kurs einzuhalten, zum Stillstand gekommen wäre, bis zur Ruine verrostet wäre und dass sie als Einzige auf der Welt die Macht hätte, ihren Hebel zu ergreifen und sie auf den Weg zu schicken ; wohin, sie wusste es nicht; Warum, konnte sie nicht sagen. Sie wusste nur, dass es richtig war, dass sie handeln sollte. Allmählich verhärtete sich ihre Entschlossenheit. Bennett muss es noch einmal versuchen. Doch zunächst schien es ihr, als würde ihr das Herz brechen, und mehr als einmal schwankte sie.

Während Bennett ihr weiterhin die Geschichte der Expedition diktierte, gelangte er zum Bericht über den Marsch zur Koljutschin-Bucht und schließlich zur Beschreibung der letzten Woche mit ihren Schrecken, ihren Leiden, ihrem Hunger, ihrer Verzweiflung, wann Einer nach dem anderen starben die Männer in ihren Schlafsäcken und wurden unter Eisplatten begraben. Als dieser Punkt in der Erzählung erreicht war, fügte Bennett keinen eigenen Kommentar ein; Aber während Lloyd schrieb, las er einfach und mit grimmiger Direktheit aus den Einträgen in seinem Tagebuch, genau so, wie sie geschrieben worden waren.

Lloyd hatte vage gewusst, dass die Expedition schrecklich gelitten hatte, aber Bennett hatte sich bisher nie bereit erklärt, ihr die Geschichte im Detail zu erzählen. „Es war eine harte Woche", teilte er ihr mit, „eine ziemlich schlechte Zeit."

Jetzt sollte sie zum ersten Mal erfahren, was genau passiert war, was er durchgemacht hatte.

Wie üblich ging Bennett von Wand zu Wand auf und ab, die Zigarre zwischen den Zähnen und das zerfetzte, schmutzige Eistagebuch in der Hand. Am Schreibtisch bewegte sich Lloyds runder, nackter Arm, dessen Ärmel bis zum Ellenbogen hochgekrempelt war, beim Schreiben gleichmäßig hin und her. In den Pausen, in denen Bennett diktierte, war das Kratzen von Lloyds Feder zu hören. Ein kleines Feuer knisterte und knisterte im Kamin. Die Morgensonne strömte durch die Fenster.

„...Sturm aus Nordost", sagte Lloyd und hob den Kopf vom Schreiben. Bennett fuhr fort:

In unserem geschwächten Zustand ist es unmöglich, dagegen vorzugehen.

Er machte eine Pause, damit sie den Satz vervollständigen konnte.

... Muss hier campen, bis es nachlässt....

"Hast du das?" Lloyd nickte.

... Habe heute Nachmittag Suppe aus dem letzten Hundefleisch gemacht ... Unser letzter Pemmikan ist weg.

Es entstand eine Pause; dann fuhr Bennett fort:

1. Dezember, Mittwoch – Alle werden schwächer ... Metz bricht zusammen ... Adler wird ans Ufer geschickt, um Garnelen zu sammeln ... Wir aßen mittags etwa einen Bissen pro Person ... Abendessen, einen Löffel Glyzerin und heißes Wasser .

Lloyd legte ihre Hand an ihre Schläfe, strich ihr Haar zurück und wandte ihr Gesicht ab. Wie zuvor bot sich ihr an jenem warmen und strahlenden Sommernachmittag im Park eine schnelle, klare Sicht auf das Eis. Sie sah die Küste der Koljutschin-Bucht – ursprüngliche Trostlosigkeit, wirbelnder staubartiger Schnee, der entfesselte Wind, der wie ein Hexensabbat brüllte, von Felsen zu Felsen sprang und Purzelbäume schlug, wahnsinnig und gefühllos in seinem abscheulichen Todestanz. Bennett fuhr fort. Seine Stimme senkte sich unmerklich, eine gewisse Ernsthaftigkeit überkam ihn. Manchmal blickte er mit vagen, blicklosen Augen auf die beschriebenen Seiten in seiner Hand. Zweifellos erinnerte er sich auch.

Er fuhr fort:

2. Dezember, Donnerstag – Metz starb in der Nacht ... Hansen starb. Es weht immer noch ein Sturm aus Nordosten... Eine harte Nacht.

Während sie schrieb, bewegte sich Lloyds Stift immer langsamer. Die Zeilen des Manuskripts begannen vor ihren Augen zu verschwimmen und zu schwimmen.

Und dorthin musste sie ihn schicken. In diese unmenschliche, schreckliche Region; zu diesem Leben des langen Leidens, in dem der Tod langsam durch Tage des Hungers, der Erschöpfung und der Qual kam, die sich stündlich erneuerte. Er muss alles noch einmal wagen. Sie muss ihn dazu zwingen. Ihre Entscheidung war gefallen; Ihre Pflicht war ihr klar. Jetzt war es unwiderruflich.

... Hansen starb am frühen Morgen.... Dennison brach zusammen....

... 5. Dezember – Sonntag – Dennison wurde heute Morgen zwischen Adler und mir tot aufgefunden ...

Die Vision wurde klarer und deutlicher. Sie bildete sich ein, das Innere des Zeltes und die schwindende Zahl der Überlebenden der Freja zu sehen, die sich auf Händen und Knien im düsteren Dämmerlicht bewegten. Ihre Haare und Bärte waren lang, ihre Gesichter schwarz vor Schmutz, ungeheuer aufgedunsen und fett von der aufgedunsenen Ironie des Hungers. Sie waren keine Männer mehr. Nach diesem unsäglichen Stress des Elends blieb nichts als das Tier übrig.

... Zu schwach, um ihn zu begraben oder gar aus dem Zelt zu tragen ... Er muss liegen bleiben, wo er ist ... Letzter Löffel Glyzerin und heißes Wasser ... Gottesdienst um 17:30 Uhr. ..

Wieder einmal geriet Lloyd beim Schreiben ins Stocken; Ihre Hand bewegte sich langsamer. Obwohl sie die Zähne schließen konnte, würde das Schluchzen kommen; Schnell füllten sich ihre Augen mit Tränen, aber sie versuchte, sie zurückzuzwinkern, damit Bennett es nicht sehen konnte. Heldenhaft schrieb sie bis zum Ende des Satzes. Es folgte eine Pause:

„Ja – ‚Gottesdienste in‘ – ich – ich –“

Der Stift fiel ihr aus den Fingern, und sie sank auf ihren Schreibtisch, den Kopf in die Hohlkehle ihres nackten Arms gesenkt, von Kopf bis Fuß geschüttelt von der Heftigkeit des gröbsten Kummers, den sie je erlebt hatte. Bennett warf sein Tagebuch von sich, kam zu ihr, nahm sie in die Arme und legte ihren Kopf auf seine Schulter.

„Warum, Lloyd, was ist los – warum, alter Junge, was zum Teufel! Ich war ein Biest, dir das vorzulesen. Es war gar nicht so schlimm, weißt du, und außerdem, sieh mal her, sieh mich an . Es ist alles vor drei Jahren passiert. Jetzt ist alles vorbei.“

Ohne den Kopf zu heben und sich umso fester an ihn zu klammern, antwortete Lloyd gebrochen:

„Nein, nein, es ist noch nicht alles vorbei. Es wird niemals, niemals vorbei sein.“

„Pshaw, Unsinn!“ Bennett polterte: „Sie dürfen es sich nicht so zu Herzen nehmen. Wir werden es jetzt ganz vergessen. Hier, verdammt noch mal, jedenfalls! Wir haben heute genug davon. Setzen Sie Ihren Hut auf. Wir Wir werden die Ponys rausholen und irgendwohin fahren. Und heute Abend gehen wir in die Stadt und sehen uns eine Show in einem Theater an.

„Nein“, protestierte Lloyd, drückte sich von ihm zurück und trocknete ihre Augen. „Du sollst nicht denken, dass ich so schwach bin. Wir werden mit dem weitermachen, was wir tun müssen – mit unserer Arbeit. Mir geht es jetzt gut.“

Bennett führte sie ohne weitere Umschweife aus dem Zimmer, folgte ihr und schloss und verriegelte die Tür hinter sich. „Wir werden heute kein weiteres Wort darüber schreiben. Schnappen Sie sich Ihren Hut und Ihre Sachen. Ich werde Lewis sagen, dass er die Ponys reinstecken soll.“

Aber dieser Tag markierte einen Anfang. Von diesem Zeitpunkt an gab Lloyd nie nach, und wenn es Momente gab, in denen das Eisen tiefer als sonst in ihr Herz eindrang, so spürte Bennett ihren Schmerz nie. Nach und nach zeichnete sich für sie eine Vorgehensweise ab. Ein direkter Appell an Bennett wäre ihrer Meinung nach nicht nur nutzlos, sondern würde sogar ihren heroischen Mut übersteigen. Sie muss ihn indirekt beeinflussen. Die Initiative muss scheinbar von ihm ausgehen. Es muss ihm so vorkommen, als hätte er aus eigenem Antrieb seinen schlummernden Entschluss geweckt. Es war eine Situation, die ihr ganzes weibliches Taktgefühl, ihr ganzes Feingefühl, ihre ganze instinktive Diplomatie erforderte.

Die Runde ihres täglichen Lebens wurde erneuert, aber jetzt gab es eine Veränderung. Es war subtil, illusorisch, ein vages, unbestimmtes Problem, das in der Luft lag. Lloyd hatte sich ihrer Aufgabe gewidmet, und von Tag zu Tag, von Stunde zu Stunde hielt sie daran fest, ungesehen, unbemerkt. Nun war es eine Bemerkung, die wie zufällig im Laufe des Gesprächs fiel; jetzt ein Auszug aus einer Zeitung oder einer wissenschaftlichen Zeitschrift, den Bennett dort hinterlassen hat, wo er ihn finden würde; Jetzt war es nur noch ein Blick in ihren Augen, ein bedeutungsvoller Blick eines Augenblicks, als ihr Blick den ihres Mannes traf, oder ein Augenblick der Begeisterung über die Nachricht einer Entdeckung. Unbewusst und mit unendlicher Vorsicht lenkte sie seine Aufmerksamkeit auf die Welt, der er abgeschworen zu haben glaubte; Sie weckte sein Interesse an seinem eigenen Tätigkeitsbereich, las ihm stundenlang aus den Schriften anderer Männer vor oder vertrat und vertrat Theorien, von denen sie wusste, dass sie falsch und lächerlich waren, die sie ihn aber zu leugnen und zu widerlegen anspornte.

Eines Morgens täuschte sie sogar einen Ausruf grenzenlosen Erstaunens vor, als sie beim Frühstück die Zeitung aufschlug und so tat, als würde sie aus imaginären Schlagzeilen vorlesen.

„Ward, hör zu! ‚Endlich der Pol. Eine norwegische Expedition löst das Geheimnis der Arktis. Das Ziel erreicht nach –‘“

"Was!" rief Bennett scharf und runzelte die Stirn.

„‚—Nach Jahrhunderten des Scheiterns.‘“ Lloyd legte die Zeitung lachend beiseite.

„Angenommen, Sie sollten es eines Tages lesen.“

Bennett ließ mit einem gutgelaunten Knurren nach.

„Du hast mir einen Moment lang Angst gemacht. Ich dachte – ich dachte –“

„Ich habe dir Angst gemacht? Warum hattest du Angst? Was hast du gedacht?“ Sie beugte sich eifrig zu ihm.

„Ich dachte – na ja – oh – dass irgendein anderer Kerl, Duane, vielleicht –“

„Er ist immer noch bei Tasiusak. Aber ich glaube, er wird Erfolg haben. Ich habe viel über ihn gelesen. Er hat Energie und Entschlossenheit. Wenn jemand Erfolg hat, wird es Duane sein.“

"Er niemals!"

„Dann jemand.“

„Du hast einmal gesagt, wenn dein Mann es nicht könnte, könnte es niemand.“

„Ja, ja, ich weiß“, antwortete sie fröhlich. „Aber du – du bist jetzt raus.“

„Huh!“ er grummelte. „Das liegt nicht daran, dass ich glaube, dass ich es nicht könnte, wenn ich wollte.“

„Nein, das konntest du nicht, Ward. Niemand kann das.“

„Aber du hast gerade gesagt, dass du dachtest, dass es eines Tages jemand tun würde.“

„Habe ich? Oh, angenommen, du solltest es eines Tages wirklich tun!“

„Und angenommen, ich wäre nie zurückgekommen?“

„Unsinn! Natürlich würdest du zurückkommen. Heutzutage kommen sie alle.“

„De Long hat es nicht getan.“

„Aber Sie sind nicht De Long.“

Und für den Rest des Tages stellte Lloyd mit sinkendem Mut fest, dass Bennett ungewöhnlich nachdenklich und beschäftigt war. Sie sagte nichts und achtete darauf, seine Überlegungen nicht zu stören, was auch immer sie sein mochten. Sie ging ihm so weit wie möglich aus dem Weg, ließ aber wie zufällig eine Kopie einer von einer geographischen Gesellschaft herausgegebenen Broschüre auf seinem Schreibtisch liegen, aufgeschlagen mit einem Artikel über die Zukunft der Erforschung des Polarkreises. Beim Abendessen an diesem Abend unterbrach Bennett plötzlich ein ziemlich langes Schweigen mit:

„Es ist alles im Schiff. Bauen Sie ein Schiff, das stark genug ist, um dem seitlichen Druck des Eises standzuhalten, und das Ganze wird einfach.“

Lloyd gähnte und rührte gleichgültig in ihrem Tee, während sie antwortete:

„Ja, aber du weißt, dass das nicht geht.“

Bennett runzelte nachdenklich die Stirn und trommelte auf dem Tisch.

„Ich wette, *ich* könnte einen bauen."

„Aber es ist nicht das Schiff allein. Es ist der Mann. Wem würden Sie das Kommando über Ihr Schiff übertragen?"

Bennett starrte.

„Ja, ich würde sie natürlich mitnehmen."

„Du? Du hattest deinen Anteil – deine Chance. Jetzt kannst du es dir leisten, zu Hause zu bleiben und dein Buch fertigzustellen – und – nun ja, vielleicht hältst du Vorträge."

„Was für ein Mist, Lloyd! Kannst du sehen, wie ich auf einem Vortragspodest posiere?"

„Das würde ich lieber sehen, als dass du versuchst, Duane zu schlagen, als wieder ins Eis zu gehen. Das würde ich lieber sehen, als zu wissen, dass du dort oben warst – im Norden, im Eis, wieder bei deiner Arbeit." , kämpfe deinen Weg zum Pol, führe deine Männer und überwinde jedes Hindernis, das dir im Weg stand, gib niemals auf, verliere niemals den Mut, versuche das Große, Großartige, Unmögliche zu tun; riskiere dein Leben, um nur einen Punkt auf einem zu erreichen Karte. Ja, ich würde dich lieber auf einer Vortragsplattform sehen als auf dem Deck eines arktischen Dampfschiffs. Das weißt du, Ward.

Er warf ihr einen Blick zu.

„Ich würde gerne wissen, was du meinst", murmelte er.

Der Winter verging, dann der Frühling, und im Juni herrschte im ganzen Land um Medford ein königlicher Sommer. In den letzten Maitagen hatte Bennett den Hauptteil seines Buches praktisch fertiggestellt und beschäftigte sich nun mit dem Anhang. Es gab kaum Abwechslung in ihrem täglichen Leben. Adler wurde immer mehr zu einem festen Bestandteil des Ortes. In der ersten Juniwoche hatten Lloyd und Bennett einen Besucher, einen Gast; Das war Hattie Campbell. Mr. Campbell war auf Geschäftsreise, und Lloyd hatte dafür gesorgt, dass das kleine Mädchen die vierzehn Tage seiner Abwesenheit bei ihr in Medford verbringen sollte.

Der Sommer war herrlich. Eine gewaltige, durchdringende Wärme lag dicht über der ganzen Welt. Die Bäume, die Obstgärten, die Rosenbüsche im Garten rund um das Haus, all das wimmelnde Leben an Bäumen und Pflanzen hingen bewegungslos und schwebend im stillen, gezeitenlosen Ozean der Luft. Es war sehr ruhig; Alle fernen Geräusche, das Krähen der Hähne, das anhaltende Rufen von Rotkehlchen und Eichelhähern, das Geräusch der Räder auf der Straße, das Rumpeln der Züge, die unten in der Stadt am Bahnhof vorbeifuhren, schienen gedämpft und gedämpft. Die langen, ruhigen Sommertage folgten in einer ununterbrochenen, schimmernden Prozession aufeinander. Von der Morgendämmerung bis zur Abenddämmerung hörte man das leise, unzählige Murmeln des Sommers, das dumpfe Geräusch der Bienen in den Rosen- und Fliederbüschen, das lange, schrille Summen der Blauen Flaschenfliegen, das raue, trockene Kratzen der Heuschrecken, das Schreiten der Heuschrecken ein gelegentliches Cricket. In der Dämmerung und die ganze Nacht hindurch schrien die Frösche in den Hecken und in den feuchten nördlichen Ecken der Felder, während aus der Richtung der Hügel im Osten unaufhörlich die Frösche riefen. Tagsüber war die Luft voller Gerüche, sozusagen durch die Hitze der Mittagshitze destilliert – der süße Geruch reifender Äpfel, der Duft von warmem Saft und Blättern und wachsendem Gras, der Geruch von Kühen von den nahegelegenen Weiden , der stechende Geruch , Ammoniakgeruch der stabilen Rückseite des Hauses und der Geruch von brennenden Farbblasen an den Südwänden.

Der Juli war sehr heiß. Kein Windhauch bewegte das weite, unsichtbare Luftmeer, das unter der senkrechten Sonne zitterte und ölig war. Die Landschaft war verlassen von belebtem Leben; Im Ausland gab es wenig Bewegung. Im Haus hielt man sich in den kühlen, abgedunkelten Räumen mit Matten auf dem Boden und bequemen, tiefen Korbsesseln zurück, die Fenster waren weit geöffnet, sodass auch die geringste Brise wehte. Adler döste in seiner Segeltuchhängematte, die er zwischen einem Anhängerpfosten und einem Zierapfelbaum im Schatten hinter dem Stall aufgehängt hatte. Kamiska lag ausgestreckt unter dem Wassertrog, ihre Zunge hing heraus und sie keuchte unaufhörlich. Eine unermessliche Sonntagsstille schien in der Atmosphäre zu schweben – eine schläfrige, betäubende Stille. An das Vergehen der Zeit war nicht zu denken. Der Wochentag war immer eine Frage der Vermutung. Es schien, als würde dieses Leben voller Hitze, Stille und ungebrochener Stille ewig dauern.

Dann gab es plötzlich eine *Warnung* . Eines Morgens, etwa einen Tag nachdem Hattie Campbell in die Stadt zurückgekehrt war, sahen Lloyd und Bennett gerade, als Lloyd und Bennett gerade ihr Frühstück in dem jetzt stark überdachten Glasraum beendeten, Adler die Straße entlang zum Haus rennen, während Kamiska raste voraus und bellte aufgeregt. Adler war in die Stadt gegangen, um die Post und die Morgenzeitung zu holen. Letzteren hielt er weit geöffnet in der Hand, und sobald er Lloyd und Bennett erblickte, wedelte er damit herum und schrie, während er rannte.

Lloyds Herz begann zu schlagen. Es gab nur eine Sache, die Adler in diesem Maße begeistern konnte: die englische Expedition; Adler hatte Nachricht davon; es stand in der Zeitung. Duane hatte Erfolg; hatte in all den letzten Monaten stetig nach Norden gearbeitet, während Bennett –

„Im Eis stecken! Im Eis stecken!" schrie Adler, als er das Eingangstor weit öffnete und über den Rasen auf die Veranda zueilte. „Was haben wir gesagt! Hurra! Er steckt fest. Ich wusste es.

Bennett nahm ihm das Papier ab und las laut vor, dass die Curlew, begleitet von ihrem Collier, das ihr bis zur Südgrenze des Kane Basin folgen sollte, Ende Juni versucht hatte, den Smith Sound zu passieren. Doch die Saison kam, wie befürchtet, zu spät. Die enormen Eismengen, von denen die Walfänger im Vorjahr berichtet hatten, waren nicht aus dem schmalen Kanal herausgekommen, und am letzten Tag im Juni hatte die Curlew ihr weiteres Vordringen effektiv blockiert. Bei dem Versuch, an die Spitze zu gelangen, hatte sich das Eis hinter ihr zusammengeschlossen, und obwohl es noch nicht eingeklemmt war, wurde das Schiff bewegungsunfähig gemacht. Es bestand keine Hoffnung, dass sie bis zum folgenden Sommer nach Norden vordringen würde. Der Bergmann, der nicht bedrängt worden war, war mit der Nachricht vom Scheitern nach Tasiusak zurückgekehrt.

„Was für ein Trottel! Was für – ein Professor!" rief Adler mit großer Verachtung aus. „Er bummelte in Tasiusak herum und wartete auf offenes Wasser, als der Alert 82-24 überwinterte! Nun ja, er ist jedenfalls für ein weiteres Jahr zurückgestellt."

Später, nach dem Frühstück, schlossen sich Lloyd und Bennett in Bennetts Arbeitszimmer ein und beschäftigten sich mehr als drei Stunden lang mit der unvollendeten Arbeit des Vortages, wobei sie aus Bennetts Notizen eine Tabelle mit den bei verschiedenen Sondierungen gemessenen Temperaturen des Meerwassers zusammenstellten. Im Wechsel mit dem Kratzen von Lloyds Feder fuhr Bennetts Stimme monoton fort:

15. August – 2.000 Meter oder 1.093 Klafter – minus 0,66 Grad Celsius oder 30,81 Fahrenheit.

„Fahrenheit", wiederholte Lloyd, während sie das letzte Wort schrieb.

16. August – 1.600 Meter oder 874 Klafter –

„Achthundertvierundsiebzig Faden", wiederholte Lloyd, während Bennett geistesabwesend innehielt.

„Oder... es geht ihm schlecht, wissen Sie."

"Wie meinst du das?"

„Es ist ein schlechtes Stück Navigation dort entlang. Der Proteus wurde etwa auf demselben Breitengrad eingeklemmt und bis auf die kleinsten Stücke zerquetscht ... hm ..." Bennett zupfte an seinem Schnurrbart. Dann plötzlich, als käme er zu sich selbst: „Na ja – diese Temperaturen jetzt. Wo waren wir? ‚Achthundertvierundsiebzig Klafter, minus sechsundvierzig Hundertstel Grad Celsius.‘“

Am Nachmittag des nächsten Tages, gerade als sie diesen Tisch fertig hatten, klopfte es an der Tür. Es war Adler, und als Bennett die Tür öffnete, salutierte er und reichte ihm drei Visitenkarten. Bennett stieß einen überraschten Ausruf aus, und Lloyd drehte sich vom Schreibtisch um, ihren Stift über dem halbbeschriebenen Blatt in der Luft schwebend.

„Sie hätten mich vielleicht wissen lassen, dass sie kommen“, hörte sie Bennett murmeln. "Was wollen Sie?"

„Ich schätze, sie sind mit dem Mittagszug gekommen, Sir“, riskierte Adler. „Sie haben nicht gesagt, was sie wollten, sondern nur nach Ihnen gefragt.“

"Wer ist es?" fragte Lloyd und trat vor.

Bennett las die Namen auf den Karten vor.

„Nun, es ist Tremlidge – das ist der Tremlidge der Times; er ist der Herausgeber und Inhaber – und Hamilton Garlock – hat etwas mit dieser neuen geografischen Gesellschaft zu tun – Präsident, glaube ich – und dieser“ – er reichte ihr die dritte Karte – „ist ein Freund von Ihnen, Craig V. Campbell von der Hercules Wrought Steel Company.“

Lloyd starrte. „Was können sie wollen?“ „‚ murmelte sie und blickte verwirrt von der Karte zu ihm auf. Bennett schüttelte den Kopf.

„Sag ihnen, sie sollen hierher kommen“, sagte er zu Adler.

Lloyd zog hastig den Ärmel über ihren nackten Arm.

„Warum hier oben, Ward?“ fragte sie unvermittelt.

„Hätten wir sie unten sehen sollen?“ forderte er mit einem Stirnrunzeln. „Das nehme ich an. Ich habe nicht nachgedacht. Geh nicht“, fügte er hinzu und legte eine Hand auf ihren Arm, als sie zur Tür ging. „Sie könnten genauso gut hören, was sie zu sagen haben.“

Die Besucher traten ein, Adler hielt die Tür auf – Campbell, gepflegt, glattrasiert und trotz des warmen Wetters behandschuht; Tremlidge, der Herausgeber einer der größeren Tageszeitungen der Stadt (und des Landes), der ein Monokel trug und einen Strohhut unter dem Arm trug; und Garlock, der Vizepräsident einer internationalen geographischen Gesellschaft, ein alter Mann mit wunderschönem weißem Haar, das sich um die Ohren lockt, und einer großen Schleife aus schwarzer Seide, die um seinen altmodischen Kragen geknotet ist. Die Gruppe präsentierte unbewusst drei große und hochentwickelte Phasen der Intelligenz des 19. Jahrhunderts – Wissenschaft,

Industrie und Journalismus – jeder von ihnen war ein Meister in seinem Beruf.

Als die Vorstellungen und Vorbereitungen vorbei waren, nahm Bennett wieder seine Position vor dem Kamin ein, lehnte sich an den Kaminsims und hatte die Hände in den Taschen. Lloyd saß ihm gegenüber am Schreibtisch und stützte ihren Ellbogen auf die Kante. An der Wand hinter ihr hing die riesige Karte des Polarkreises. Tremlidge, der Herausgeber, saß auf dem Bambussofa am Ende des Raumes, die Ellbogen auf den Knien, und klopfte sanft mit der Zwinge seines schmalen Spazierstocks auf den Boden; Garlock, der Wissenschaftler, hatte sich in die Tiefe eines riesigen Ledersessels fallen lassen und sich bequem darin zurückgelehnt, die Beine übereinandergeschlagen, einen Stiefel sanft schwingend; Campbell stand hinter diesem Stuhl, trommelte gelegentlich mit den Fingern einer Hand auf die Rückenlehne, sprach über Garlocks Schulter zu Bennett und wandte sich von Zeit zu Zeit an Tremlidge mit der Bitte um Bestätigung und Unterstützung dessen, was er sagte.

Plötzlich begann die Konferenz.

„Nun, Mr. Bennett, haben Sie unseren Draht bekommen?" sagte Campbell einleitend.

Bennett schüttelte den Kopf.

„Nein", erwiderte er einigermaßen überrascht; „Nein, ich habe kein Kabel."

„Das ist seltsam", sagte Tremlidge. „Ich habe vor drei Tagen telegraphiert und um dieses Interview gebeten. Ich glaube, die Adresse stimmte. Ich telegrafierte: ‚Pflege von Dr. Pitts'." Stimmt das nicht?"

„Das ist wahrscheinlich der Grund", antwortete Bennett. „Dies ist Pitts' Haus, aber er wohnt jetzt nicht hier. Ihre Depesche ging zweifellos an sein Büro in der Stadt und wurde an ihn weitergeleitet. Er ist gerade auf Reisen, glaube ich. Aber – Sie sind hier . Das ist das Wesentliche."

„Ja", murmelte Garlock und sah zu Campbell. „Wir sind hier und wollen mit Ihnen reden."

Campbell, der offensichtlich zum Sprecher ernannt worden war, räusperte sich.

„Nun, Mr. Bennett, ich weiß nicht, wie ich anfangen soll, also nehmen wir an, ich fange am Anfang an. Tremlidge und ich gehören demselben Club in der City an, und auf die eine oder andere Weise haben wir es geschafft, etwas Gutes zu sehen." Wir haben im letzten halben Dutzend Jahren viel miteinander zu tun gehabt. Wir stellen fest, dass wir viel gemeinsam haben. Ich glaube nicht, dass seine redaktionellen Kolumnen käuflich sind, und er glaubt nicht, dass meine Stahlplatten Blaslöcher haben . Ich glaube wirklich, dass wir bestimmte Überzeugungen haben. Tremlidge scheint eine Vorstellung davon zu haben, dass Journalismus sauber und dennoch unternehmungslustig sein kann, und versucht, sein Blatt entsprechend zu gestalten, und ich fürchte, dass ich kein Angebot für Brückenträger abgeben würde, die darunter liegen würde es kosten, sie ehrlich herzustellen. Tremlidge und ich sind in der Politik unterschiedlicher Meinung; wir haben widersprüchliche Ansichten über die Kommunalverwaltung; wir besuchen verschiedene Kirchen; wir sind uneinig in der Frage der öffentlichen Bildung, des Tarifs, der Auswanderung und, Gott sei Dank das Zeichen! von Kapital und Arbeit, aber wir sagen uns, dass wir gemeinnützig sind und ein wenig stolz darauf, dass Gott uns erlaubt hat, in den Vereinigten Staaten geboren zu werden; Außerdem scheint es, dass wir mehr Geld haben, als Henry George für richtig hält. „Nun", fuhr Mr. Campbell fort und richtete sich auf, als wollte er das eigentliche Thema seiner Rede berühren, „als die Nachricht von Ihrer Rückkehr, Mr. Bennett, eintraf, war es, wie Sie natürlich wissen, das ein Gesprächsthema auf der Straße, in den Clubs, in den Zeitungsredaktionen – überall. Tremlidge und ich trafen uns in der nächsten Woche beim Mittagessen in unserem Club, und ich erinnere mich noch genau daran, wie lange und wie ernsthaft wir über Ihre Arbeit und die Erkundung der Arktis im Allgemeinen gesprochen haben.

„Plötzlich stellten wir fest, dass es sich hier endlich um ein Thema handelte, über das wir uns einig waren, ein Thema, an dem wir ein außergewöhnliches gemeinsames Interesse hatten. Wir stellten fest, dass wir fast jedes Entdeckerbuch von Sir John Franklin an gelesen hatten. Wir wussten alles." über die verschiedenen Theorien und Pläne zur Erreichung des Pols. Wir wussten, wie und warum sie alle gescheitert waren, aber trotzdem waren wir beide der Meinung" (Campbell beugte sich vor und sprach mit beträchtlicher Energie), „dass es machbar ist." , und dass Amerika es tun sollte. Das wäre etwas Besseres als sogar eine Weltausstellung.

„Wir, Tremlidge und ich, geben jedes Jahr viel Geld für öffentliche Arbeiten und das eine oder andere aus. Wir kaufen Bilder amerikanischer Künstler – Bilder, die wir nicht wollen; ab und zu haben wir ein Stipendium gefunden; wir spenden." Geld, um Gruppen von Statuen im Park zu bauen; wir geben Schecks an die Finanzausschüsse von Bibliotheken und Museen und alles andere, aber wir können beim besten Willen nur ein schwaches Interesse an den Bildern und Statuen verspüren, und Museen und Hochschulen, obwohl wir weiterhin das eine kaufen und das andere unterstützen, weil wir denken, dass es irgendwie richtig für uns ist, das zu tun. Ich fürchte, wir sind eher Menschen, die sich für die Tat interessieren, als für Kunst, Literatur und dergleichen. Tremlidge ist das, das weiß ich. Er will Fakten, vollendete Ergebnisse. Wenn er sein Geld ausgibt, möchte er die konkrete, substanzielle

Rendite sehen – und ich bin mir nicht sicher, ob ich nicht der gleichen Meinung bin.

„Nun, mit diesem und jenem, und nachdem wir das Ganze ein Dutzend Mal – zwanzig Mal – besprochen hatten, kamen wir zu dem Schluss, dass das, was wir finanziell am liebsten unterstützen würden, ein erfolgreicher Versuch eines in den USA gebauten Schiffes mit Besatzung wäre Amerikanische Seeleute, angeführt von einem amerikanischen Kommandanten, erreichen den Nordpol. Wir waren von unserer Idee sehr begeistert, aber wir wollen, dass sie von Anfang bis Ende amerikanisch ist. Wir werden das Abonnement starten und wollen die Liste mit unseren Schecks anführen ; aber wir wollen, dass jeder Bolzen in diesem Schiff in amerikanischen Gießereien aus Metall geschmiedet wird, das aus amerikanischer Erde gegraben wurde. Wir wollen, dass jede Planke in ihrem Rumpf aus amerikanischen Bäumen geformt ist, jedes Segel von amerikanischen Webstühlen gewebt ist und dass jeder Mann von amerikanischen Eltern geboren wurde , und wir wollen es so, weil wir an amerikanische Manufakturen glauben, weil wir an den amerikanischen Schiffbau glauben, weil wir an amerikanische Segelmacher glauben und weil wir an die Intelligenz und den Mut sowie die Ausdauer und den Mut des amerikanischen Seemanns glauben.

„Nun“, fuhr Campbell fort, indem er seine Position änderte und mit leiserer Stimme sprach, „wir haben zu niemandem viel gesagt, und tatsächlich haben wir nie wirklich eine Expedition geplant. Wir haben lediglich über deren praktischen Charakter und die Wünschbarkeit gesprochen.“ Wir wollten, dass das Programm populär wird. Es würde nicht schwer sein, hunderttausend Dollar von etwa einem Dutzend Männern aufzutreiben, die wir beide kennen, und Wir stellten fest, dass wir auf die finanzielle Unterstützung der Gesellschaft von Herrn Garlock zählen konnten. Das war alles schön und gut, aber wir wollten, dass die *Leute* dieses Unternehmen unterstützen. Wir würden lieber tausend Fünf-Dollar-Abonnements erhalten als jeweils fünftausend Dollar. Als unser Schiff auslief, wollten wir ihrem Kommandanten das Gefühl geben, dass nicht nur ein paar Millionäre hinter ihm stünden, die für seine Ausrüstung und sein Schiff bezahlt hatten, sondern dass er siebzig Millionen Menschen, eine ganze Nation, im Rücken hatte .

„Also machte sich Tremlidge an die Arbeit und telegrafierte Anweisungen an die Korrespondenten seiner Zeitung in Washington, um in aller Stille die Stimmung möglichst vieler Kongressabgeordneter in der Frage der Bewilligung von Mitteln für eine solche Expedition zum Ausdruck zu bringen. Es ging uns nicht so sehr um das Geld, das wir wollten, sondern um das Sanktion der Vereinigten Staaten. Alles, was mit der Marine zu tun hat, ist derzeit populär. Wir hatten einen Kongressabgeordneten, der einen Haushaltsentwurf einbringen und ausarbeiten sollte, und wir konnten auf die

Unterstützung von genügend Mitgliedern beider Häuser zählen, um ihn durchzusetzen . Wir wollten, dass der Kongress zwanzigtausend Dollar bereitstellt. Wir hofften, weitere zehntausend Dollar durch eine Volksabonnement aufzubringen. Mr. Garlock konnte uns zweitausend Dollar zusichern; Tremlidge würde zwanzigtausend Dollar im Namen der Times beisteuern, und ich habe mich dazu verpflichtet Zehntausend Dollar und versprachen, die Motoren und Armaturen des Schiffes zu bauen. Wir behielten unsere Absichten für uns, da Tremlidge nicht wollte, dass die anderen Zeitungen die Geschichte erfuhren, bevor die Times sie druckte. Aber wir fuhren fort, unsere Drahtseile in Washington zu verlegen. Alles lief so glatt wie Öl; Wir schienen vom Erfolg unseres Haushaltsentwurfs überzeugt zu sein, und er sollte sogar nächste Woche vorgelegt werden, als die Nachricht vom Scheitern der englischen Expedition – der Duane-Parsons-Affäre – eintraf.

„Man hätte genau den gegenteiligen Effekt erwartet, aber es hat unsere Chancen beim Kongress ins Wanken gebracht. Unser Abgeordneter, der den Gesetzentwurf ins Leben rufen sollte, erklärte uns, dass er so sicher, wie er jetzt vorgebracht wurde, getötet werden würde." Ausschuss. Ich bin sofort nach Washington gefahren; es war dies und nicht, wie Sie angenommen haben, private Angelegenheiten, die mich weggebracht haben. Ich habe unser Mitglied und den Chefkorrespondenten von Tremlidge gesehen. Es hatte absolut keinen Zweck. Diese Männer, die es im Griff haben Die Mitglieder des Kongresses waren alle der gleichen Meinung. Es wäre sinnlos, jetzt zu versuchen, unseren Gesetzentwurf durchzusetzen. Unser Mitglied sagte: „Warten Sie." Alle Männer von Tremlidge sagten: „Warten Sie – warten Sie noch ein Jahr, bis diese englische Expedition und ihr Scheitern vergessen sind, und versuchen Sie es dann erneut." Aber wir wollen nicht warten. Angenommen, Duane *ist* vorerst blockiert. Er hat einen großartigen Start. Er ist am Boden. Bis zum nächsten Sommer wird das Eis wahrscheinlich so aufgebrochen sein, dass er weitermachen kann, und Bis unsere Rechnung durchkommt und unser Schiff gebaut und vom Stapel gelassen wird, ist er vielleicht – Gott weiß wo, vielleicht bis zum Pol. Nein, wir können es uns nicht leisten, England so große Chancen zu geben. Wir wollen den Kiel legen Unser Schiff so schnell wie möglich – nächste Woche, wenn möglich; wir müssen den Rest des Sommers und des ganzen Winters vorbereiten, und in einem Jahr von diesem Monat an wollen wir, dass unsere amerikanische Expedition innerhalb des Polarkreises liegt „Wir müssen mit Duane gleichziehen und zumindest mit England gleichziehen. Wenn uns das gelingt, haben wir keine Angst vor dem Ergebnis, vorausgesetzt", fuhr Mr. Campbell fort, „vorausgesetzt, *Sie* , Mr. Bennett, haben das Kommando. Wenn Sie Wenn wir zustimmen, den Versuch zu unternehmen, muss nur noch ein Punkt geklärt werden. Der Kongress hat uns im Stich gelassen. Wir werden die Idee einer Mittelaneignung aufgeben. Und nun, und dazu möchten wir

Sie insbesondere befragen, wie werden wir vorgehen? die zwanzigtausend Dollar aufbringen?"

Lloyd stand auf.

„Sie können den Betrag von mir verlangen", sagte sie leise.

Garlock öffnete seine Beine und setzte sich abrupt auf dem tief sitzenden Stuhl auf. Tremlidge schraubte sein Monokel in sein Auge und starrte, während Campbell sich beim Klang von Lloyds Stimme abrupt umdrehte und erstaunt murmelte. Bennett allein rührte sich nicht. Wie zuvor lehnte er schwer gegen den Kaminsims, die Hände in den Taschen, den Kopf und die riesigen Schultern leicht gebeugt. Nur unter seinem dicken, runzeligen Stirnrunzeln warf er einen schnellen Blick auf seine Frau. Lloyd schenkte den anderen keine Beachtung. Nach dieser einen leisen Bewegung, die sie auf die Beine gebracht hatte, blieb sie regungslos und aufrecht, ihre Hände hingen gerade an ihren Seiten, und die Farbe stieg langsam in ihre Wangen. Sie begegnete Bennetts Blick, hielt ihn fest und ruhig und blickte ihm direkt in die Augen. Sie sagte kein Wort, aber all ihre Liebe zu ihm, all ihre Hoffnungen auf ihn, all den feinen, starken Entschluss, dass seine Karriere, komme was wolle, nicht scheitern sollte, sein Ehrgeiz nicht durch irgendeine Schwäche von ihr, ganz ihr, in Ohnmacht fallen sollte Ihr eifriges Mitgefühl für sein großartiges Werk, all ihre starke, weibliche Ermutigung für ihn, sein Schicksal zu erfüllen, sprachen zu ihm und riefen ihn mit dem langen, ernsten Blick ihrer mattblauen Augen an. Jetzt war sie nicht mehr schwach; Jetzt konnte sie sich den trostlosen Konsequenzen stellen, die für sie mit dem Erwachen seiner schlummernden Energie einhergehen mussten; Jetzt war nicht mehr die Zeit für indirekte Berufung; Der Bildschirm war unten zwischen ihnen. Beredter als alle gesprochenen Worte war der ruhige, stetige Blick, mit dem sie sich behauptete.

Es herrschte langes Schweigen, während Mann und Frau dastanden und einander tief in die Augen blickten. Und dann, als in seinem Blick ein gewisses langsames Aufflammen einsetzte, sah Lloyd, dass Bennett endlich *verstand*.

Danach löste sich die Konferenz schnell auf. Als Vorsitzender und Sprecher des Komitees bemerkte Campbell den langen, bedeutungsvollen Blick, der zwischen Bennett und Lloyd gewechselt war, und ahnte vielleicht vage, dass er eine Angelegenheit besonders heikler und intimer Natur angesprochen hatte. Etwas lag in der Luft, etwas geschah zwischen Mann und Frau, was die Außenwelt nicht interessierte – etwas, das nicht für ihn sichtbar war. Er beendete das Interview so schnell wie möglich. Er bat Bennett, dieses Gespräch lediglich als Vorgespräch zu betrachten – als Grundsteinlegung. Er würde Bennett Zeit geben, darüber nachzudenken. Im Namen seiner selbst und der anderen war er tief beeindruckt von diesem großzügigen Angebot, den unerwarteten Mangel auszugleichen, aber es war spontan gemacht worden. Zweifellos würden Mr. Bennett und seine Frau es gerne untereinander besprechen und die ganze Angelegenheit besprechen. Das Komitee hatte vorübergehend seinen Sitz in seinen (Campbells) Büros. Er hinterließ Bennett die Adresse. Er würde seine Entscheidung abwarten und dort antworten.

Als die Konferenz endete, begleitete Bennett die Ausschussmitglieder nach unten und zur Vordertür des Hauses. Die drei hatten mit Dank und Entschuldigungen alle Einladungen zum Abendessen mit Bennett und seiner Frau in Medford abgelehnt. Sie konnten bequem den nächsten Zug zurück in die Stadt nehmen ; Campbell und Tremlidge hatten es eilig, zu ihren jeweiligen Geschäften zurückzukehren.

Das Eingangstor wurde geschlossen. Bennett wurde allein gelassen. Er schloss die Vordertür des Hauses und lehnte einen Moment lang dagegen, seine kleinen Augen funkelten unter seinem Stirnrunzeln, sein Blick wanderte ziellos zwischen den vertrauten Gegenständen im Flur und in den angrenzenden Räumen umher. Er war nachdenklich, beunruhigt und zupfte langsam an den Enden seines Schnurrbartes. Langsam stieg er die Treppe hinauf, erreichte den Treppenabsatz im zweiten Stock und ging weiter zur halboffenen Tür des „Arbeitszimmers", das er gerade verlassen hatte. Lloyd war für ihn das Wichtigste. Er wollte sie, seine Frau, und das sofort. Er war sich bewusst, dass plötzlich etwas Großes geschehen war; dass das ganze ruhige und unendlich glückliche Leben des letzten Jahres rücksichtslos zerstört wurde; Aber in seinem Kopf gab es nichts Bestimmteres, nichts Stärkeres als den Gedanken an seine Frau und den Wunsch nach ihrer Begleitung und ihrem Rat.

Er kam in das „Arbeitszimmer" und schloss die Tür hinter sich mit dem Absatz, die Hände tief in den Taschen. Lloyd war immer noch da und stand ihm gegenüber, als er eintrat. Sie schien sich während seiner Abwesenheit kaum bewegt zu haben. Sie sprachen nicht sofort. Noch einmal trafen sich ihre Blicke. Dann ausführlich:

„Na, Lloyd?"

„Na, mein Mann?"

Bennett wollte gerade antworten – was, das wusste er kaum; aber in diesem Moment gab es eine Ablenkung.

Die alte Bootsflagge, das zerfledderte kleine Quadrat aus verblassten Sternen und Balken, mit dem die Linie so mancher anstrengender Märsche markiert worden war, hing wie üblich über den Bauplänen der Freja an der Wand gegenüber dem Fenster . Als Bennett die Tür hinter sich schloss, löste sich die Tür, als sie nicht richtig befestigt war, und sie fiel dicht neben ihm auf den Boden.

Er bückte sich, hob es auf und drehte sich, während er es in der Hand hielt, zu der Stelle um, von der es gefallen war. Er warf einen Blick auf die Wand über den Plänen der Freja, die gerade dabei war, sie zu ersetzen, und war bereit, die bedeutungsvollen Worte, die seiner Meinung nach bald gesprochen werden mussten, für einen Moment aufzuschieben, bereit, das Unvermeidliche noch ein paar Sekunden hinauszuschieben.

„Ich weiß es nicht", murmelte er und blickte von der Fahne zu den leeren Wandflächen im Raum; „Ich weiß nicht, wo ich das hinstellen soll. Hast du-"

„Weißt du das nicht?" unterbrach Lloyd plötzlich, ihre blauen Augen leuchteten.

„Nein", sagte Bennett; "ICH-"

Lloyd nahm die Flagge aus seinen Händen und trieb mit einer großen Armbewegung ihren stahlbeschlagenen Schaft bis in die Mitte der großen Karte der Polarregion, in den innersten konzentrischen Kreis, wo der Pol markiert war.

„Hängt die Flagge da hin!" Sie weinte.

Dieser besondere Tag in der letzten Aprilwoche war düster und etwas kühl, aber es wehte wenig Wind. Das Wasser des Hafens lag glatt wie eine straff gespannte Decke aus grauer Seide. Über ihnen trieb der Meeresnebel allmählich landeinwärts und senkte sich, während er dahintrieb, bis die Umrisse der Stadt verschwommen und undeutlich wurden und sich zu einer trüben, riesigen Masse auflösten, zerklüftet mit hochschultrigen Bürogebäuden und gewölbten, ballonartigen Kuppeln, verwirrt und geheimnisvoll unter dem Mantel des Nebels. Im näheren Vordergrund, entlang der Kai- und Hafenlinien, hob sich eine Wildnis aus Masten und Spieren in einem Farbton, der etwas dunkler als das Grau des Nebels war, mit der Deutlichkeit und Feinheit von Frostarbeit vom verschwommenen Hintergrund ab.

Aber inmitten all dieses Graus von Himmel, Wasser und Nebel konnte man gewisse schwarze und sich bewegende Massen erkennen. Sie umrissen jeden Kai, sie dämmten jedes Dock, jeden Kai. Jeder kleine und unauffällige Steg hatte seinen schwarzen Rand. Sogar die Dächer der Gebäude entlang der Uferpromenade waren mit der gleichen matten Masse bedeckt.

Es war das Volk, die Menge, Reihe um Reihe, dicht gedrängt, erwartungsvoll, die sich dort am Rande der Stadt drängte, mit jeder Minute an Größe zunahm, riesig, konglomeriert, ruhelos und sich in die Stille der Stille ergoss graue Luft ein anhaltendes, unbestimmtes Murmeln, eine monotone Mollnote.

Die Oberfläche der Bucht war übersät mit Booten aller Art, schwarz vor Menschen. Überall standen gefährlich überfüllte Ruderboote. Fähren und Ausflugsdampfer, die für diesen Tag gechartert waren, krängten unter dem schwankenden Gewicht ihrer Passagiere fast bis an den Rand des Wassers. Schlepper fuhren ähnlich überfüllt auf und ab und zeigten die Flaggen verschiedener Zeitschriften und Nachrichtenorganisationen – der News, der Press, der Times und der Associated Press. Private Yachten, gepflegt und sehr anmutig und glänzend mit Messing und Lack, glitten mit kaum einer Welle, die ihr Vorankommen markierte, vorbei, während sie voll in der Mitte der Bucht standen, gigantisch, solide, beeindruckend, ihre grimmigen, lautlosen Kanonen streckten ihre Schnauzen aus ihr heraus Unter den Türmen segelte ein großes, weißes Schlachtschiff regungslos vor Anker.

Eine Stunde verging; der Mittag kam. In langen Abständen verdichtete eine schwache Meeresbrise den Nebel, und hohe, traurig gefärbte Wolken und ein feiner, durchdringender Regen nieselten herab. Die Menschenmengen an den Kais wurden dichter und schwärzer. Die Zahl der Yachten, Boote und

Dampfer nahm zu; Sogar die Rahen und Masten der Handelsschiffe waren mit Wächtern übersät.

Dann ertönte schließlich von weit oben in der Bucht ein schwaches, kaum wahrnehmbares, dröhnendes Geräusch, das Geräusch entfernter Rufe. Sofort war die Menge wachsam, und eine schnelle, wogende Bewegung bewegte sich von einem Ende zum anderen am Ufer entlang. Sein gedämpftes Murmeln steigerte sich im zweiten Moment. Wie ein Schwarm aufgeregter Möwen bewegten sich die Boote im Hafen flink von Ort zu Ort; Ein verspäteter Zeitungsschlepper raste vorbei und steuerte heftig rauchend auf die obere Bucht zu, während das Wasser am Bug brodelte. Aus dem Schlachtschiff erklang der Schlag einer Trommel. Die Ausflugsdampfer und gecharterten Fährschiffe steuerten Aussichtspunkte an und nahmen Stellung, wobei sie gelegentlich mit ihren Paddeln das Wasser abtasteten.

Das ferne, dröhnende Geräusch kam immer näher, nahm an Lautstärke zu und zerfiel nach und nach in unzählige Einzelteile. Man begann die verschiedenen Töne zu unterscheiden, die zu seiner Lautstärke beitrugen — eine scharfe, schnelle Salve unartikulierter Rufe oder ein kadenierter Jubelruf oder eine heisere Salve Dampfpfeifen. In verschiedenen Vierteln der Stadt begannen Glocken zu läuten.

Dann schwappte plötzlich die voranschreitende Schallwelle herab wie der Ansturm eines großen Sturms. Ein Brüllen wie der entfesselte Wind erhob sich von diesen aufgeschütteten und drängenden Massen. Es schwoll immer lauter an, ohrenbetäubend, unartikuliert. Ein lautes Jubelgebrüll spaltete den grauen, tief hängenden Himmel. Aufrechte Dampfwolken schossen von den Fähren und Ausflugsbooten in die Höhe, aber der Lärm ihrer Pfeifen ging verloren und ging im Nachhall dieses mächtigen und anhaltenden Lärms unter. Doch plötzlich wurde der unbestimmte Donner von einem scharfen und tiefen Knall durchdrungen und dominiert, und eine weiße Rauchwolke schoss aus den Flanken des Schlachtschiffs. Ihre Waffen hatten gesprochen. Sofort kam aus einem anderen Viertel ihres Rumpfes ein weiterer weißer Rauchstrahl, der mit seinem dünnen, gelben Blitz durchbohrt wurde, und ein weiterer abrupter Donnerschlag ließ die Fenster der Stadt erbeben.

Die Boote, die den ganzen Morgen in Richtung der oberen Bucht unterwegs waren, kehrten zurück. Sie kamen langsam, eine wahre Flotte, die Bucht hinunter, auf das offene Meer zu, jenseits der Hafeneinfahrt, jeder dichtgedrängt und bis zu den Dollborden drängend, jeder pfiff mit aller Kraft.

Und in ihrer Mitte — dem Sturmzentrum, um das dieser Sturm der Akklamation tobte, dem Objekt, auf das so viele Augen gerichtet waren, der Hoffnung einer ganzen Nation — ein Schiff.

Sie war klein und scheinbar erbärmlich ungeeignet für das große Abenteuer, das sie erwartete; Ihre Zeilen waren kurz und unanmutig. Von ihrem plumpen, eisenbeschlagenen Bug bis zu ihrem hohen, runden Heck, von ihren gewölbten Seiten bis zur Spitze ihrer kurzen, mächtigen Masten war in ihr kaum Schönheit zu erkennen. Sie war breit, stumpf, offensichtlich langsam in ihren Bewegungen und schien im glatten Wasser der Bucht nicht in ihrem Element zu sein. Aber trotz alledem vermittelte sie einen Eindruck von Kompaktheit, der Kompaktheit von Dingen, die in den Schatten gestellt und verkrüppelt sind. In der Tat wäre die Kraft enorm, die diese gewölbten Flanken zerdrücken würde, die außerdem so geschickt konstruiert sind, dass das Schiff ausrutschen und sich jedem zu großen seitlichen Druck aussetzen müsste. Weit über ihrer Taille erhob sich ihr Schornstein. Über dem Großmast war das Krähennest angebracht. Walboote und Kutter schwangen an ihren Davits, während alle Decks mit Fässern, Kisten, Kisten und seltsam geformten Ballen und Kisten vollgestopft waren.

Sie kam näher und setzte ihren langsamen, stolzen Weg die Bucht hinunter fort, geehrt wie noch nie zuvor ein Herrscher, der zu Besuch war. Das große weiße, in Kriegsschiffe gekleidete Schiff, als es vorbeizog, und der Fähnrich an seinem Gefechtsstand tauchten ab und wieder auf. Sofort gab es eine Bewegung an Bord des kleinen auslaufenden Schiffes; Einer ihrer Besatzungsmitglieder rannte nach achtern und zerrte scharf an den Fallen, und dann brach an ihrem Höhepunkt nicht das leuchtende dreifarbige Banner heraus, fröhlich, mutig und sauber, sondern ein kleines Stück Fahne, zerfetzt und schmutzig, eine verblasste Breite von Sternen und Balken, eine wahre Schlachtflagge, beredt von energischer Anstrengung, von gnadenlosem Kämpfen und von Mühsal, das ohne mit der Wimper zu zucken und ohne Klagen ertragen wurde.

Das Schiff mit seiner drängenden Eskorte hielt weiter. Nach und nach wurde die Stadt übernommen; Die Bucht verengte sich nach und nach zum Meer hin. Die Menschenmenge, der Kanonendonner und der Lärm des Geschreis sanken achtern. Eines nach dem anderen hielten die Boote des eskortierenden Geschwaders an, fuhren ab und machten sich mit einem Abschiedspfiff auf den Weg zurück in die Stadt. Lediglich die größeren, schwereren Dampfer und die Seeschlepper blieben weiter unterwegs. An beiden Ufern der Bucht begannen die Häuser zu verschwinden und machten offenen Feldern Platz, braun und versengt unter dem treibenden Seenebel, denn jetzt kam ein Wind aus dem Osten auf, und die Oberfläche der Bucht begann sich zu kräuseln .

Eine halbe Meile weiter begannen die langsamen, gewaltigen Grundwellen hereinzukommen; ein Leuchtturm wurde passiert. Voll vor Augen erstreckte sich vor uns die offene, leere Weite des Ozeans. Ein weiterer Dampfer kehrte um, dann noch einer, dann noch einer, dann der letzte Zeitungsschlepper.

Die Flotte, mittlerweile auf ein halbes Dutzend Schiffe reduziert, pflügte durch und über die Grundwellen, das Schiff, das sie eskortierten, ging voran, dessen zerlumpte kleine Flagge sich steif im Meereswind bewegte. Am Eingang der Bucht, wo die umschließenden Ufer zusammenliefen und in von der Brandung zerrissene Sandzungen übergingen, machten drei weitere Mitglieder der Eskorte halt und machten sich auf den Weg nach Hause, da sie nicht bereit waren, sich der wogenden, trostlosen und grauen Weite des Ozeans zu stellen. Dann fielen direkt hinter der Bar zwei weitere der verbleibenden Boote ab und fuhren stadtwärts; ein Dritter tat es sofort ebenfalls. Das auslaufende Schiff hatte nur noch einen Begleiter.

Aber dieser, ein robuster kleiner Seeschlepper, hielt sich dicht an der Flanke des abfahrenden Schiffes, hielt gleichmäßig mit ihm Schritt und lag so nah neben ihm, wie er es wagte, denn der Nebel hatte begonnen, dichter zu werden, und entfernte Objekte waren verschwunden durch gelegentlich treibende Flecken nicht sichtbar.

An Bord des Schleppers befand sich nur eine Passagierin – eine Frau. Sie stand auf dem Vorderdeck und hielt sich mit einer starken, weißen Hand an einer Stütze fest. Die Strähnen ihres bronzeroten Haares peitschten ihr übers Gesicht, der Salznebel war feucht auf ihren Wangen. Sie trug einen langen, braunen Ulster, dessen Umhang ihr von den Schultern wehte, als der Wind ihn hochhob. So klein das auslaufende Schiff auch war, der Schlepper war noch kleiner, und sein einziger Passagier musste den Blick über sich heben, um die Gestalt eines Mannes auf der Brücke des Schiffes zu sehen, eine große, kräftige Gestalt, von der Ferse bis zum Kinn zugeknöpft in einem Mantel, der da stand, das Geländer der Brücke mit einer Hand umklammerte und von Zeit zu Zeit seinem Segelmeister, der in der Mitte der Brücke vor dem Kompass und dem elektrischen Anzeiger stand, einen Befehl gab.

Zwischen dem Mann auf der Brücke und der Frau auf dem Vorderdeck des Schleppers gab es von Zeit zu Zeit ein kleines Gespräch. Sie riefen einander über das Pochen der Motoren und das Rauschen des Meeres hinweg zu, und im Klang ihrer Stimmen lag ein Hauch versuchter Fröhlichkeit. Mit Ausnahme des Segelmeisters auf der Brücke waren sie praktisch allein. Die Besatzung des Schiffes war nirgends zu sehen. Auf dem Schlepper war außer der Frau niemand zu sehen. Um sie herum erstreckte sich das nebelverhangene Meer.

Dann endlich antwortete die Frau auf eine Frage des Mannes auf der Brücke:

„Ja – ich glaube, ich hatte besseres."

Ein Befehl wurde erteilt. Die Glocke des Schleppers läutete im Maschinenraum, der Motor wurde langsamer und blieb stehen. Der Schlepper setzte seine Fahrt noch einige Zeit fort und bewegte sich wie zuvor neben dem Schiff entlang. Dann begann sie zurückzufallen, zunächst langsam, dann immer schneller. Das auslaufende Schiff setzte seinen Weg fort, und zwischen den beiden wurde das Wasser immer breiter. Aber der Nebel war dicht; Einen Augenblick später würden die beiden füreinander unsichtbar sein. Der Moment der Trennung war gekommen.

Dann richtete sich Lloyd, die allein auf dem wogenden Deck stand, zu ihrer vollen Größe auf, den Kopf leicht zurückgeworfen, ihre blauen Augen leuchteten und ein Lächeln auf den Lippen. Sie sprach kein Wort. Sie machte keine Geste, sondern stand da, das Lächeln noch auf ihren Lippen, aufrecht, fest, regungslos; Er blickte Bennett fest, ruhig und stolz in die Augen, während sein Schiff ihn immer weiter wegtrug.

Plötzlich hörte der Nebel auf. Die beiden Schiffe waren vor gegenseitiger Sicht geschützt.

Als Bennett hinter ihm auf dem Geländer der Brücke lehnte, die Hände tief in den Taschen seines Mantels vergraben und den Blick auf den sichtbaren Wasserstreifen direkt vor dem Bug seines Schiffes gerichtet, näherte sich der Segelführer Adler und salutierte.

„Bitte verzeihen Sie, Sir“, sagte er, „wir haben gerade die letzte Boje hinter uns gelassen. Wie ist jetzt unser Kurs, Sir?“

Bennett warf einen Blick auf die Karte, die Adler in der Hand hielt, und dann auf den Kompass, der ganz in der Nähe am Geländer der Brücke befestigt war. Leise antwortete er:

„Genau nach Norden.“